房莉杰　梁　晨　王　晶　李振刚／编辑组

SOCIAL POLICY
REVIEW VOL.4

社会政策评论

社区发展与社区福利

2013年夏季号

（总第四辑）

王春光／主编
房莉杰／本辑执行主编

中国社会科学院
社会政策研究中心／主办

社会科学文献出版社
SOCIAL SCIENCES ACADEMIC PRESS (CHINA)

目　录

编首语

房莉杰

上一辑《社会政策评论》（2012 年冬季号）的主题是"福利向何处去"，我们试图从福利目标和福利理念的角度引发读者的思考。而本辑则更关注福利的实现路径，选择"社区发展与社区福利"作为焦点主题。正如本辑中 Gooby 的文章所指出的，福利国家正在面临新旧风险的双重压力，举步维艰。因此我们或者可以超越"国家福利"的限制，从"社会"中寻求新的资源与启示（可参见上一辑中关信平关于"新福利国家"的论述）。作为"社会"的重要载体，"社区"因此变得异常重要。

社区研究包含多个社会政策视角：一是参与和合作的视角，社区居民如果相互合作，达成共识，他们的很多福利需求就能自我满足，也能加强他们对地方资源和地方事物的控制。二是发展与能力建设的视角，社区合作和社区参与本身就是一个发展与能力建设的过程，不仅社区得以发展，居民参与政策的能力、自我服务与自我管理的能力，以及控制资源的能力都将得到提高。三是社会团结与社会整合的视角，在全球化和信息化的背景下，原有的工人组织正在分化，不平等程度的加深也使得阶层之间的团结度降低，因此以社区为核心的社会团结将变得更加重要，而且社区合作的发展也将促进这种团结的实现。四是多元主体和资源整合的视角，福利主体应该是多元的，而社区是居民表达需求的最主要平台，因此政府、市场、社团、家庭的多种资源也应该在社区层面得到整合，并且多元主体的关系也应该在社区层面得以具体体现，也就是说，社区是多元福利理论和多元治理理论的实践场域。

在本辑的专题文章中，吴明儒的文章回顾了中国台湾从 20 世纪 60 年代开始的社区发展的过程。台湾的社区发展是政府主导的，然而经历了半个世纪，尽管台湾社区建设和社区福利成绩斐然，但是由于政府的行政干预，其福利仍是国家福利的延伸，并没有必然走向所谓的"福利社会"。这一过程对于中国大陆尤其具有启发意义——同样要走"政府主导"的自上而下的社区发育的道路，如何处理政府和社区的关系，让社区自主运行？吴明儒对这一问题进行了学理的和实践的探讨。

王颖和曾芸的文章分别讨论的是中国大陆城市和农村社区的情况。在中国城乡二元的背景下，城市和农村的社区差异较大，王颖文中的"城市新社区"和曾芸笔下的"少数民族农村"地区有着不同的社区结构和福利诉求。然而它们的共同点在于都是处于"强政府、弱社会"的大背景下——城市新社区的福利诉求无法在这一背景下得到满足；而即使有世界银行成熟的"社区参与"方法的指导，但是在现有的政府行政路径依赖下，社会根本"无力参与"。因此两位作者从不同的角度谈到了社区的主体性和"能力建设"的问题。而吴明儒的文章也着重强调了这两点（尽管大陆和台湾的用词不尽相同，例如大陆的"能力建设"跟台湾的"培力"意思相近），由此表明，社区研究的某些共识正在达成。

罗家德、方震平和罗红光的文章都是通过案例分析具体的问题。罗家德使用的是他擅长的社会网络分析方法，将基层政府的动员因素纳入社区参与研究中，得出的结论是"政府组织和社区自组织动员着两个不同的关系网，而这两群人基本上是相对独立分隔的"。由此引出的一个未来可能的且很有意思的研究假设是："村中居民因为基层政府权力的介入已分裂为两个群体。"罗红光研究的是社区的公共服务社会化和志愿者的主体性问题。以往的研究多将志愿者当作一个客观存在，然而罗红光的研究却向我们展示了志愿者在提供志愿服务时主体性的建构过程，从这个过程中我们可以看到"利他"与"利己"的融合，这或许是"福利社会"和"公共服务社会化"的个人价值基础。由此可见，尽管这两篇文章的视角不同，使用的也是完全不同的研究方法，但是共有的细致深入的分析都导向了极富原创性和极有价值的洞见。

蒋绚的文章也是一个案例分析。文章通过美国俄亥俄州夏克海茨市的一个社区住房项目，向我们展示了一个由政府引导和支持、社区各方共同参与的成功案例。在这一案例中，蒋绚认为，"虽然政府在社区复兴过程中具有很大的影响力，本地居民依然有足够的空间向官方表达诉求，促使新计划满足自己的需求"，因此最终实现的是多赢的结果。这一案例无疑对我国现在的社区公共服务的决策过程和资源配置过程都非常有启发意义。但是，社区团体参与治理是不是一般理解的"新自由主义"？对于这一点仍是有争议的。

另外的四篇文章是非专题论文。Gooby 的文章论述的是西方社会政策领域的一个热点问题——新旧社会风险并存带来的社会政策的整体转型。而 Palier 回顾了法国社会保障发展的历程，Taylor 的短文关注老年员工面临的风险和就业问题。这两篇文章都聚焦于一个具体的福利领域，亦集中于前沿趋势的讨论，跟 Gooby 的文章结合起来理解，会加深对于所谓"积极社会政策"的认识。从"第三条道路"到"社会投资型福利国家"，这种"积极社会政策"和"投资型战略"逐渐在欧洲占据主导，然而围绕其展开的争论也从未中断。支持者认为这将是福利国家转型的必然出路，反对者认为它只是"自由主义"的一种变体而已。孰是孰非仍有待时间检验，也有待更多研究进行论证。除了本辑中 Gooby 的文章，收录于本刊上一辑的《社会投资型国家：新的社会支出趋势，还是流行的政治演说？》也是相关的讨论，本刊未来还会继续关注这一主题。

本辑以王春光对中国社会发展现状的宏观分析作为结尾。王春光观察到个人主义给中国社会发展带来了危机，而社会发育的不足是其核心原因。因此，该文一方面从更宏观层面再次论证了"社会"，尤其是其核心载体"社区"发展的重要性；另一方面，除了西方社会所谓的"新旧社会风险"，我们还面临"中国现阶段的特色风险"，这也是社会政策需要应对的。

专题论文

以社区为基础的政策发展分析：
对台湾的初步观察*

吴明儒**

摘　要： 本文从福利多元主义的观点讨论台湾社区发展的政策意义及内涵，而此种发展也正是 20 世纪 70 年代以来，西方先进工业国家面对政府及市场失灵的重要社会政策理念。台湾从 20 世纪 60 年代末逐步建立社区发展的相关法规，并经历了解严、社区营造及"九·二一"大地震等过程，也造就了以社区发展协会为行动主体的社会改革运动。本文从 Titmuss 的社会福利类型化出发，探讨福利社会的意涵，并从"公民民主"（civic democracy）和"社会企业"（social enterprise）这两个角度来分析台湾社区发展的情况。研究结果发现：台湾在 1987 年解严之后，社区组织社团化成立社区发展协会，逐步通过政策引导发展及居民参与，至今，社区发展协会已成为推动政府各项施政的重要伙伴；另外，非营利组织快速的成长也成为孕育社会企业的温床，然社区组织法人的概念则仍待进一步的厘清及培力。综合言之，超越政府及市场（BSM, Beyond the State and Market）的模式就是福利社会的具体形式，福利社会并非自绝于政府与市场之外，而是三者分足而立，成为一个"互为主体"又"三位一体"互相补位的动态福利供给模式，而台湾社区发展的初步经验似乎也呼应了此一特性。

关键词： 社区　福利社会　社区发展　BSM

---

* 本文依据作者 2012 年 6 月 15 日于台大社工系举办的"两岸三地社会发展：经验、挑战与展望"工作坊所发表的《以社区为基础的政策发展分析：台湾初步的观察》一文改写，特此说明。感谢杨团、王春光、房莉杰、潘屹等中国社会科学院学者的指导及相关匿名审查意见。

** 吴明儒，台湾中正大学社会福利学系系主任，副教授（edwardwu1220@gmail.com）。

一　前言

福利多元主义（welfare pluralism）的理论探索源自 20 世纪 70 年代的英国，其重点在于展望未来 25 年志愿组织（voluntary organization）的形成与发展，目的在于讨论"以国家为中心的历史福利模式"（state-centred historical model of welfare）如何因国家失灵、市场失灵而产生诸种问题，同时也描述福利多元具备一种更能鼓励民众参与及确保社会正义的模式（Evers，Adalbert and Svetlik，Ivan eds.，1993：9），以及对于福利国家弱化个人社会责任的反省。中国传统文化中虽然强调国家的集体统治，但是真正约制与提供服务的重要角色却是群居的村庄及其相关组织，例如周朝时即有"乡规民约"的概念，先秦已有"社邑"的民间组织，清末出现锄社、青苗会等社区组织（潘屹，2009：42～43）。因此，探讨社区在现代社会中的功能发展与角色变迁已经成为研究福利政策的重要基础。

台湾从 1968 年颁行《社区发展工作纲要》以来，社区发展工作的推动已经超过 40 年。但是，90 年代之后可说是发展最快速的阶段，大致有六个政策值得注意：第一为 1991 年 5 月 1 日由"内政部"颁布《社区发展工作纲要》之后的台湾社区发展组织的变革；第二为 1994 年之后，"文建会"所主导的社区总体营造，从地方文化馆到文化产业工作的推动；第三为 1999 年"9·21"大地震及其后的灾区重建工作；第四则是 2002 年"行政院"提出《挑战 2008 新国家发展重点计划》，并将"新故乡社区营造计划"提列为十项重点计划之一，以至于 2004 年《社区营造条例草案》经"行政院"通过；第五为 2005 年"行政院"实施台湾健康社区六星计划，"内政部"配合推动"社区照顾关怀据点"实施至今；第六为 2009 年 1 月 13 日"行政院"将《农村再生条例草案》送请"立法院"审议通过，2010 年 8 月 4 日正式公布实施，未来政府预计在 10 年内将投入 1500 亿元新台币用于农村社区风貌改造。前述六项政策的提出包括：社区组织人团化、社区营造化、灾后社区重建化、社区法制化、福利社区化及农村社区活化等，可以发现"社区"已经成为政府施政的一个重要政策工具，而且由下而上的社群或社区组织逐渐受到重视，公民社会的自主精神愈来愈强烈。

本文主要目的在于论述福利国家如何从"社区"找到未来可能转型的出路。志愿主义（voluntarism）提供社区内合作（cooperation）的促进与实现（Van Til，1988：11），而非营利或所谓的志愿部门（voluntary sector）更是连接国家、市场及社区的重要因素（Evers，Svetlik，1993：8－9）。本文从福利多元的角度讨论一条未竟之路——福利社会（welfare society），讨论福利社会的真正形貌与非营利组织及公民社会之间的关系，并介绍北欧福利国家将福利社会的概念转化成福利的提供"组合"的经验，运用其所强调的社会企业与公民民主的价值理念，提供未来推动社区发展及相关政策的参考。

二　从"福利国家"到"福利社会"的理论基础

"福利国家"的兴起、分殊及其危机浮现与典范移转一直是福利研究者感兴趣的主题（Flora，P. and A. J. Heidenheimer，1982）①。福利国家的形构、分析、诠释与解读，不论是劳工福利、年金制度还是社区照顾都是人类追求幸福的努力过程与政策产物。随着全球经济的快速发展，社会结构也产生了巨大的改变，因此，社区发展（或者其所引发的环境主义的公民运动）已经成为经济发展（发展主义）之后至为迫切的政策课题。在面对这一全球化时代的浪潮时，福利国家模式面临许多新的挑战，同时也逐渐发展出新的响应策略，其中寻求在地力量的途径备受重视，这就是"福利社会"。因为这一途径同时兼顾了去中央化（或减少政府角色）及去市场化的特性，同时也符合公民社会的精神。回顾从20世纪70年代迄今的西方文献，探讨第三部门（the third sector）中社会资本（social capital）及公民社会（civil society）的文献愈来愈多，不过这些是否就是所谓的福利社会的基础？非营利组织的发展是否就是"福利社会"或"福利社会"就是"超越市场与国家"（Beyond the Market and State，BMS）（Van Til，1988；Pestoff，1998）呢？

Titmuss（1958）将社会福利提供的形式分成四种形态，此四种形态

---

① Flora，P. and A. J. Heidenheimer（1982）*The Development of Welfare States in Europe and America* 一书是 1986～1989 年的经典之作，可说是早期接触西方福利国家思潮及理念的入门之作。

皆具组织化福利（organizing welfare）的特征：社会福利（social welfare）、财税福利（fiscal welfare）、职业福利（occupational welfare）及志愿福利（voluntary welfare）。在 Titmuss 的分类中，所谓的社会福利其实就是法定项目给付或现金给付的一种法定普遍性的福利国家（universal welfare state）。财税福利则是通过税式减免或扣除等方式取代福利给付的方式，以达到福利的效果。职业福利则是通过企业福利及非薪资报酬（fringe benefit）等实现福利的目的，其运作通常必须通过劳（工会）资双方的协议才能进行，其范围可以是产业类别或全国性的。志愿福利则是同时兼顾社会团结或志愿协助、慈善活动、互助结社等方式来进行的。而上述四种福利提供的形式可以并存（见表 1）。过去，对于福利给付或服务的提供只重视公共福利、财税福利及企业福利三种，而第四种志愿福利——虽然 Titmuss 在 1958 年已提出——却受到忽略（Pestoff，1998）。但瑞典却十分重视志愿服务（不是台湾所认为的成立志工队）的发展，而且发展出两个核心的概念——社会企业（social enterprise）与市民民主（civic democracy），并落实在 "工作环境与合作式社会服务"（Work Environment and Cooperative Social Services）方案之中。与志愿福利相关的概念包括第三部门、福利混合、参与式国家、公民成为一种共同生产者、多元利害关系组织、社会会计等。

Titmuss（1974）的观点认为，发展一个有组织的社会福利志愿模式就是达成一种 "福利社会"（welfare society）的方法或手段，而 Habermas（1989）则提出第五种福利服务提供的模式，称之为社会福利的社群式（communitarian）[1] 或参与式（participatory）模式（转引自 Pestoff，1998：11 - 12），此模式建立在西欧不同的文化背景及自助基础之上。Pestoff（1998）将 Titmuss（1974）的 "志愿福利" 与 Habermas（1989）的 "社群福利" 整合成第六种 "扩大公民参与"（citizen participation）模式，换言之，通过自我提供福利服务方式以满足需求，就是运用社会企业（social enterprise）的合作式自我治理方式来提供服务。私有化及契约外包的趋势使得社会企业或第三部门蓬勃发展，社会企业的目的并不在追求资本报酬的极大化，也不在以收支效益为绝对目标，而是在服务需求的满

---

[1] 社群主义（communitarian）后来成为英国工党社区新政的重要意识形态参据。参见 Hale, Sarah（2006）*Blair's Community*。其内容介绍新工党的社区政策，碍于篇幅另文论述。

表 1　福利国家与福利社会的理论比较

	福利提供方式	社会政策模式	特征
福利国家	社会福利(Social welfare)	残余模式(Residual model)	利伯维尔场模式(Liberal free-market model)
	财税福利(Fiscal welfare)	工业成就表现模式(Industrial achievement or performance model)	俾斯麦模式(Bismarck model)
	职业福利(Occupational welfare)	制度化模式(Institutional model)	斯堪的那维亚模式/北欧模式(Scandinavian or Nordic model) 社会公民权(Social citizenship) 社会最低保障(Social minimum)
福利社会	志愿/互助福利(Voluntary or mutual welfare)		Titmuss(1958) 未竟之社会福利(Unfinished social welfare)
	社群式或参与式福利(Communitarian or participation welfare)	多元文化(alternative culture)、自助(self help)、生态运动(ecology movement)	Habermas(1989) 中、东欧瓦解后福利新模式(社保的最低保障)
	公民参与(civic participation)模式	基于合作与自治原则的社会企业(Social enterprise based on cooperative self-government) 劳动合作社(The worker cooperative model) 消费合作社(The consumer cooperative model) 志愿模式(The voluntary model)	Pestoff(1998) 培力公民(empower citizens) 合作生产(co-producers)

资料来源：作者整理自 Pestoff, 1998：4 – 29。

足及投入的经济产出。因此，社会企业融合了重要的社会目标及所需要的经济目标，社会企业可以提供员工有薪资报酬的职位，或者扩大公民参与，让组织实践有意义的社会性目标。另外，对于社会企业的成员来说，其目标并非单一而是多元的，因此，社会企业成员不是为追求单一面向的效用极大化（one-dimensional utility maximizer），而是具有多元面向与积极正向的态度，例如社会企业的员工并不是在追求高薪资与低工时，而是在寻求还可以接受的薪资报酬、有意义的职位、弹性且激励的工作条件、提供照顾等。一般而言，社会企业大概有以下的竞争优势（Habermas，1989：13 – 14）：第一，员工与案主/消费者具有高度的信任感，因为他们不是只为一个目的，而是为多样性的目的。第二，他们同时满足多元且分歧性的目的，他们是因为实践而满足，而非以极大化投资报酬率为目标。第三，不会剥夺案主应享有的服务/生产的信息，并且给予其基本的信任，而这一信任来自组织及年度就业的社会稽核（social audits）等多元利害关系人（multistakeholder）的发展。

Pestoff（1998）以儿童日间照顾中心为例说明社会企业的蓬勃发展，瑞典在 1988 ~ 1995 年此类照顾中心增加了将近三倍，从 538 个增加到 1900 个，而设置中心的单位既不是政府部门也不是商业部门，将近 2/3 的中心由社会企业设立，不是由父母或工作者的合作组织（cooperatives）就是由志愿组织提供。而且这类照顾中心的服务，也逐渐扩展到其他的照顾对象，例如老人及身心障碍者。

福利国家将人民视为"案主"（client），但是福利社会将人民当成"公民"（citizen），以自由且自我管理而结合的合作形式（cooperative self-management）为基础，将公民视为共同的生产伙伴（co-producer）（Pestoff，1998：3），而多元利害关系的组合将使得公民转变成在这个"组合"里面的所有人、工作者、消费者、财主、志工或地方社区人士，彼此之间通过民主的方式互动而产生福利的提供（吴明儒，2009）。因此，在公民社会底下所发展出来的社会企业具有三个潜在的功能（吴明儒，2009：15）：第一，工作生活（working life）的促进与更新；第二，消费者或案主的培力；第三，增进公部门目标实现后的社会价值。社会企业所提供的社会服务本质上通常是在地的或规模较小的，不过社会企业能够制造出服务的提供者、消费者与案主，以及因为资源匮乏或高风险团体必须依赖服务的这一群人能够参与影响运作的过程。

三　从非营利组织的发展观察社会企业

一般来说，"社会企业"在北欧的脉络里，指涉的是通过各种公民的"组合"，由下而上的民主建构过程，通常分成三种形式：劳动合作社

（The worker cooperative model）、消费合作社（The consumer cooperative model）、志愿模式（The voluntary model）（Pestoff，1998）。同样的，"社会企业"在爱尔兰可能被界定为一种有限公司的形式，或者一种工业或友善会社等的组织，在法律上的意义就是一种合作社（cooperatives），其类型包括工作整合型、住宅提供型、微型信贷型、个人服务型及地方发展型等；对社会企业的认定并不是根据组织的形态，而是根据它的目标、活动及运作（O'Hara，2001：152）。但是在台湾，非营利组织却逐渐成为政府购买服务的结果，这些非营利组织并非经过"消费者"与"案主"的转化而产生，虽然其经过政府的立案具有合法性，但是却与北欧社会企业的特质相去甚远。不过通过"非营利组织"的发展仍然可以有利于未来台湾发展类似社会企业的精神。

台湾非营利组织逐渐成为政府购买福利的对象，因此，从政府社会福利支出中有关福利服务预算编列的情况，可以约略了解非营利组织发展的现况。首先，从 2010 年政府社会福利预算的内涵来看，福利服务在"中央政府"社会福利支出中所占的比例为 5.87%，约 1038 亿元（新台币），仅次于社会保险支出的 11.73%；其次，福利服务在"内政部"的社会福利支出中占 3.27%，总额约 113 亿元（见表 2），此一额度似乎有逐渐减少的趋势，在 2006 年时，其占比为 12.12%，总额达 323 亿元。

表 2　2006 年与 2010 年台湾社会福利预算编列概况比较

支出类别	金额（亿元新台币）		占总额预算比例（%）		占"中央"社会福利支出比例（%）	
年度	2006	2010	2006	2010	2006	2010
1. "中央政府"总预算	15298	17698	—	—	—	—
2. "中央政府"社会福利支出	2911	3462	19.03	19.57	—	—
（1）社会保险支出	1459	2076	9.54	11.73	—	—
（2）社会救助支出	71	112	0.47	0.64	—	—
（3）福利服务支出	1183	1038	7.74	5.87	—	—
（4）国民就业支出	18	28	0.12	0.16	—	—
（5）医疗保健支出	178	206	1.17	1.17	—	—
3. "内政部"社会福利支出	652	739	4.26	4.18	22.41	21.36
（1）社会保险支出	277	616	—	—	10.23	17.82
（2）社会救助支出	1	9	—	—	0.06	0.27
（3）福利服务支出	317	113	—	—	12.12	3.27

资料来源：行政院主计处，2013a。

一般来说，政府的公有社会福利机构委托营运的案例相较于方案委托较少，主要是经费庞大，民间单位普遍缺乏兴趣，同时民间机构必须符合某种条件，例如必须具备财团法人组织的资格。社会福利机构由政府投资兴建完成后，委托民间机构营运；营运期满后，营运权归还政府是地方政府经常运用的营运模式，例如地方政府设立的妇幼馆、儿少馆、长青学苑、身心障碍综合园区（嘉义市的再耕园）。借由政府的兴建，再委托民间单位来经营管理能够有效抑制社会福利人力的扩张，同时又能扶植地方型社会福利团体及连接各类公私部门的福利资源，提升馆室使用率，办理相关活动，发挥福利外溢效果。

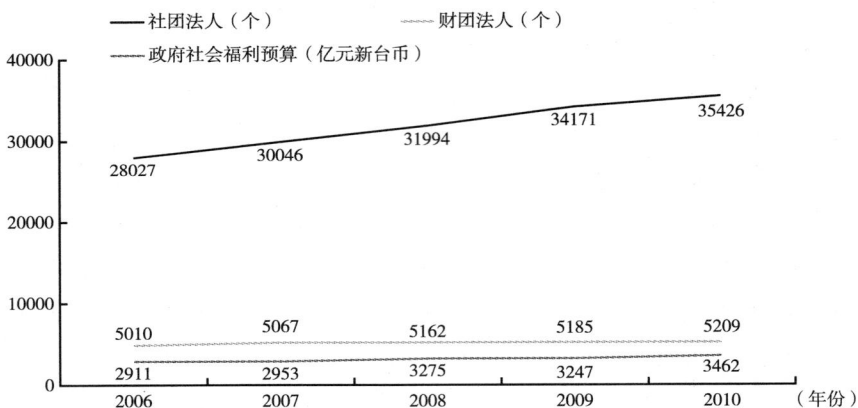

图1 2006～2010 年台湾社会福利预算、社团法人及财团法人变化

资料来源："卫生福利部"，2013。

如图 1 所示，台湾的社团法人从 2006 年的 28027 个成长到 2010 年的 35426 个，成长率达 26%。财团法人（属于基金会的形式），从 2006 年的 5010 个成长到 2010 年的 5209 个，成长率仅为 4%，台湾的基金会包括一般性财团法人基金会、宗教法人及特殊性的财团法人（依照私立学校法设立的私立学校、依照医疗法设立的医疗机构、政府捐资成立的财团法人如海峡交流基金会）（陆宛平、官有垣，2008）。另外，政府社会福利支出从 2006 年的 2911 亿元成长到 2010 年的 3462 亿元，成长率达 19%。由此可以发现，台湾 2006～2011 年人民团体社团法人成长迅速，同时值得探究的是财团法人的成长较缓是否会造成社会福利委托方案逐渐地集中在少数财团法人手中。

由于地方型的社会福利团体或组织专业能力不足，缺乏争取委托计划的经验，因此多数以活动办理的补助方式居多，通常较不具专业性及延续性。例如在官有垣、杜承嵘（2008）针对台湾南部民间社会组织的研究中发现，年度预算规模在 100 万元以下的民间组织占比将近 66.1%，其中基金会占 11.3%，社会团体占 88.7%。可见一般的社会团体在财力上是无法执行政府的委托方案的，因为政府委托方案通常在执行与拨款之间有一个时间落差，社会福利团体必须要具备足够的周转金才能应付；因此，财团法人基金会通常成为承接各地方政府委托方案的主要组织，而财团法人基金会的组成又与当地医疗中心（院所）、安疗养机构或长期照料机构有关，这种交错复杂的组织关系形成台湾社会福利民营化非常特殊的现象。若以 1989 年"内政部"颁布《内政部加强社会福利奖助作业要点》作为分野，根据官有垣、杜承嵘（2008）的研究：在此之前的 30 年内，南部地区成立的基金会大约 12 个（1960～1989 年），在此之后的 12 年内却快速增加了 50 个（1990～2002 年），其中 60% 左右属于社会福利或慈善基金会。

林万亿（1999：267）观察台湾福利私有化（民营化）的政策过程，认为：政府 1980～1990 年所委托办理的寄养家庭及保姆训练，多数由各地家扶中心或世展会承办。其目的并非为了达到新管理主义的消费者选择权，而是为了分担或减轻政府责任。吴明儒亦指出政府福利私有化的政策历史，从订定奖励办法到结合民间资源，以至 1983 年第一个委托方案计划，似乎均在规范委托外包的合法要件，例如对民间组织或团体的界定，委托的法定程序（例如将福利服务视为一般商品，必须符合采购法的规范，而无视台湾社会并无"（准）福利市场"的这一现实），目的在于排除委托对象及过程可能产生的争议，以便让政府的业务顺利委托，而非在鼓励形成一个具有竞争性的准福利市场。因此，新管理主义似乎提供了非营利组织参与政府福利提供的正当性，但是却掩盖了在缺乏合格非营利组织之下竞争不足与专业欠缺的问题。

首先，由于非营利组织的发展仰赖政府的挹注，案主与消费者的角色成为其向政府申请补助的重要依据，而案主因能从中获取所需要的福利资源，因此并无法转变成公民的身份，进行民主式的参与（例如案主只能表达满意与否，很少能参与福利提供的决策）。其次，大量的委托办理事项也造成地方政府对于民间社福团体的依赖，甚至地方政府为求达到预算执行率及年度成果的呈现，往往无法发挥比价竞标的作用，反而助长地方型社福团体反过头来要求地方政府。或许，从此一初步的观察及个人经验①即可发现非营利组织成为福利国家的延伸，而非真正自主性"福利社会"的呈现。以此推论，若将社区发展协会定位为社团法人的非营利组织，而且以承办政府的各项福利委托案或者补助案为其主要功能，反而让社区内公民社会的民主参与成为福利依赖的案主群。

四　从社区发展组织发展观察公民民主

社区发展在历史的变迁过程中，公民参与及民主原则是由下而上的，这也是市民主义的重要精神。随着台湾民主化脚步的发展，人民在集会结社上更加的自由与自主。因此，检视过去十年的社区发展组织有其意义。不过在"内政部"的统计资料之中主要还是以对社区发展协会的补助与管理为主。整体而言，随着政府社区工作的推动，社区发展协会成立的数量也逐渐增加；从 1999 年到 2010 年，社区发展协会数量从 5245 个增加到 6518 个，11 年间增加了 1273 个，显示社区发展协会的成立愈趋普遍。可以从表 3 看到 1999 年至 2010 年间社区发展协会与社区人口数的相关资料，随着社区发展协会的成长，参与社区发展协会的人数也在增加。然而分析社区发展协会的规模，发现 1999 年至 2010 年间的差异不大，社区发展协会的规模并未随之成长，反而维持着一定的规模。进而分析 1999 年至 2010 年间社区发展协会的平均服务量，发现社区发展协会的平均服务量也维持在一定的数量上，平均每一社区发展协会的服务量在 31 ~ 155 人，变化也不显著。

将社区发展协会规模与平均服务量的数据绘制成折线图（见图 2），更可以明显看出历年差异并不显著。但整体来说，平均服务量呈现上升的趋势，即社区发展协会的成长亦能扩大社区服务人口群；而社区发展协会规模历年变动不大，或许是因为参与社区发展协会人数与协会组织成长数呈正比关系，一个发展协会的成立会带来一定的参与人数的扩大，使得社区发展协会的规模维持稳定的状态。

---

① 作者经常担任地方政府投标案的审查委员，政府向非营利机构采购的福利服务许多是按服务量计费，服务委托计划的成果是服务多少案量，而不是多少案主能够鼓励彼此互相协助，让更多的案主能够参与服务过程使其更贴近案主真正的需求。

表3　1999～2010 年社区发展一览

年度	社区发展协会总数（个）	社区人口数（人）	参加社区发展协会人数（人）	现有设置社区生产建设基金（个）	社区发展协会规模[1]（人）	平均服务量[2]（人）	社区发展协会成长数（个）	边际成长率[3]（%）
1999	5245	15581542	693533	3341	132	2971	—	—
2000	5497	16111715	801447	3807	146	2931	252	4.80
2001	5584	18172828	867728	3765	155	3254	87	1.58
2002	5735	17920034	995115	3818	174	3125	151	2.70
2003	5960	18628920	811640	3837	136	3126	225	3.92
2004	6047	18553328	833380	3842	138	3068	87	1.46
2005	6150	19570992	864478	3862	141	3182	103	1.70
2006	6275	19656036	861533	3908	137	3132	125	2.03
2007	6402	20354224	869039	3896	136	3179	127	2.02
2008	6410	20687940	839884	3902	131	3227	8	0.12
2009	6443	20684499	902411	3929	140	3210	33	0.51
2010	6518	20771591	974215	3928	149	3187	75	1.16

注：1. 参加社区发展协会人数／社区发展协会总数。

2. 社区人口数／社区发展协会总数。

3. 当年社区发展协会成长数／前一年社区发展协会总数。

资料来源："卫生福利部"，2013。

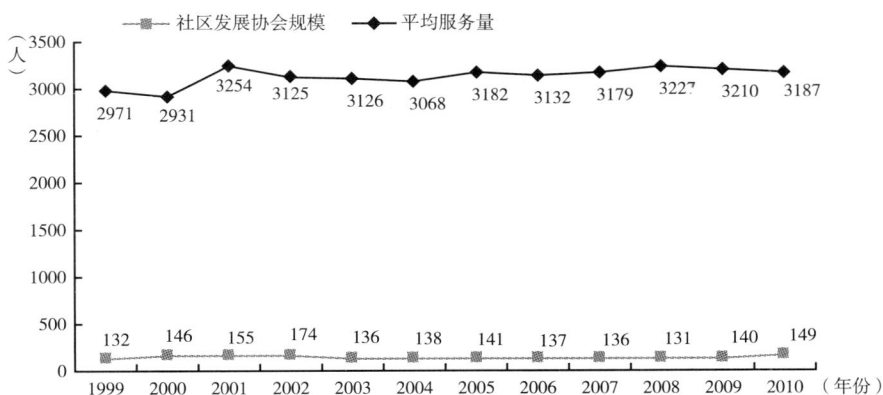

图2　1999～2010 年社区发展协会规模暨平均服务量

资料来源：据表3数据计算。

　　进而计算社区发展协会的边际成长率，以 1999 年为计算基准（见图3），虽然社区发展协会总数呈增加的趋势，然而从 1999 年至 2010 年的成长速度大致上却趋缓慢，成长率也逐年下降，或许是因为社区发展协会在逐年发展之下逐渐趋近于饱和状态，使得成长速度变缓，成长幅度也较为缓和。整体来说，社区发展协会总数虽然呈增加的趋势，然而社区发展协会规模、服务量并未随之成长，社区发展协会的边际成长率亦趋近于平缓。

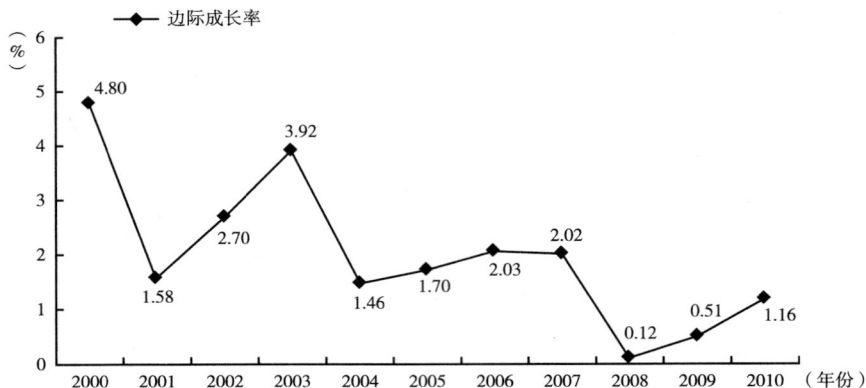

图 3　2000～2010 年社区发展协会边际成长率

资料来源：据表 3 数据计算。

社区发展协会的经费主要来自政府补助与社区自筹，举凡活动的申请与方案的规划等多以社区本身特色与需求为出发点，从 1999 年至2010 年，随着社区发展协会数量的增加，政府补助的经费维持在一定的范畴并未随之增加，而社区自筹款部分也维持在一定的范畴（见表 4）。从平均政府补助额的历年资料来看，补助额从 1999 年至 2002 年呈现逐年下降的趋势，从 2003 年至 2010 年逐年变动，补助额大都在 170000 元至 210000 元；而 2008 年、2009 年与 2010 年这三年的补助额大都超过200000 元。相对于政府补助额，自筹额从 1999 年至 2004 年也呈现下降的趋势，2005 年至 2010 年虽然有部分年份额度增加，但随之又逐年下降。

若以平均每一社区自筹额与平均政府补助额相对照（见图 4），可以明显看出社区发展协会的经费主要依赖政府补助，自筹款为政府补助款的30%～40%，即自筹款与政府补助款之比约为 1∶3 或 2∶5；然而 2002 年与 2006 年的自筹款与政府补助款之比却大于 1/2，意味着当年的经费中自筹款超过政府补助款的一半。

表4　1999～2010年社区发展经费分配概况款[2]

年度	社区发展协会总数（个）	实际使用经费（元）			自筹率[1]（%）	平均政府补助款[2]（元）	平均每一社区自筹款[3]（元）
		合计（元）	政府补助款（元）	社区自筹款（元）			
1999年	5245	1983679225	1470013313	513665912	25.89	280269	97934
2000年	5497	1896839290	1419999428	476839862	25.14	258323	86745
2001年	5584	1588272516	1127676259	460596257	29.00	201948	82485
2002年	5735	1326679676	852589255	474090421	35.74	148664	82666
2003年	5960	1459376050	1037094452	422281598	28.94	174009	70853
2004年	6047	1479219462	1058246214	420973248	28.46	175004	69617
2005年	6150	1712012710	1197727624	514285086	30.04	194752	83624
2006年	6275	1585934873	1023565380	562369493	35.46	163118	89621
2007年	6402	1626928283	1141684015	485244268	29.83	178332	75796
2008年	6410	1839467220	1347090847	492376373	26.77	210155	76814
2009年	6443	2079218629	1546895489	532323140	25.60	240089	82620
2010年	6518	1711057312	1307129198	403928114	23.61	200541	61971

注：1. 社区自筹额／经费总额。

2. 政府补助款／社区发展协会总数。

3. 社区自筹款／社区发展协会总数。

资料来源："卫生福利部"，2013。

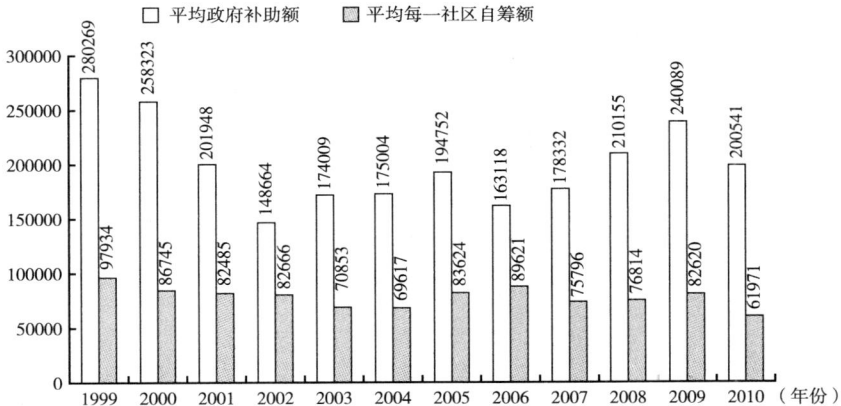

图4　1999～2010年社区发展协会经费分配金额

资料来源：据表4数据计算。

　　从图5社区发展协会的经费自筹比率可以更清楚地发现2002年与2006年的双高峰，即2002年与2006年的社区自筹额是相当高的；除了

2002 年与 2006 年，其余大都落在 23% 至 30% 之间，社区自筹款在经费配置上维持在一定的范畴。然而在 2006 年之后，自筹款占总经费的比例有逐年下降的趋势。整体而言，社区发展协会自筹经费的比例为 30% 左右，主要还是以申请政府补助款为主；随着社区发展协会的数量增加，经费配置仍维持在一定的范畴，并未随着社区发展协会总数的攀升而出现大幅度的成长或缩减。而 1969 年至 1980 年间政府补助款的金额达到 36.87 亿元，民众配合及捐献财务总值达 23.98 亿元（尚未包含民众配合之志愿人力），合计约 60.8 亿元，民间捐助款项占 39.4%（徐震、莫藜藜，2007）。

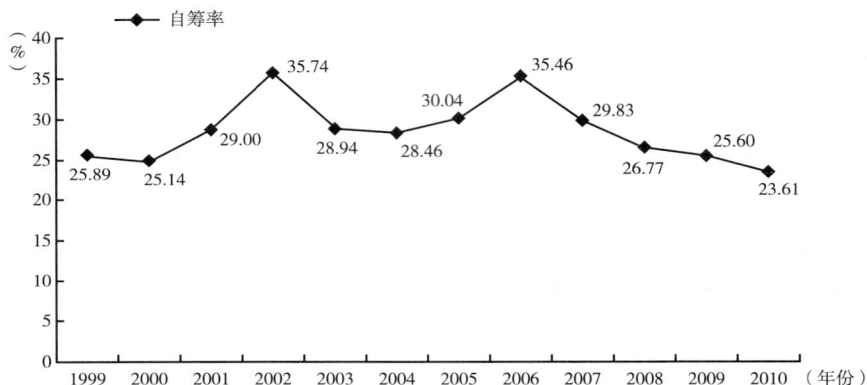

图 5 1999~2010 年社区发展协会自筹经费比率

资料来源：据表 4 数据计算。

对前述"内政部"社区发展工作过去十年的成果加以分析可以发现以下几个现象：第一，社区发展组织（社区发展协会）的成立已经逐渐趋缓。第二，参与社区组织的人数在 150 人左右，社区的人口数在 3000 人左右，换言之，社区参与率在 0.05% 左右。第三，社区组织自筹经费的比率逐渐下滑，2010 年仅为 23.61%，因为社区经费自筹及志工投入未能显示，因此这是否意味着社区自主能力的减弱仍无法判断，但是"向政府申请经费办社区"的观念及情况在社区中仍普遍存在。第四，历年来平均每一个社区接受政府补助在 14 万至 28 万元之间，社区自筹在 6 万至 10 万元之间。

从上述社区发展协会的变迁可以发现，社区发展协会渐趋饱和，会员人数有限，而且成立的目的多数以向政府申请经费为主，社区自筹经费的比例逐渐降低；少数有回馈金（如焚化炉、电塔等）的项目也只是进行资源的分配，而非从事公共议题的论述与讨论。与社区居民息息相关的社区组织，无法引发公民社会的形成①，其角色仍然以申请政府补助单位为主，在方案补助下变成福利国家的延伸，而非作为自发性福利社会的构成。同时，社区组织的合法性反噬社区互助自发的精神，甚至掠夺其微薄的政府资源。

五　福利社会与公民社会的融合

对于市民民主（civic democracy）的诠释，Pestoff（1998）认为民主的目的就是要让福利国家所认定的案主（client）及市场中的消费者（consumer）获得培力，如此才能改变传统的福利国家的服务模式。私人福利服务消费由市场提供，公部门的福利提供则是自上而下的政治决定，但是福利社会却是由自下而上的公民来共同提供。换言之，消费者或案主必须经由培力的过程重返公民的身份，才能跳脱纯粹的消费者或案主的身份，故而，公民社会就是一种福利社会的基础。此一概念在 Michael Walzer（1995）发表"公民社会的概念"之后，产生更趋多元而包容的概念意象。Walzer（1995）认为公民社会除了具有公民性格（civility）的人民，还由国家、市场、民间社团以及社区与家庭等非正式组织组成，国家、市场、民间团体以及社区等部门的存在都有其相对的力量，没有哪一个部门能够掌握绝对的优势，部门之间处于相互竞争与影响的状态（转引自官有垣，2001：167）。对 Walzer 来说，市民社会蕴含社群主义（communitarianism）的重要意义，他不认为自由主义者所说的正义的原则决定了分配的方式，真正决定分配正义与否的是有益于社会的含义。这就是 Walzer 所坚称的特殊主义（particularism）与文化论点，有别于自由主义的普遍原则。就社会福利的意义而言，公民社会是决定社会意义的重要基础，在这个基础上分配正义才有可能实现。

英国的公民更新方案的经验更是响应上述理念的具体作为，公民更新

---

① 在"内政部"历年绩优社区发展协会的调查中发现，社区能力最弱的是"议题倡导"，社区并不懂得如何发声成为真正的社区公民。

（civil renewal）的观念不但是一种政治哲学也是一种实践的途径，其目的是提升人类生活质量（吴明儒，2011）。因此，公民更新指的是地方民众通过问题的界定及问题的解决来影响他所居住的社区，而其基本要素包括以下三者。第一，一群为追求共善（common good）而愿意付出的积极公民（active citizens）。第二，在强化社区的过程中，一群人工作在一起（people work together），共同找寻解决问题的方法。第三，在符合公共需求（public needs）的前提下，与提供适当协助的政府单位及机关建立伙伴关系，并鼓励民众在民主的原则下参与，甚至影响对社区有关的决策过程。

英国在内务办公室（Home Office）特别设立了"公民更新推动项目办公室"（Civil Renewal Unit）以积极推动市民更新的创新启动方案（civil renewal initiative），该小组旨在促成政府、社区部门及志愿部门，以及地方政府等跨部门与社会大众的整合。这个项目办公室又可分成四个部分：社区发展、政府行动、研究与政策及沟通交流。其中，社区发展的目的是制定政策鼓励民众积极参与社区治理，通过与在地的社区团体、地方机关、公共服务提供商、公民社会组织建立网络及伙伴关系，达成前述目的。包括：①提供检视社区在能力营造（Community Capacity Building Review）上表现的前瞻性意见。②建构社区与志愿部门组织性工作的策略性关系，并且谋求社区发展基金（Community Development Foundation）的财务支持。③确认公民社会组织所提出的特定改革议题对于公民更新可能带来的帮助。④管理社区活动方案运用现有的社区资产（asset）如技能、设施、财源及在地专家以强化社区。

虽然台湾的公民社会逐渐从意识觉醒到公民行动，但是政府的社区政策发展距离上述的描述仍然有段距离。以主管社区发展业务的"内政部"为例，其通过制定社区评鉴制度以激励社区发展，但评鉴是一种行政手段而非目的，要让"社区发展能够发挥促进公民社会形成"成为一种普遍价值，评鉴得奖就不会成为社区发展的终点站。因此，当公民社会意识随着民主脚步逐渐觉醒时，社区居民开始关心并投入社区内的公共事务之后，政府的干预与辅导的程度将会逐渐降低。反之，若政府以行政手段过度地介入社区发展的过程，反而可能会消弭社区自主发展的能力，让公民社会的形塑趋于缓慢。第二次世界大战后，许多英国殖民的国家纷纷寻求独立，因此英国政府训练了许多社区工作者前往殖民地工作，目的是要教育社区居民建立一个由下而上的民主机制，使得脱离英国而独立的国家不至于落入独裁者的手中。没有想到这些社区工作者重返英国之后，却成为英国社会运动的重要倡导者（Craig，1986）。

目前，台湾所实行的社区发展政策仍然采取一种指导性（directive approach）的方式，政府也容易因循旧规而设定许多社区议题的框架，如此似乎与 Craig（1986）认为的普遍存在殖民地的指导性社区工作模式并无二致，缺乏公民自主的行动。例如过去以计划补助的方式引导社区发展的方向，是由上而下的行政指导（例如生产福利建设、基础工程建设以及精神伦理建设），现在可能是由下而上的指导性提案（例如健康社区六星计划、社区照顾关怀据点），政府指导性的角色仍然明显。但是，非指导性（non-directive approach）的社区政策却不企图说服或指引社区接受政府所期盼发展的方向，而是刺激社区居民思考他们自己的需求是什么。政府及社区工作者只是提供各种达成需求的信息，并鼓励社区居民勇于实践以满足需求而已。因此，政府不应该限制社区自发性需求的发展，否则计划性补助很容易使得社区"驯服"在政府的补助规定之下，失去了社区创新的能力，社区发展所能产生的"进步的社会变迁"的力量更是缘木求鱼。

那政府对于社区发展的功能何在呢？简单地说就是从事社区培力以及实验方案（特别是人才及资源匮乏的社区）的研发，这是西方先进国家落实社区主义的重要方法，然而却是台湾社区发展政策根本不重视的部分。以英国为例，社区在作为建立社会参与（social participation）平台的表现上有其一定的发展历程及基础，相较其他国家来说属于较为健全的，较为著名的有工会及妇女研究所（Women's Institute）等团体（Richardson，2005：97）。英国从 1996 年开始投入社区组织"由下而上"（bottom-up community organizations）的改革，设立 The Centre for Analysis of Social Exclusion，提供 145 万英镑用于行动研究实验方案——the Gatsby Project。1997 年之后新工党所提出的政策则着重在志愿服务部门（voluntary sector）的发展上，以睦邻脉络（neighborhood context）作为社会参与的途径，制定 Sustainable Communities Plan，预计到 2004 年能够有超过 100 万人积极地投入社区。英国政府横跨 6 个部会 20 个全国性的社区方案中，似乎无法达到 2001 ～ 2004 年的《公共服务协议》（Public

Services Agreement）所设定的目标①，2004 年之后则将重点移转至社会排除（social exclusion），特别针对社会排除高风险的人口群。

在财政困难、贫富不均、输送制度及机构式照顾不恰当的交互影响下，由政府办理社会福利的方式，同时遭到来自保守派与自由派的批评与挑战。各国政府在此种种危机的压力之下，逐渐改弦更张，寻求解决危机之道，于是出现所谓的"福利多元主义"（welfare pluralism）这一主张，政府不再是唯一的福利提供者，福利的责任从此由公部门（the statutory）、志愿部门（the voluntary）、商业部门（the commercial）、非正式部门（the informal）四个部门共同负担。

福利混合（welfare mix）、非营利（non-profit）、福利混合经济（the mixed economic of welfare）的观念与策略随之产生（Evers，Svetlik，1993：13）。而这"第三部门"（the third sector）就是"公民社会"（civil society）所呈现的一种公共空间或场域（public space）；换言之，公民社会就是一个公共场域，是以政府、市场及非正式部门为三个基石的开放场域。Pestoff（1998）以三角关系表达彼此之间的关系，从 Titmuss（1974）的观点来说，发展一个有组织的社会福利志愿模式就是达成一种"福利社会"（welfare society）的方法或手段，而且它必须是基于自由与自愿行动下的组织化过程（Van Til，1988：9），此一观念与 Habermas（1989）的社会福利的社区主义模式或参与模式（转引自 Pestoff，1998：12）更是互相呼应。因此这也说明未来社会福利的发展，社区必然扮演扩大民众参与的重要平台及中介角色，台湾社区组织的发展也提供此类的经验。虽然政府在社区政策上仍然偏向指导性的行政干预，但是由于社区组织的持续增加，政府在推动各项社区政策时能够有对应的社会组织予以落实；同时，随着公民素质的提升及非营利组织的扩展，社区也正逐步建构一种朝向合作理念以及自我治理（self governance）的社会企业（social enterprise）模式方向发展。总而言之，台湾面临未来经济成长趋缓及人口结构老化等困境的影响，同时感受到西方福利国家的财政负担，一种超越政府与市场（BSM）的"福利社会"文化的职责正逐渐浮现，政府的角色不再是单一的，还承担活化公民社会及组织化志愿行为的职责，政府也不必然是福利

---

① PSA 在 2001 年设定的目标是增加社区成人参与至少每月一次，从 2005～2006 年必须增加 5%，相当于 100 万人。

服务主要的承诺者与提供者，而是在财源及规范的角色上担负一定的
责任。

六　综合讨论与结语

　　政府与社区之间的关系，特别是在福利国家危机出现之后，政府与市
场的关系、政府与社区的关系、社区与市场的关系，三者之间均产生新的
讨论议题。本文主要以社区或者社区主义的公民社会为讨论主轴。只有当
社区作为一个以公民为主体的价值群体成为社会公民最基本的形式时，福
利社会的理想才能实现。

　　在图6中我们借用 Pestoff （1998） 的概念模型加以修改并予以诠释，
未来国家的发展是建立在"公民社会"与"福利社会"这两个基础上的。
前者属于社群主义中对于共同价值的追求与展现，强调个人的责任与群体
的认同，台湾过去推动以社区主义为本的社区营造或社区发展的目的即在
于此，目的是追求"福利社会"或者"公民幸福感"；而后者，是以社区
福利为导向的所谓的公民社会，一种更强调市民参与精神及强化分配正义
价值的市场机制。贫富差距与消费能力的落差，往往使得市场经济与庶民
的生活感受脱节；归结来说，公民社会的培力营造，有助于建构福利社区
化的网络关系，摆脱对政府福利的过度依赖，形成社区主义或环境主义的
社区发展策略，如此社区民众才能通过自发的各种组合及具备社会企业精
神的组织来满足其福利需求，摆脱对福利国家依赖的梦魇，如此也才能自
然达到"社会和谐"与"均衡发展"的目标。

　　在一个资本主义全球化快速演变的环境下，面对新自由主义狂潮的冲
击，社群主义的提醒与反思虽然是薄弱却非毫无影响力的，前英国首相布
莱尔的社群主义（Communitarianism）与新工党（New Labour）的价值体
系成为重要的政策参考依据（Hale，2006），个人与集体的论述成为不断
辩证的过程，多元、混合、变动模式逐渐成为常态。如果福利国家的目的
是要让人民幸福感得以提升，生活更具有保障，那么一种由下而上的公民
社会的提升是必要的。减少政府过度的干预与作为，政府只需要扮演监
督、管理者的角色或只规定大的政策方向就好，把权力下放到地方团体以
及第三部门、非营利组织，这是未来"福利国家"转型为"福利社会"
的重要基础。诚如 Daniel Boorstin 所言：社区先于国家的存在关照到人们

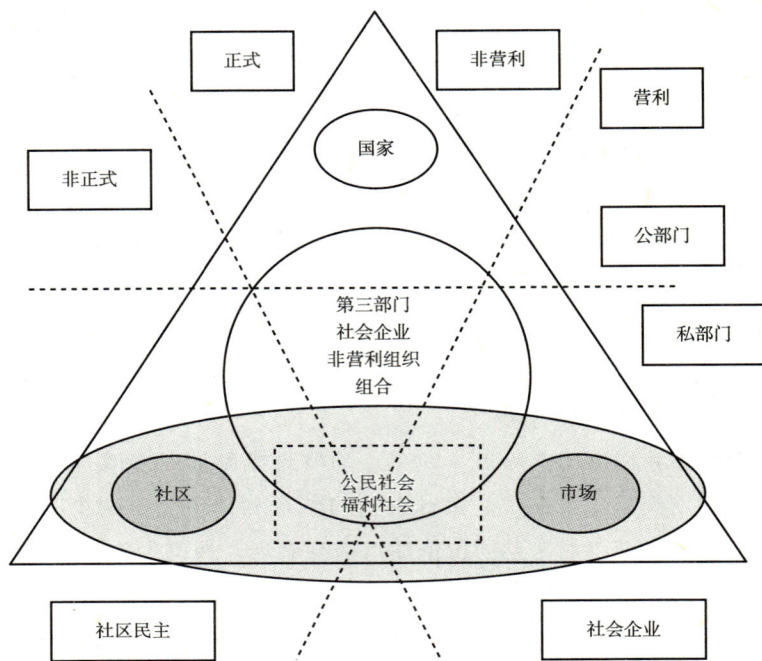

图 6　以福利社会为基础的部门关系

资料来源：修改自 Pestoff，1998：12。

的需求（转引自 Van Til，1988：11），因此，重返社区及社区组织必然是未来福利改革及建构福利社会无可回避之途径。

参考文献

顾忠华，2005，《解读社会力：台湾的学习社会与公民社会》，台北：左岸文化出版有
　　限公司。
官有垣，2001，《第三部门与公民社会的建构：部门互动的理论探讨》，《台大社工学
　　刊》第 4 期，第 163 ~ 201 页。
官有垣，杜承嵘，2008，《台湾南部民间社会组织的自主、创导与对社会的影响：社
　　团法人与财团法人之比较》，《社区发展季刊》第 122 期。
郭博文，1997，《弗格森社会哲学述论》，刊于《人文及社会科学集刊》第 9 卷第 1
　　期，第 1 ~ 38 页。

林万亿，1999，《台湾社会福利的发展：回顾与展望》，台北：五南图书公司。

莫藜藜主编，2007，《徐震教授论社区社会工作》，徐震（著），台北：松慧出版社。

潘屹，2009，《家园建设：中国农村社区建设模式分析》，中国社会出版社。

孙善豪，1989，《"民间社会"与"文明社会"：民间社会理论对葛兰西的误解》，《中国论坛》第 336 期，第 30～33 页。

"卫生福利部"，2013，《社会福利统计年报》，http：//www. mohw. gov. tw/cht/DOS/Statistic. aspx？f_ list_ no＝312&fod_ list_ no＝1717，下载时间：2013/12/13。

吴明儒，2005，《福利国家发展与社区发展政策的关系》，台湾社会福利学会举办的"快乐儿童、活力老人、健康社区——建构台湾社会福利的新愿景"学术研讨会，台中：静宜大学。

吴明儒，2009，《社区发展的新视野：欧洲国家经验的学习》，《台湾社会福利学刊》第 8 卷第 1 期，第 29～69 页。

吴明儒，2011，《从英国社区发展的脉络反思台湾的社区进程》，"国家政策报告" NPF Research Report，财团法人国家政策研究基金会，社会（研）100～001 号。February，11，2011。

吴明儒、吕朝贤、陈昭荣，2008，《社区能力指针与地理信息系统（GIS）应用之研究：以台南市社区发展协会为例》，论文发表于台湾社会福利学会 2008 年年会暨"新世代社区保障制度的建构与创新：跨时变迁与跨国比较"国际学术研讨会，嘉义：中正大学。

"行政院"主计总处，2013a，《中央总预算案》，http：//www. dgbas. gov. tw/public/data/dgbas01/101/101Btab/101B，历年中央政府收支概况表，PDF，下载时间：2013/12/13。

"行政院"主计总处，2013b，行政院主计处全球信息网站，http：//www. dgbas. gov. tw/mp. asp？mp＝1，下载时间：2013/12/13。

詹火生、黄源协、彭华民，2009，《台湾社区工作：从"福利社区化"迈向"永续社区"》，《南开学报》（哲学社会科学报）第 2 期，第 67～74 页。

张英阵、郑怡世，2008，《Jane Addams 社区工作典范的再探》，静宜大学青少年儿童福利学系主办"社区工作教育发展与实践研讨会"会议资料，第 2～20 页，台中：沙鹿。

Chaskin, R. J. 2001. Building Community Capacity – A Definitional Framework and Case Studies from a Comprehensive Community Initiative. *Urban Affairs Review*, 36 (3), 291–323.

Craig, Gary. 1986. *Community Work and the State*. Prepared for the ISA Conference, New Delhi, August 18–12.

Craig, Gary. 2007. Community capacity-building: Something old, something new…? *Critical Social Policy*, 27 (3), 335–359.

Evers, Adalbert and Svetlik, Ivan eds. 1993. *Balancing Pluralism: New Welfare Mixes in*

Care for the Elderly. USA：Avebury.

Flora, P. and A. J. Heidenheimer. 1982. *The Development of Welfare States in Europe and America*. New Brunswick and London：Transaction Books.

Glickman, N. J. , & Servon, L. J. 1998. More than Bricks and Sticks：Five Corporation Capacity. *Housing Policy Debate*, 9 （3）, 497 – 539.

Habermas, Jürgen . 1962 /1989. *The Structural Transformation of the Public Sphere：An Inquiry into a category of Bourgeois Society*, Polity, Cambridge.

Hale, Sarah. 2006. *Blair's community – Coummunitarian though and New Labour*. Manchester University Press.

Mayo, Marjorie. 1994. *Communities and Caring—the Mixed Economy of Welfare*. London：Macmillan.

Pestoff, Victor A. 1998. Beyond the Market and State—Social Enterprises and Civil Democracy in a Welfare Society. England：Ashgate.

Richardson, Liz. 2005. Social and Political Participation and Inclusion. in Hills, J. and Stewart, K. ed. , *A More Equal Society*? pp. 93 – 116. UK：the Policy Press.

Stepney, Paul and Keith Popple. 2008 Social Work and the Community. N. Y. ：Palgrave Macmillan.

Titmuss, Richard M. 1958. *Essays on "The Welfare State"*. London ：Allen and Unwin.

Titmuss, Richard M. 1974. *Social Policy*. London ：Allen and Unwin.

Van til, Jon. 1988. *Mapping the Third Sector：Voluntarism in a Changing Social Economy*. USA：The Foundation Center.

Walzer, M. 1995. "The Concept of Civil Society. " In M. Walzer ed. , *Toward a Global Civil Society*, pp. 7 – 27. Oxford：Berghahn.

Wuthnow, Robert. 1991. The Voluntary Sector：Legacy of the Past, Hope for the Future?, in Wuthnow, Robert edited, *Between States and Markets—The Voluntary Sector in Comparative Perspective*, pp. 3 – 29, Princeton University Press.

"新社区"建设：中国城市社区治理与公共服务的现实出路

王　颖*

摘　要： 以房产利益为纽带的全新的业主群体已经在不知不觉间成长为社会参与的主体力量，而因相同爱好连接在一起的爱好者共同体则如雨后春笋般地涌现出来并超高速地增长。这些异质性很强、利益志趣完全分散化的个人，正在利用手中的选择权和网络的沟通力量，自主性地重新建设自己的社区。我们认为，以房产利益和共同志趣爱好为纽带的新社区——"自主的社会领域"正在形成，我们的基层组织和政府应当充分认识到来自民间强烈的自主建设梦想家园的愿望，调整我们对社区的认识，以新社区为基础重新塑造我们的基层组织和社会调控机制。

关键词： 新社区　社会生活共同体　自组织　自主的社会领域

当"网格化"社会管理创新广受关注之时，一个隐含的危机却浮现出来。伴随住房私有化而来的庞大业主群体和物业小区迅速成长，已经占据城市人口和小区总量的绝大多数，成为城市中最有竞争力的人口和最有活力的区域。然而当巨大的社区变迁发生时，我们以垂直隶属关系为特征的社会组织体系却迟迟没有做出反应。本文即关注因此产生的城市社区建设与社区服务的体制困境，及可能的解决思路。

一　现代社区建设与公共服务面对的体制困境

2002 年住房私有化真正启动以后，伴随以小区为形式的大规模房地

---

* 王颖，中国社会科学院社会学研究所研究员。

产开发和农村地区的大规模拆迁，一种新的居民居住区的分布状况逐渐呈现出来，即住宅小区的大规模兴起以及随之而来的旧城居民的外迁和外来人口在内城租房定居。当个人作为独立的利益主体，拥有私人房产的业主群体已经成长为规模庞大的利益群体时，以往高度集中、自上而下、依靠组织隶属关系发挥作用的科层制社会组织管理模式，已经失去了强大的组织掌控力量。社区人口的高度流动性，居民之间的差异性，人与人之间的陌生程度，都是前所未有的。

于是，无论是内城老城区还是近郊区，以私人房产为利益纽带的住宅小区开始成为邻里社区的基本形式。而所谓的居委会辖区式社区，无论从地理分布上，还是组织职能上，都已经远远不能覆盖所有的住宅小区和城市居民。政府自上而下开展的社区建设，实际上是抓了"居委会"，却舍弃了广大"居民"。真正城市居民聚集而居的住宅小区，大多数是被排斥在政府社区建设之外的"城郊飞地"。我们从下面几个方面来理解这种现象。

1. 一个脱离居民切身利益，自上而下"行政抓手"式的社区建设

自 1995 年前后上海市提出社会管理要纵向到底、横向到边，把社区作为"工作抓手"来抓开始，政府主抓的社区建设就没有脱离这种思路。先是"费随事转"，社区居委会接受了政府的活动资金和收入补贴，结果名正言顺地变成政府的"嘴和腿"，其行政化和脱离居民的情况越来越严重，最后干脆在年轻化和职业化的名称下，彻底摆脱了"社区居民自治组织的性质"，成为政府职能部门的"派出机构"，或干脆被政府派出机构"社区工作站"取而代之，"靠边站"了。

尔后是维稳式"封口"管理。一级抓一级，到社区就是严管那些爱说爱动的人。特别是在"敏感日"，政府甚至拿钱慰问那些爱说话的人，让他们别乱说话。结果，社区失去了真正的居民自组织空间，也失去了社区居民真正自我教育的空间。社会总是处于一种紧张状态。

再后来，更进一步从对"井盖"的网络化管理，引申到社区对人的网格化管理。有些地方政府又花更多的钱请更多的人，将社区再细分为更小的网格，让这些雇用者随时上报不寻常的情况。这种行政化的社区建设，完全违背了社区建设的本意。结果，我们的社区居民在已经被行政化的居委会及楼门院长加积极分子的行政网络和大批网格化管理员的监管下，被严重阻塞了言道，社区也更失去了自治的根本。

　　最终社区变得只有管理，没有言路，更没有对话，遇事越发靠政府。社区自治早已变成一句空话。

　　居委会的行政化、专业化和职业化，不仅迅速地弱化了街居组织的基层政权组织的性质，而且还使街居组织快速地脱离了社区居民的实际需要，隔断了与居民水乳交融的密切关系，褪去了个性化、全能型、面对面服务的社区组织性质。因此，也就失去了居民的认可，同时也不被政府倚重。

　　社区居委会在组织定位上的偏离，使它的组织职能与社区居民的实际需要相差越来越远。社区居委会已经变成政府派出机构（街道办事处）的派出机构，绝大多数时间在忙于政府各部门下派的工作。面对单位制解体、城市居民利益不断分散化的局面，政府各职能部门开始把社区居委会看成有用的"抓手"（上海最先使用的描述性语言），因此政府的社区建设的思路是沿着"抓手"展开的。

　　所以我们看到各居委会都会挂着十几个到几十个牌子，十几台政府延伸下来的"职能部门"的电脑，还有数不清的由这些部门颁发的奖状、奖杯、奖牌。我们的城市社区居民自治组织处于政府职能部门工作的重压下，根本无心、无力、无愿望去为社区居民办事。在政府部门的层层考核、工作重压下，居委会对社区物业"负有监督管理的权力"，显得极其苍白。

　　当社区居民基本上都拥有自己的产权房以后，当居民已经把自己最大的房产利益以及与之相关的连带利益看得如此重要的时候，当小区居民为了切身利益展开各种各样维权活动的时候，当小区居民看着自己的社区一天天"烂下去"而无能为力的时候，我们的社区居委会没有与社区居民站在一起，没有能力通过有组织的协调、协商去解决问题，而是心安理得地做着政府的"脚"。那么，这样的居委会的快速边缘化，也就是必然的了。

　　我们这里只讲问题，并没有讲一些特殊的主动改变自身职能的先进居委会。因为，即使是那些先进典型也面临体制上的困扰。我们这里讲居委会的快速边缘化，是指大多数居委会日益脱离居民而造成制度性的边缘化，并不包括那些个体差异。

　　2. 一个个人空间与公共空间没有划分清楚的混沌的居家生活空间

　　伴随住宅私有化而来的是社区居民对公、私空间的重新划分。当我们社会中大多数人已经脱离原有公租房，居住到产权私有的住宅小区时，60多年社会主义意识形态下"先国家，再集体，最后是个人"的公私关系模式，开始面临根本性的逆转。特别是在住宅小区里，个人对私有空间的权力成为每个业主维权的基本出发点。

在单位制下，家、社区和单位是一体的，家里发生矛盾、邻里发生纠纷，单位都有责任有权力进行调解。而由于个人对工作单位的隶属关系，出于工作的考虑，个人也不可能不服从单位的调解。但在今天的住宅小区里就不同了。刚刚拥有了"私人财产和私人空间"的业主和居民，特别关注自己的权力。人们慢慢意识到个人私产的市场价值与小区公共空间和公共环境密切相关，与社区周边的基础设施、社会服务等大环境密切相关。小区业主开始对公共空间、公共环境的权力归属，对公共空间的私人占有，对公共空间对私人空间的侵占和影响，倾注了极大的关注。各小区论坛上这类帖子被归类为维权，也就是说，所谓业主维权不仅仅是对个人财产的维护，更重要更大量的是对小区公共空间权力、利益归属，环境质量，人际关系和公共秩序的维护。业主的这种关注，是在维护自己私有住宅所处环境的生活质量，否则，再好的房产也不可能持续下去。这与"单位制"下的单位大院是完全不同的两种社区概念。

随着住宅私有化，生活小区中由于私人权利权益的凸显，公共空间、公共部分、公共权利和权益、公共关系、公共责任也就变得愈发突出了。我们在分析了多个社区论坛帖子后发现，公共空间的权力、权益、责任和关系，是社区公共场域中一个永恒的热点话题。

第一是不确定的物理公共空间，比如楼道广告、空中噪音、庭院环境、外墙广告、房顶太阳能热水器的安装、手机发射塔、侵占绿地、停车位、水体的利用、水体草地灭蚊、高层楼水箱的权力归属、地下停车库、庭院卫生、人车分离、公交车站点设置、小区商铺招商、娱乐设施、儿童设施等，都是没有明确法律法规政策规定的领域，也是大多数小区没有形成行为规范的领域。

第二是不确定的公共权利、权益和责任关系。从上海万科城花小区物理公共空间发生的大的矛盾冲突中，我们可以清楚地看到，每一个冲突背后都隐含着两个以上利益主体在权利权益间的冲突。这恰恰说明在生活小区里面，这些与新生的小区业主相关的公共关系都是不确定的，也是原有权利主体对小区业主群体的权利权益漠视、忽视、侵害比较多的地方，所以也是小区业主群体权利博弈非常激烈的领域。

我们的调研显示，小区业主居民与政府的冲突表现在小区公共设施的不足上，如停车位长期得不到满足；表现在小区公共空间权益被侵占和侵害上，如民办幼儿园应不应该按商铺缴纳物业费，新飞机航道噪音扰民的事件如何纠正或赔偿。小区业主居民与开发商发生冲突，政府应不应该介入、怎样介入的问题等。垃圾焚烧站、地铁站点的设置、绿地的更改、公交车站的设置等小区周边公共设施的设置，有没有征求小区居民业主的意见，有没有请小区居民业主参与决策。

我们的调研还显示，小区业主居民与物业公司以及开发商的冲突，则更多地集中于小区内部的管理信息、账目收支信息是否公开了；物业费交付是否物有所值，是否合理；管理是否人性化，是否符合业主的心愿上。既要高质量的物业服务又想要最低的物业收费水平，老旧设施维修动用维修基金的困难，以及有些老小区一些住房维修基金已经使用完了，个人又不愿意缴纳，那么设施的维修费应该从哪里出，怎么出？小区居民想建一些服务设施但钱从哪里出，谁出面去协调等问题，都还处于混乱不堪的局面。目前基本上都是物业和业主之间在不断地冲突、不断地博弈，并没有一定之规，政府也没有深入到这么具体的社会建设层面。所以我们说小区还是一个混沌的生活空间。

第三，这种混沌更直接地反映在住宅小区的陌生人社会这个层面。邻里互不相识，小区只有你争我夺，没有邻里沟通和邻里互助，没有增进交往的社区活动，更没有社区规范，小区就是一个没有文化的荒漠。尽管有漂亮的房子，却没有让人生活舒心的邻里。因此，在小区里更经常爆发的是邻里之间的纠纷和冲突。比如关门的声音太大、噪音扰民、停车纠纷、垃圾乱丢、不文明养狗、装修噪音、高空乱丢废弃物、乱停车、意见不合就打人，等等。这些都是社区公共关系缺少规范的结果。

新近凸显的权利和收益归属问题、新的职责问题都构成了新的权力博弈空间，如果不认真研究和认真对待，只是简单地找有关组织来承担责任（或政府或企业），都是相当危险的做法。在住房已经普遍私有化的今天，城市政府这样简单地处理小区公共部分产生的问题，会带来无穷后患。政府也不是无限责任者，企业更不是。上海等大城市高等级物业公司放弃住宅小区而转向商业物业，就是物业服务行业在住宅小区因物业费太低且收取困难，陷入行业困境的结果。

3. 一个由"陌生人"组成的无序生活空间

社区本应属于熟人社会，是介于家庭和社会之间具有缓冲性的社会组织，一个家庭之外的社会性大家庭。它可以包括工作单位、朋友圈、邻里街坊，等等。城市社区，指的是具有地域性的邻里社区，它是围绕一定地域聚集而居的一群人组成的利益共同体和生活共同体，是城市社会持续发展下去的重要社会基础。当乡村人口脱离农村进入城市以后，能够让他们安定下来的社会组织就是以熟人社会关系为基础的社区。

社区之所以被称为社区，不是因为它有房子有人有组织，更重要的是它是熟人社会，有自己长期共同生活而形成的道德规范和行为规范，有获得居民认可的社区组织。这些组织成员本身就是社区居民的一员，而非外派干部。居民对这些组织成员的认可，是他们与居民面对面沟通、交流，随时随地帮助居民解决问题的真心付出换来的。社区有一套自己独特的文化和关系模式，一旦社区文化被打烂了想要恢复，是极其困难的。因为这需要时间的积累。

我们之所以把今天的社区称作一个混沌的居家生活空间，就是对当前社区行政化建设趋势的一种严重担忧。大多数城市迅速的外扩、内城高档住宅小区见缝插针般的兴起，以及老旧小区居民的大规模置换，都使城市居民居家生活的空间发生了根本性的改变。除一部分单位宿舍没有大的变动外，绝大多数的住宅小区已经不再是原来的熟人社会了。城市近郊区大规模的新兴住宅小区更是陌生人社会。而且这种趋势随着住房市场的发展，会进一步加剧。

更让人担忧的是我们政府的行政性行为。比如强行拆迁，拆散了原有的村民，让这些村民居住在不同的小区里。也许政府认为这样便于管理，但结果却是"社区消失了"，政府直接面对的是利益独立化的个人。因不是自己自主性搬迁而拒交物业费，政府不得不替这些"被搬迁者"买单。而且社区一旦被打散，再想建设社区可不是那么容易的事情。这些都是我们社会管理中真实发生的事情。

当一个住宅小区由陌生人构成时，它的当务之急应当是动员小区居民广泛参与自建家园的"社区建设"，并且在大家都可以参与的前提下，重新建立邻里沟通渠道和邻里互助的习惯与风气，重新建立邻里对话的空间，让居民之间可以就自己感兴趣的话题展开讨论，逐渐形成社区公共舆论，以约束社区居民的行为，慢慢形成自己社区特有的文化。要让社区居民重新自组织起来参与社区建设、社区管理和相关的大社区公共决策。

我们看到的是，现有的社区建设偏离了方向，社区居委会辖区的建设、社区网格化管理的建设，更多地趋向于让政府组织成为"代办机构"和管理的"脚"，却没有鼓励支持住宅小区的居民自组织起来，建设自己的家园。从我们的研究可以看出，住宅小区居民的自组织积极性是非常高的，他们都非常关心自己的社区建设，很乐于参与本小区的社区建设。但是，我们的地方政府却出于"维稳"的考虑，一有"风吹草动"，首先做的就是取缔"居民自组织"，伤害居民自组织的热情。这是社区建设的一大误区。

4. 一个缺少社区成长的体制空间

政府居委会辖区的社区定义，已经将大多数的住宅小区排除在基层社会组织体系之外。在新中国成立后第一次伴随工业化而来的有组织的城市化浪潮之后，企业改制、劳动力市场开放、人口自由流动、住房私有化，中国又迎来了第二次城市化高潮。我们的城市建成区在近十年间成几倍地外扩着，城市新型住宅小区成片地在近郊区兴起。但是我们的基层社会管理体制，或曰"基层政权组织"，却没有改变，而是将这些新小区仅仅当作房子在管理，因此更多地由住建部去管理物业公司。而基层政权组织的建设，却固守"旧城池"，鲜有大作为。这种状况已经让我们失去了"小区成长为社区"的大好时机，让我们的基层社会乱象丛生。

单位制解体以后，我们的城市政府并没有在管理体制上来一番与时俱进的改革。而随着城市近郊区大规模小区聚集区域的出现，内城老城区原住民与外来人口或人户分离的租房者之间的置换也开始了。社区居委会随着年轻化、专业化、职业化，变得越来越机构化，而非社区化。政府各职能部门因政府"费随事转"而名正言顺地把居委会当作自己的"腿"和"嘴"。在政府不断加强"社区建设"的过程中，社区层面已经有了社区工作站（政府的代办机构）、社区服务站（民政系统的服务机构）、社区居委会（街道及各职能部门的专业化、职业化的代办机构）。社区居委会已经不再是应对上面千条线的那"一根针"了。在社区居民眼里，进入社区的组织越来越多了，但却更不知道谁能为自己办事了。政府按条条进行的社区管理和社区建设，房屋产权单位的多元化，使整体性社区消失了，使作为居民自治组织的社区居委会"改性"了。地域性完整，由单位负责的社区管理消失了。社区服务、社区管理已经变得碎片化了。

政府的"无限责任"扼杀了小区自组织成长的空间。当老旧小区的房屋老旧破损、背街小巷破旧不堪、小区道路绿化不足、居民不交物业费导致弃管等现象出现时，政府采取的政策是不加区分的"大包大揽"，而且各城市比着赛着改造老旧小区。政府这种"无限责任"式的大包大揽，不仅会引发许多新的矛盾冲突和社会不公，而且扼杀了社区的自组织成长空间。这种行政化的社会建设，表面看起来短时间就见成效，但是我们的社会没有对话、没有自我建设、没有因共同参与社区建设而得到成长。这种打着社区建设的旗号，扩大政府势力和资源，扼杀社区和社区居民自组织、自我成长的做法，实际上是"饮鸩止渴"，后患无穷。这不是社会建设，只能称作"政府建设"。

行政化社区只是"工作抓手"，并不是真实的社会存在。我们看到，行政化的居委会辖区，如果不参与小区建设，不贴合住宅小区设置，基本上都得不到社区居民的认可（除了个别基本没有变化的老社区）。行政化社区只能是"政府的工作抓手，并不是真实存在的、居民认可的社区"。如果我们的社区组织脱离了小区居民和小区居民的实际诉求，它就只能是代办机构而不再是社区组织。

正式组织的不参与是社区成长的重大障碍。我们的研究同时还显示，没有正式组织参与的小区自组织，往往停留在偶发公共事件的社区参与和日常邻里沟通层面。真正持续的社区自组织建设，特别是有意义的能够切实解决问题的社区对话和社区参与，则必须有社区正式组织的参与。四位一体的社区治理结构是社区成长必不可少的。而这恰恰是目前社区建设最缺乏的。

公共决策的"一锤定音"，剥夺了社区的参与空间。许多城市群体性事件恰恰缘于城市公共决策过程中排斥社区作为利益相关者的有效参与。上海虹桥机场附近飞机噪音扰民的小区抗议、北京地铁线路规划、广州某区垃圾焚烧站点设置引发的集体投诉，等等，都是政府忽视小区居民的利益相关者身份，无视小区居民的决策参与权而造成的结果。政府对社区行政性单位的定位，使他理所当然地把小区居民当作下属单位来管理，这是引发激烈冲突的思想根源。小区居民作为利益主体而拥有的正当权利、权益和责任，必须给予重新认识，小区作为利益相关者的公共决策参与权必须予以尊重。

二 "自主的社会领域"——新社区的崛起

组织化的单位社会走向终结、原子化的大众社会已成主流，社会管理体制改革遇到了原体制下难以克服的瓶颈。对社会大众个人来说，组织化的单位社会不过是记忆中发黄的"老照片"，以网络为工具，"70后""80后""90后"正在创造真正属于自己的"新社区"。结果，传统的单位制不仅从制度上失去了存在的基础，更重要的是失去了它在大众心目中原有的权威地位，由分散化大众构成的社会已经与科层制组织化管理的政府分离了。大众通过各种网络终端特别是各种自媒体，与利益相关者、志趣爱好相同者重新组合在一起，构筑着新的自主性社区。

1. 社区概念的演变

社区是什么？建设了几十年的社区，社区是什么突然成了一个很难回答的问题。纵观中国社区建设史可以发现，社区概念是从西方引入的外来语，社会学者首先发现了在中国与之相对应的社会生活共同体——居委会辖区，后被政府部门接受，街居组织的管辖范围就作为社区的基本形态和组织边界确定下来。2000年11月19日中办发〔2000〕23号文《中共中央办公厅、国务院办公厅转发民政部关于在全国推进城市社区建设的意见的通知》中，明确界定了社区概念："社区是指聚居在一定地域范围内的人们所组成的社会生活共同体。目前城市社区的范围，一般是指经过社区体制改革后作了规模调整的居民委员会辖区。"（国公网，2008）

政府按照15分钟步行圈服务半径来划定社区边界时，社区居委会的总体数量下降了，但其管理的辖区却扩大了，调整后的社区规模一般在1000户到3000户。

数据反映出两个不同的趋势：一个是居委会总体数量的骤降后升，但仍没有超过2001年的数量；另一个是城镇人口的直线上升。由此，我们看到了一个相对静止的行政划定式社区定义和一个不断变动中的人口聚集趋势。

社区是什么之所以会成为难以定义的概念，一个很重要的原因就是如何理解社会生活共同体的成因和变化趋势。

中国传统上一直把社区定位为基层政权组织，它具有官民两重性。无论是始于西汉时期的"乡里制"、唐代的"坊里制"、清末的"保甲制"，还是新中国成立后建立的"街居制"，中国城市几千年的社会管理，基本上依靠完整、严密的行政组织体系，通过半官半民的基层组织对个人进行掌控式的管理，这是中国社会长期稳定的组织化保证。这些中国式的"社区"实际上是依附大一统的科层体系运作，正如街居制离不开单位制一样。整个社会很低的流动性是这种体制赖以生存的基础。个人住在哪里不是可以随意选择的，"传统社区"内成员的同质性很强，对科层管理体制、对工作单位的依赖性很强。街居制不过是管理那些没有主管部门的单位和没有单位的个人，扮演这个体制内拾遗补缺的角色。

当政府把社区规模调整视作向社区制过渡的重要举措时，其初衷是美好的，但忽略了巨大社会变迁的事实，忽略了异乎寻常的社会流动性和社区变动性。当经济与社会都放开以后，个人的选择权大大增强，由"单位大院"、胡同、里弄构成的"熟人社会"的"社区"，逐渐被陌生邻里的小区取代。内城核心区变成了金领、高级白领的高档小区和外来租房者的天下，而城郊大规模聚集的新型物业小区，则成为有文化的年轻人和搬迁户的聚集区域。

在这种情况下，"聚居在一定地域范围内的人们所组成的社会生活共同体"在哪里呢？根据多年社区研究我们发现，拥有了越来越多选择权的分散化大众，通过互联网的沟通，重新在两个维度下聚集成社会生活共同体。一个维度是利益共同体，即地域性很强的，以房产利益为核心纽带的物业小区和与房产相关的公共利益型大社区。这个维度与我们现存的街道居委会管辖区有很强的重合性。另一个维度是志趣爱好共同体。这种重新集结起来的志趣爱好共同体，本身地域性特征并不突出，或者说是可以突破地域性而存在的，但其有组织的线下活动却又总是与一定的地域范围有关。也就是说，线上的沟通和联系往往跨越地域，具有虚拟社区的特征，但线下的组织活动却是在真实的地域范围内进行的。而且大多数组织活动与实体大社区相贴合。

从这两个维度的社区行动来看，虽然普遍存在跨地域性，但地域性在新社区"落地行动"中仍然具有相当重要的作用，只不过地域边界会随着利益相关者的居住范围不同而不同。

首先，最小的利益共同体范围就是物业小区，它是所有新社区再组织的基础，主要的矛盾是小区内的邻里纠纷、公共空间权益归属、物业纠纷、社区行为规范和服务规范等。

其次，某一地域范围内的利益共同体，也就是我们经常说的大社区，大致与街道辖区相当。主要关注点是与房产利益直接相关的公共基础设施和基础服务，以及活跃的爱好者社群的组织活动。比如地铁增站、公交改线、垃圾焚烧站的取消以及足球联赛、歌咏比赛等。

再次，整个城市范围内的利益相关者集体行动，比如 PX 事件、水污染事件、反对化工企业落户等有关环境保护的自主性社区行动。

社区在哪里？我们看到社区就在大众聚集而居的地方，就在物业小区，就在大社区的社区论坛里，就在那些活跃的大社区文化活动团队里，就在那些因共同利益或共同爱好而聚集起来的社群里。

社区是指聚居在一定地域范围内的人们所组成的社会生活共同体，这句话一点都没错。但是对这个概念的简单划界和固定不变的行政区划法，却将不断变化、丰富多彩的社会生活共同体固定不变地等同于——居委会辖区。其结果就是，越抓居委会辖区，越找不到社区。因为，社区就在大众聚集的地方，就在一定地域内的物业小区里，就在不同地域边界内的爱好者社群里。如果我们的社区居委会不能成为"居民的头"，也就是扮演社区居民大众根本利益的代言人和爱好者社群的支持者、协调者的角色，那么实际上它也就失去了做"政府脚"的资格。脱离了大众最基本诉求的居委会，得不到广大居民的认可，实际上自己的脚已经悬空了，怎么还能扮演"政府扎根社会的脚呢"？

2. 社区组织定位、功能和形态的转变

基层政权组织始终是城市政府对社区组织的定位，近年来行政事务的代理代办机构又成为各职能部门赋予居委会的新的组织定位。社区功能更多地是由居委会配合政府为各类服务对象和管理对象提供相应的基础性服务，特别是开证明、办证、上各类数据等方面的服务。

尽管在民政部领导下社区建设启动了民主自治、民主选举等改革，但总体来说，政府主导下的社区建设和社区自治建设，基本仍然停留在进一步强化政府主导下的组织化管理层面上。比如政府拨款对内城老社区环境的改造，居委会专员的分片包干制，楼门院长制，网格化管理等。政府大包大揽式的社区建设，并没有获得社区居民大众的认可。在社区论坛上，很多小区居民几乎都发出这样的声音："反对社区进驻小区。"也就是把社区与小区完全对立起来。多年来，社区就是居委会辖区的界定已经产生了深入人心的影响，这种简单划分法，使很多业主和居民直接把居委会等同于社区，进而认为社区不过就是替政府办事的，与自己生活的小区根本没有关系。

政府对社区的基层政权组织定位，和广大业主、居民自主的社会生活领域定位，有着极大的差异。政府的定位仍然沿用了科层管理体制的方法，把社区当作居委会自然而然就可以领导的基层组织。而生活小区的广大居民则在共同利益前提下，因生活领域的各种诉求无人提供而自组织起来，互相帮助、共同解决问题；或者因共同兴趣爱好自愿组织起来，开展丰富多彩的活动。广大生活小区的居民正在把小区变成一个可以参与管理的"自主的社会领域"。

正如管理学大师德鲁克（2003：109）所说："为了转变政府的职能并且使它重新取得业绩，重要的一步是要在社会领域中培养自主的社区组织。巨型国家几乎摧毁了公民身份。为了恢复公民身份，后资本主义的政治体制需要一个'第三领域'，来补充企业的'私人领域'和政府的'公共领域'这两个已得到公认的领域，即需要一个自主的社会领域。"

中国不是后资本主义的政治体制，但却是巨型国家，而且是一个大一统管理体制统治了几千年的大国、古国。在已经呈现利益原子化的大众时代，我们最缺乏的就是居民负责任、主动参与的公民精神。以往的调研显示，通过小区论坛对话实现的自主性社区建设，恰恰是从参与维护自身利益开始，才逐渐培育出负责任、敢于承担、自我约束的公民精神。

我们认为，中国要走出社会管理的乱象，应当努力去培养"自主的社会领域"，也就是自组织的社会生活共同体。实现社区从基层政权组织向利益共同体和志趣爱好共同体的转变。

社会学家帕特南将社区社会资本分成两种不同的类型：团结型社会资本和桥接社会资本。他认为家庭、密友、熟人之间的关系属于前者，具有排他性，但对人的情感健康来说是必不可少的，对经济增长则几乎没有促进作用。而桥接社会资本，则由熟人之间建立的信任组成。社区网络将不同的群体联系在一起，构成异质性的社群，为社会提供了优质润滑剂，对经济的组成至关重要（杰夫·豪，2009：65）。

中国目前的新社区发展态势，就呈现这样两种趋势。原本在实体社区里面同时存在的两种社会资本，在网络的影响下细分化并被重新组合了。

小区和大社区等实体性社区的居民，如果因日常生活中邻里沟通、邻里互助或切身利益的维护而连接在一起，建立以熟人关系为基础的社会交往，这是社区最重要的团结型社会资本，是人类出于社会属性的本能而建构的基础性社会关系。这种关系往往带有很强的地域性，具有亲密的首属关系、心理认同感和排外性，是社会联结的强力胶，同时也是社会稳定的重要基础。当物业小区或大社区居民，因切身利益而聚合在一起向当权者抗议时，一定是社区居民利益与某些机构、组织的利益发生了冲突，是社会治理关系模式出现了问题。

而在个人利益、小区利益、大社区利益长期诉求无果的情况下，居民大众会在网络社交工具的帮助下自主发布消息，并迅速取得其他相关小区、大社区、城市居民的广泛认同，在众多小区利益相关的前提下，就会快速形成小区、大社区间个人的密切联系。不同社区、不同群体、不同个人对同一事件的共同兴趣，使本不相干的大众迅速形成利益一致的大社群。据调查，85%以上的群体性事件快速发酵都与居民切身利益直接相关，都与网络条件下，新社区团结型社会资本的快速发挥作用有关。这也正是社区能够跨越地域性产生巨大影响力的根源。帕特南所讲的"团结型社会资本"，原指近邻间的、具有排外性的紧密型的人际关系。但在网络的介入下，邻里间的内部事件如果触及大众敏感的神经，同样可以迅速形成大众共同感兴趣的群体性事件，成为某个城市参与度很高、全社会关注度很高的社会事件。这是原有科层体制下不曾有过的团结型社会资本跨地域迅速连接成更大规模社会资本的全新组织方式。

在新社区社会生活领域，分散化的大众早已被迫提早进入网络文化时代。而反映最迟缓的则是我们的政府和基层组织，既没有看清社区发生的巨大变化，也没有建立网络信息通道，及时掌握社区居民的舆情，更没有向前推送行政服务到居民聚集的公共对话空间中去，基本上仍是坐等上门式服务。这是多年来社区建设的失误。

因共同志趣爱好而聚集在一起的社群，应当说是一种依据活动中结成的信任关系而构成的"桥接社会资本"。这是一种个人通过社交网络组织在一起，形成外化于科层体制、自组织起来的新型社群。比如成都锦江区几个父亲相商组织起"自然探索科学营 QQ 群"，经过几年，居然发展成为有 3.6 万家庭会员的"与孩子一起成长"家长志愿者协会。正如社会学家帕特南所说，这种由不同个人组织起来的桥接资本，为社会提供了优质的润滑剂，并对工业时代的经济产生间接的影响。

进入信息时代，或曰知识经济时代，网络文化的沟通能力和组织能力已经充分显示出来，这种志趣爱好者社群已经成为商家最感兴趣的新社区。它对经济的影响不仅仅是间接的，而是直接的了。正是个人的多样化增值层与新社区平台的资源共享层，使商家很容易发现自己的服务对象，也使大众很容易进行意见交流，从而迅速形成口碑的约束力量。比如迅速崛起的"电商"就是依靠网络小众文化形成的口碑而发展起来的。它与大众文化的区别在于自主选择及自主评论而形成大众口碑，而不是依靠大众传媒的广告宣传。B2C的商业模式迅速衰落，而C2B、C2C模式的迅速崛起，社区网络化养老模式的兴起，都预示着共同爱好者社群在经济发展中的重要作用。如果我们的实体社区与爱好者社群能够实现网络化的连接，那么大社区信息平台必然会对商业经济具有极强的吸引力。因为，这些新社区网络公共空间恰恰是分散化大众聚集的地方。而大众对商业的事后评价、打分、表达意见等，都会对一个行业的发展、一个商家的发展、一个商品的发展，产生举足轻重的影响。我们相信，如果政府的公共服务能够进入新社区公众的评价视野，那它也一定会被倒逼着走向人性化。

可以肯定地说，新社区的出现，使原有社区的组织形态发生了变化。以往我们只有固定地域的实体社区，但是今天的社区不仅有地域性实体社区，而且有超越地域限制的虚拟社区。实体社区与虚拟社区之间存在很强的关联性。这种虚拟社区既有无关地域性的纯虚拟社区，也有贴着实体社区的组织骨架成长的虚拟社区，比如回龙观社区、互联社区等。不论哪一种新社区，都彼此相通。这正是"自主的社会领域"产生的基础。

如今，我们已经清楚地看到了社区社会资本在中国城市中的变化。不仅团结型社会资本可以跨越严格的地域界线，形成更大地域范围内的团结型社会资本，而且，共同志趣爱好者社群，更将地域性小区、大社区和社会联结起来。这种有着旺盛生命力的桥接社会资本在中国城市社区、社会里迅速自成长起来，成为原子化大众社会的"优质润滑剂"，成为中国城市经济发展的新动力。

3. 社区治理结构的变化

多年的社区研究发现，新社区内部的治理关系、有影响力的人物、社区对话空间、有效的组织形式等，都已经发生了重大变化。新社区的逐渐成形，正在以它自身独特的人际交往方式、组织模式、权力关系，重新构筑社区的内部结构。

首先，四位一体的社区治理模式浮出水面。

为什么是四位一体的社区治理模式，而不是政府一直主导的社区居委会治理模式或物业治理模式呢？以物业小区为主要形式的新社区利益主体呈现多元状态，无论是邻里纠纷、爱好者组织活动、公共空间纠纷、物业纠纷、商业纠纷或公共服务纠纷等，都会涉及不同的利益主体。业主和居民已经成为新社区最重要的利益主体，其维护自身权益的意识和愿望也最强烈。而他们的利益又不是任何一个组织能够完全代表的，只能是多方利益主体共同参与协商，才有可能达成基本共识。我们的研究显示，所有小区里面最难解决的纠纷、误解、矛盾、冲突等，基本上都是在业主、业委会、物业、居委会全部参与协商、协调，并有可能引入政府的公权力和社会公共舆论的情况下，才有可能最终获得解决。其中，广大业主的自愿性参与是决定性的因素。没有业主随时随地的参与，就没有社区口碑的约束力量，就难以形成自主性的社区建设和社区发展。

在新的"四位一体"治理结构中，利益主体是业主和居民，其他三者是服务提供者、利益维护者和组织协调者。正是由于有了新的"公共场域"，小区的利益主体才可能实现直接的社区参与，成为社区治理结构中关键性的一环；社区民主才有了坚实的根基。小区论坛、QQ群等信息沟通工具在沟通中起到了重要的社区对话空间的作用。而小区网站与大社区网站的关联性，以及与更大的城市虚拟社区网站的关联性，则使新社区的对话空间在小区、大社区和社会之间形成了有机的联动，成为小区事件跨越地理空间的有效工具。图1是我们根据多个社区事件引发社会群体性事件的网络化连接脉络描画的，意在揭示新社区所具有的全新的治理关系模式，以及业主、居民自组织的现实力量。

显然，在新社区建设中，小区是最基础的邻里社区，是我们最应该重视且最应当加强建设的"社区"。我们不能因为有些小区入住居民迁入户籍的人数不够，而把它们排斥在社区建设的范畴之外。我们的社区建设已经为此耽误了太多时间，在众多新小区建设中错过了居委会进驻的最佳时机，使居委会工作极其被动，很难得到居民认可，特别是在物业公司管理比较好的小区里。

调研中，许多社区组织都表示，小区的领导者应该是多元组成的，可以叫社区建设协会或其他的名称，但业主、业委会、居委会、物业全参与是必需的。任何一方都很难做出大家认可的，关系大多数居民利益的公共事务的决定。

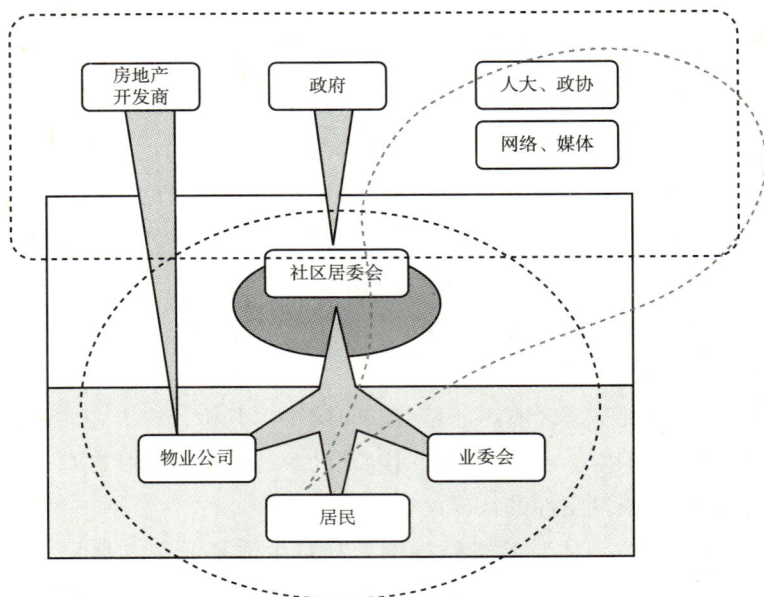

图 1 社区治理结构关系

其次，自主性社区建设的骨干力量是"意见领袖"和"能者领袖"。

无论是我们的调研还是社区论坛的大数据分析，都显示出对社区建设具有很强影响力的人，不是原有居委会下面的楼、门、院长，而是"意见领袖"和"能者领袖"。这些人是业主和居民中真正有思想、有见地、有能力、有影响力的代表人物。

在社区论坛上，"意见领袖"因为发言具有相当的专业性或过人的见解，而受到广大居民的认可，在很多主题帖子中都可以发现这些"意见领袖"的发言，而且一般都会获得大家的认可。我们的大数据分析更是显示出这些"意见领袖"有着更多的与他人的联结度，说明人们愿意与他沟通，关注他的言论。在真实的社区参与中，这种精神领袖也开始受到社区组织的关注。H 物业小区的业主委员会主任告诉我们，他们为了解决小区里的纠纷，为了改造一些不合理的设施，专门去发掘小区里面的"意见领袖"和"能者领袖"，让他们参与小区建设项目、参与矛盾的调解、参与决策小区事务，效果很好。而居委会选中的楼、门、院长，一般都比较听话，但遇到大事没主意，无法发挥主导性的作用。

但并不是说楼、门、院长就没有作用。这些具有公益心的热心人，在公共服务中发挥了无可替代的作用。可以说他们是最值得依赖的网络化组织资源，在一些发展较好的小区里，他们担当着重要的基础性社区服务的重任。比如北京市月坛街道汽南社区建设协会，就是将十几位楼门院长组织起来，每人负责十几至几十位住在附近的老人，经常问询老人、帮助买菜、组织聚会、协调小保姆的多家服务关系，等等。这些同样是非常有价值的组织化资源利用。

应当说，在自主性的社区建设方面和矛盾协调方面，"意见领袖"和"能者领袖"的出谋划策，是无可替代的。而在社区公共服务方面，传统的楼、门、院长和各种爱好者团队可以发挥许多专业机构无法发挥的自组织的独特作用，成为各种社区公共服务的补充和联结性组织网络。

最后，一个自主、公开、平等对话、沟通、协商的社区公共场域是必不可少的。

社区公共场域，就是在地域实体社区范围内每一个居民、驻区单位和社区组织都可以自主性地公开、平等、自由对话的公共空间。

社区公共空间，过去由大树下、庭院、会场等物理场所构成，但在信息时代，却由虚实双重空间共同构成。所谓虚拟空间，主要表现为社区网站、社区论坛、QQ群等借助信息技术实现的沟通平台。而实体空间则是指社区听证会、社区协调会、业主代表大会等在物理空间开展的面对面沟通，以及在物理空间开展的各类社区组织活动。

一般来说，虚拟空间往往指非面对面的快速沟通、传递信息、抒发情感、组织联络、反映问题、表达诉求、形成舆论、评价监督，以个人为主体参与对话的公共空间。而实体空间，则指有组织地面对面互动、协调矛盾、化解冲突、实际地解决问题，有组织地社区参与和社区活动，以社区舆论和口碑的力量约束和提高现代社区服务质量。如果说虚拟空间是发现居民诉求、发现问题的空间，那么线下的面对面互动和组织协调，则能使虚拟空间的公众声音产生实质结果。这两个空间共同构成今天的社区公共场域，缺一不可。

我们在浙江、江苏、北京、上海、广州等经济发达的省市，都看到了这种网络化的社区对话空间，而且对现实的社区建设和社区发展发挥着重要作用，是新社区建设必不可少的基础性建设。正因为它的自主性，因为它能够实际解决问题，所以广大业主和居民参与的积极性很高。

4. 新的社区治理结构

当传统社区的熟人社会被新小区陌生邻里代替时，新型物业小区居民的生存困境以及内城老社区的乱象就显现出来。社区居民在互联网络的支持下，开始了自救式的社区建设组织化行动。

社区业主自组织起来建立如下社区新秩序：排队上车、小区内不按喇叭、在公共场合给孩子留有自尊、订立居民公约实现自我约束、调解邻里纠纷、自组织拼车出行、监督物业费的收支情况、督促居委会公正地举行业委会的选举，等等。我们将一些小区论坛主题帖子所涉及的内容进行分类后，列出了小区业主、居民自组织参与社区建设概括性的分类。内容见图 2。

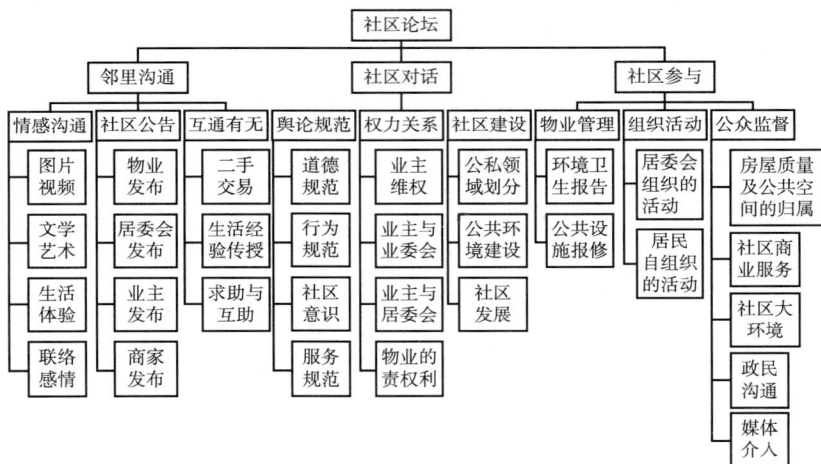

图 2 社区参与内容分类

通过小区论坛帖子内容的分类，我们可以清晰地看出新社区居民自主建设家园的强烈意愿和对社区建设全方位的参与。

自主性，是新社区主流人群十分看中的，也是很多社区事件中最有效的组织方式。社区居民已经不再是单位大院的成员，社区也已经不再是一个睡觉的地方，而是牵动全家根本利益的地方。在这样的领域里，任何"替民作主"的方式都是不可取的，也是根本不被认可的。新社区最重要的利益主体——业主群体，自己要做自己的主，已是未来社区发展的大趋势。

三　以新社区为基础的基层社会重塑

面对信息时代社会大众以利益、志趣爱好为纽带，自主性地重新聚集成社会生活共同体——新社区，商业组织已经对此做出了极其迅速的反应，各类以分散化大众为服务对象的社会组织雨后春笋般地成长起来，政府提供的行政服务也开始越来越综合化、人性化、便利化。但是，就中国城市基层社会的治理关系和治理结构来说，政府提供的行政服务还是相对落后的，不适应形势的。

根据多年的社区研究实践和理论分析，我们认为中国基层社会应当在以下两个方面做出重大改革。

1. 重新塑造扎根新社区的居委会

在如此复杂的社区变迁下，我们的社区居委会却仍然以不变应万变，甚至更进一步地被人为地行政化、专业化和职业化，完全脱离了社区居委会居民自治组织的职能，违背了建立社区居委会制度的初衷。因此，重新塑造扎根小区的居委会，是当前社区建设的重中之重。

第一，居委会成员的小区居民身份十分重要。过去居委会、家委会成员，都由本生活小区的居民担任，他们与居民有利益上的一致性。因此，他们能够很好地反映居民的意见和诉求，居委会是地方政府、单位组织和居民个人之间的桥梁与情感纽带。这是居委会取得社区居民认同和信任的首要条件。

第二，居委会的居中协调和调解作用至关重要。居委会能否担当起领导各方利益代表调解小区各种矛盾纠纷的重担，能否担当起居民与政府、社会组织之间的协调者，以满足居民的实际需要、解决居民的实际困难，是居委会能否重新取得小区居民信任的关键性因素。如果要居委会能够发挥协调和调解的"老娘舅"作用，那么就要求我们的基层政府必须眼睛向下，把居委会当作居民的"头"去培养，只有真正成为居民的"头"，居委会才有可能成为政府的"脚"及政府、民众之间的桥梁和中介组织。

这就要求以往的办事流程要有相应的改变，一个是基层政府的工作应当接受居委会的考评和小区居民的评价，而不是相反。另一个是大力推动以小区和小区居民应用为基础的社区信息化。其中要有小区基础信息库建设，要让居委会从繁重的政府委派工作中解脱出来，全心全意地为居民服务。

第三，新建小区必须及时建立居委会。有些地方建立社区居委会是有条件的，即迁入本地户口的居民必须达到某个数量才能成立居委会。结果造成大量的生活小区成立多年却没有居委会的局面。多年后当居委会入驻小区时，遭到居民的反对，居民的理由是，物业什么都管了，要你居委会干什么？晚于小区成立而建立的居委会，开展工作很被动，因为他必须借助物业才能接触居民，很难取得居民的信任。而且，更重要的是政府的公共资源，长期没有应用到这些新成立的没有居委会的物业小区。

第四，必须给予居委会制约基层政府的"尚方宝剑"。一定要改变街居组织中，居委会居下的局面。应当让居委会有评价街道办事处的权力。我们不一定要选举，但却要事先决策的参与和事后的评价。不改自上而下的评价和任命，就不可能有真正的以人为本，也就不可能有真正的社区建设。中国的民主更应当首先在基层社会组织中实现，因为它关系民生、关系国家稳定的根本。

第五，授权社区居委会去组建各利益主体都参与的新社区建设组织。名称叫社区建设协会还是其他，并不重要，关键是要把业委会、业主居民代表、物业公司等利益相关者组织在一起，共同决策社区公共事务，共同协商、解决各种矛盾纠纷，共同组织建立小区的公共秩序和行为规范。

2. 培育以自主性新社区建设为基础的新型社会调控机制

纵观西方城市管理调控手段的演变路径，可以看出一条清晰的轨迹：自由放任时期，市场决定一切，大家的事情没人管；国家干预主义时期，政府决定一切，大家的事情政府包办；后工业时代、全球化时期，政府放权，利益相关者共同决定一切，大家的事情大家办。西方工业时期形成的"默契的小三角"关系（政府、企业主和工会之间的国家调解机制），仍然在发挥着重要的作用，个人仍然可以找到组织化渠道反映自己的诉求，并最终形成群体性的诉求。西方社会因为有了应对大众社会的组织化的调解机制，因此，尽管世界性的分散化大趋势对这种调解机制造成极大冲击，但西方社会仍然不会像中国社会面对的变迁那样，来得如此巨大、如此迅速、如此繁杂。

中国从计划经济走向市场经济，从住房分配制度一下子变成住房私有化，从比西方社会等级制更严密的科层制，一下子就跨越到信息时代的完全扁平化的公共信息平台，从"党的喉舌"到大众媒体，又迅速流行起自媒体，近十几年，城市的快速扩张、人口的迅速聚集，使我们的城市管理体制遭遇前所未有的挑战，我们的管理体制和社会调控机制遇到了从未有过的危机。组织化调解机制失灵了，西方流行的"默契的小三角"调解手段，我们没有时间去形成。突然面对千家万户分散的个体、小区群体和各类自主结成的新社群，传统的组织化管理模式变得不知所措。工作总是做不到位，组织化的控制方式，只有在某个特定时期能够稳住局势，却并不能形成常态化的调控机制。分散化的大众需要话语空间，既然原体制中没有个人直接参与调控的话语空间，那么虚实结合的新社区公共场域就成为大众向社会发声、向政府表达诉求的公共话语空间。

我们认为，从总体上说新社区的结构性主体地位已经呈现出来，也就是说社会关系模式中的调控主体由政府、企业和新社区构成。政府代表的是完全的公共领域；企业代表的是市场，是完全的私人领域；而新社区则代表个人聚集而成的半私人半公共的领域，且与整个社会的公共领域形成网络化连接。这个新社区是一个"自主的社会领域"，它的成员就是每一位社会大众。新社区业主和居民对自组织建设社区有着强烈的愿望，即使政府不投入，他们也会自己建立网站自我连接起来，共司建设自己的社区。

所谓新型的调控机制，就是变我们自上而下的科层管理体制为自上而下的科层体制与自下而上的自主性新社区建设相结合，官民在"自主的社会领域"公共平台上相遇。真正扁平化的领域是新社区公共平台，在这里没有官阶没有贫富，只有专业知识、过人的判断能力、强大的协调和调解能力、整合资源提供所需服务的能力等。谁具有上述能力，谁就是这个平台上的主导者和大众相信的领袖。新社区鼓励社区居民利用已有的网站、论坛、QQ群等信息终端，在社区公共平台上自由发表意见，最终形成社区公众对所有涉及民生的商业服务和公共服务有效的舆论监督和评价，使我们的服务机构、职能部门、执法部门能够在社区舆论中发现需求、满足需求，发现问题并及时解决问题。让新社区变成我们新型社会调控机制的预警前端，社会服务应用效果的评价终端。

要实现向新型社会调控机制的转变，还有一系列的基层社会建设任务要完成：新社区概念社会共识的达成、社区信息化的推广应用、新社区公共场域的培育、供需对接的公共服务的推动、社区意见领袖和能者领袖的培育、转变定位植根于小区的居委会的培育、各利益方都参与的社区建设协调组织的建立、面向社区诉求的商业服务和公共服务的构建、能够及时回应居民诉求解决现实困难的基层政府的构建、能够整合社会资源为居民提供最急需的公共服务的构建、事前社区听证事后社区居民评价的公共事务流程的构建、向社会大众个人主动推送的公共服务信息平台的构建、配合居民投诉快速实施有效执法的新社会监督机制的构建，等等。

总之，新社区的形成不以人们的主观意志为转移，我们应当及早认清形势，开展一场以新社区大众为服务对象的基层社会组织模式重塑，这正是当前社会建设的重中之重。完全分散化了的个人，才是中国未来社会调控机制应当考虑的关键要素。

参考文献

彼德·德鲁克，2003，《社会的管理》，徐大建译，上海财经大学出版社。

国公网，2008，http：//www.21gwy.com/ms/sqzl/a/5049/415049.html，2013 年 6 月 20 日下载。

杰夫·豪著，2009，《众包：大众力量缘何推动商业未来》，牛文静译，中信出版社。

社区参与的行政化路径与
发生逻辑分析

——以世行"贵州省文化与自然遗产保护和发展"项目为例

曾　芸[*]

摘　要： 社区参与是国际援助机构实现核心目标的根本途径，也成了欠发达国家和地区解决发展中诸多问题的有效工具。基于世界银行贷款项目的实地调研，本文对社区参与的价值取向和目标在实践中逐渐偏离的动态过程进行了分析，亦对目标群体逐渐失语、基层政权逐渐走向权力中心、其他相关群体逐渐"离席"的权力变化过程进行了描述，进而深入探讨了行政路径依赖的发生逻辑。从学术和理论批判中寻找政策出口，提出政府主动推动社会主体性成长的突破路径。

关键词： 社区参与　行政路径依赖　社会主体性　政府能力

受世界银行贷款项目"贵州省文化与自然遗产保护和发展"咨询方的委托，贵州省内外专家共同对世行项目村进行了实地评估调研。令人满怀期待的社区居民参与理念，在实施过程中并没有使原有的权力结构更平等、利益分配更公平，反而呈现过度的行政路径依赖。由此引发了无限的思考，践行社区参与理念的世行项目尚且如此，政府体系内自上而下的诸如扶贫项目等可见一斑。

一　世行项目"社区参与"的多元取向

正如世界银行前首席经济学家斯蒂格历茨指出，"发展不仅仅是经济

---

* 曾芸，贵州大学人文学院副教授。

增长，而是社会的全面改造"，世行提出了"全面发展框架"的概念。遵从这一新的发展观，世界银行更加强调解决上层建筑问题，如良好治理、反腐败、机构能力和制度建设等；更加强调公开、透明和公平，强调公众和社区的参与等；更加强调可持续发展概念，强调对妇女、少数民族、生态环境和社会发展等问题的关注（金慧华，2006：52）。

世行实施发展干预的核心目标是提高当地居民参与社区发展的能力与范围，赋予社区直接管理社区发展事务的能力，项目通常包括三类：一是社区发展能力的建设；二是改善社区发展环境；三是加强地方基层政府的治理能力，通过政府行政能力的提高保证项目效果的持续性发展（国家发展改革委社会发展司考察团，2008）。而社区参与与赋权成为实现世行价值目标的根本途径，其内容主要包括：首先，核心是对弱势群体赋权，使其参与到关涉自己利益的发展中来，从而改变失衡的社会结构。其次，关键是实质性参与，包括在决策及选择全过程中的介入、贡献与努力、承诺与能力、动力与责任、乡土知识与创新、对资源的利用与控制、能力建设、利益分享、自我组织及自立等方面（叶敬忠、陆继霞，2002）。最后，各利益相关群体平等参与、共同协商。因为基于各利益相关群体共同参与协商而形成的自下而上的发展会减少偏差（明亮，2009）。

从世行项目实施的过程来看，其实质就是社区参与与赋权的过程，即通过社区参与形成新的村民参与网络，通过社区参与重建社区权力结构，通过社区参与实现政治参与和内在的政治社会，通过社区参与实现社区性价值学习和分享，通过社区参与实现社区自助与互助能力建设的过程（潘泽泉，2009）。可以说，社区的意义是在"参与"中得以实现的。但遗憾的是，这种理论假设在实践中，并未触动社区原有的话语体系和社会结构。

二　世行项目实施"社区参与"的动态过程

（一）世行与项目执行管理机构的协商——达成共识

世界银行贷款实施"文化与自然遗产保护和发展"项目在贵州省20个村寨或古镇执行，以保护当地的少数民族文化。该项目从2009年开始到2014年结束，项目执行期为6年。贵州省旅游局作为项目执行管理方，与世界银行达成基本共识，将目标确立为：通过发展旅游和保护文化与自然遗产，帮助贵州境内地区（包括少数民族）增加经济利益。具体包括：保护和恢复当地的自然环境，推动节能技术在村镇与建筑中的应用；修建村寨的基础设施以改善基本的生活条件；保护并修复传统建筑和历史建筑；制定村寨旅游发展策略，改善旅游设施、启动旅游产业，增加居民的就业和收入；少数民族非物质文化遗产保护与展示；健全社区参与机制，对村民及村民组织进行技能培训，提高社区自我发展的能力等。

该项目的一个重要特点是采用基于社区的发展方式（CBD）来实现价值目标。通过三类项目设计完成：（1）传统民居修缮。既有以农户为单位的个体性"发展旅游"的经济功能，又有"社区参与"选择决策的"社区发展模式内涵"。（2）示范民居等公共设施修建。既有社区公共性认同"文化遗产"的标志及发展公共经济功能，又有社区参与修建决策及"集体施工"的聚合、凝聚社会认同的功能。（3）非物质文化遗产保护。既有文化保护、遗产认知的功能，又有利用其发展经济的功能。此设计从理念上，既达到受益户来自社区公开、公平认证的"整体合法性"基础的构建；又达到村庄整体公共利益与个体利益的结构性建构。

项目实现社区参与的路径为：选举"社区项目管理小组""村民监督小组"→"社区项目管理小组"以"沟通"方式，让社区成员"了解"世行项目的结构、方法、理念、资源配置、目标→通过"民主"的方式，决定"传统民居改造受益户"的户选，组成村庄建筑施工队→通过"协商"的方式，确定村庄示范民居修建，并让村民有参与经营管理的权利→通过"讨论"的方式，确定村庄中的非遗项目，组建子项目组织→制定村寨旅游发展策略，改善旅游设施，对村民进行相关技能培训。

以"村寨整体化"为"社区发展模式"的依托，是该项目的"落地"平台。村庄项目实施的组织"社区项目管理小组"，是实现"项目社区整体化"的组织工具，再辅之以"村民监督小组""村委会的协助"功能，以实现"社区整体化"推进"基于社区的发展模式"的公平、公正和透明。

（二）不同利益主体角力——行动失控

世行发展项目成为获取稀缺资源的争斗舞台，各方利益主体通过分散决策和重复博弈，或是暂时的结盟来获取自己最大化的利益。这导致了"项目"执行的高度复杂性和不可预测性。

1. 多元利益相关者的"共构"

（1）双重角色的乡村精英。村支两委在当前所承担的角色，是国家权力在乡村的延伸，又是村庄的权力精英，还是世行项目管理小组和监督小组的主要负责人。作为社区的权威阶层决定着发展项目资源的分配权。伯纳德·谢弗（Bernard Schaffer）采用"获取政治（the politics of access）"的概念来研究受益者是如何在行政系统中获得服务的。受益者常常会发现自己原来站在一个分发柜台前，排着队等待他们想要的东西。站在分发柜台后面的行政管理者，为了追求自身利益，也将自己加入到队伍中来。因此，物品和服务的发放不仅取决于分配效率、单个受益者或分配者的行为特点，更取决于这个获取资格的筛选规定、排队等待的规律，以及分配等级中各个高低行政管理层次的特性（Lamb G.，Schaffer B.，1995）。

案例 1：N 村村支书，小学文化水平，退伍后当村干部近 30 年，并村后干了两届支书。对于支书的选举，是由镇党委决定的，村里面的党员没有发言权。"其实不是群众需要他，是上面的人需要他。"县项目办负责人曾说过，村里的项目户一律不允许加盖房屋，需按照世行指南执行。但支书家盖了两层，房子也修缮了。而且他家两个房子，都获得世行项目补贴，一处在公路入口的新房子，一处是自家的老房子。大家看到后都争相修建二层楼房。村里群众原来对世行项目是非常积极的，但后来账目不公开、信息不透明，让大家慢慢泄气了。村支书还得了省级礼乐传承人（称号），但他根本不懂，每年有 1500 块（钱）补贴，这遭到世行两个小组和群众的反对，所以后来的工作大家就不配合。（管理小组成员 HXY 访谈）

如此结果，是将社区参与隔离化，将世行项目诉求和资源利用缩小到"利益控制者"的范围，从而离间了社区社会团结。更严重的是，将"文化"与社会基础割裂开来，使社区更加碎片化，而且是功能性的、人为性的碎片化。

（2）协调员的角色冲突。社区协调员作为推进项目的关键，既是代替政府提供公共服务的重要角色，也是咨询联合体发挥职能的重要途径，在项目实施过程中意义重大。协调员的工资由咨询公司支付，因此协调员成为其在社区的"代言人"，咨询公司、县项目办都把其看作"自己人"。

但在某些时候，他们也认为自己不得不采取违背职责的行为。如同每一个生活在现代社会的普通人，协调员必须同时在家庭、"熟人社会"中承担特定的角色，每一种角色背后都附带着一系列的义务，夹杂着个人利益。各种角色之间发生冲突，将协调员置于矛盾之中（特里·库珀，2001：12）。

（3）咨询联合体的无力。咨询联合体包括咨询公司和设计单位，是世行项目的沟通中介，但作为"外来者"，在社区既有的权力结构中，他们实际上处于一种相对"弱势"的位置，被控制在"地方性"的运作方式当中。例如，在参与某村选择项目户的时候，由于不熟悉村庄情况，由村支书带其四处拍照，最后出现拍摄的实施项目的房屋照片与项目户无法对应的尴尬情况。面对与社区参与相悖的人为"预设"，咨询联合体颇为无奈，甚至一度想退出项目。

（4）县项目办与县政府的无为。一方面，世行的社区参与理念、方法让习惯以自上而下的行政手段推进项目的政府部门无所适从。即使有一些想"干事"的工作人员，也由于对社区参与缺乏认识，更缺乏社区参与的工作手法和工具手段，导致其专业性严重不足。另一方面，解决村里项目小组的一些违规行为，只会增添麻烦，而且"很难找到既好'沟通'又能很快推进项目的人选"。对于前来反映项目问题的群众，他们都会把矛盾"妥善处理"（Z县项目办负责人访谈）。可见，社区参与理念与行政性"智慧"是不对称的。无论县项目办，还是县政府，在这一"错位"面前，选择的只能是技术上的"不麻烦"和"成果形态"的"完成"，"社区参与"理念也就落空了。

（5）乡政府的尴尬。按照世行项目组织管理体系，县项目办直接和项目村进行对接，没有给乡镇配置与项目工作任务配套的相应工作资源和条件，乡镇也不直接承担世行项目的管理任务。但是，在实际的操作中完全撇开乡一级政府是不可能的。造成乡镇政府在实践中"只要埋头拉车，不需抬头看路"的制度空档。同时，还导致乡政府处于一个非常尴尬的境地：如果完全置身事外，一方面村里面会认为"乡政府因为对世行这笔钱没有什么利益，因此他们不重视，不想管"；另一方面县项目办也会认为"来给你们乡做项目，谋发展，居然一点都不管"（L乡乡长语）。然而，乡政府在世行项目中的权力虚位，难免会造成难以"服务"的困境与脱节。

（6）目标群体的失语。按世行项目要求，村庄民主推选了管理小组和监督小组，村民对选举过程还是比较满意的。可是，在取得项目"入场券"后，一些村干部从后台走向了前台，不仅违规担任项目小组组长，将资源的控制权牢牢掌握在手中，还使两个小组成员的角色瞬间变为"顾问"，"有重大问题时，再和他们商量"（N村村支书语）。随着社区群众的"离席"，世行项目重新成为村庄精英的"个人秀"。在对项目村进行评估时发现，只要有村民想表达不同意见，村支两委就会以各种方式阻挠。尤其是一些少数民族村寨，在开会时只要涉及一些关键利益，同时也不想让"外来者"知道，村干部和当地村民就改用地方口语，起初不同的声音到后来就变成了一种声音。

案例2：在T村调查的情景颇能说明问题。当提及要与普通村民进行工具性访谈时，项目协调员（村治保员）首先"请示"村支书谈话的人选。得到指示后，我们与"预选"的村民进行访谈。即便如此，协调员仍"不放心"，要求参与访谈，后被我们礼貌地请出现场。但是不久之后，又出现了同样是村治保员，且也是受益户的Z某加入访谈。随后，有一位负责服务的女村干部为大家端茶送水。在每次倒茶结束之后，立刻到另外一间房子向协调员汇报情况（被调查小组成员无意间碰见）。类似的场景在现场还有很多。在即将结束的时候，村支书又突然到来。整个访谈氛围瞬间发生巨大变化，此前发言较为积极的一些村民也突然"失语"，整个现场的"话语权"随即由村支书掌握，其他人都只是随声附和。

可以看出，地方精英的话语权深深影响着村民的选择，传统社区的话语权已主导在部分精英人士手中。村庄中的村民利益诉求是不同的，尽管村民在通过外部力量临时搭建的交流平台上，暂时拥有发言权，有参与的权利，但是这种瞬时的参与会立即被传统的权力拥有者的声音覆盖（郭占锋，2010）。

2. 利益共同体形成

世行项目管理小组和监督小组从产生到行动，并没有社区全程参与，而是由社区精英控制。两个小组如果成为一个利益集团，就为社区项目运作的"潜规则"留下伏笔。因为在涉及利益分配时，诸如项目户、村施工队、施工参与人员的选择等"隐性福利"，会毫不犹豫地实现集团利益最大化。"上无约束，下无监督"的权力真空，引发了极为严重的失控行为。世行推动的社区组织沦为社区"新利益集团"的平台，其对世行项目资源的占有、分配、分享成为社区不团结的诱因，资源与村庄权力"合谋"导致话语权分层，从而使得不公正、不民主向社会领域扩展，加速村庄碎片化，导致可持续发展的村庄整体性背景缺失。

案例3： 按世行项目实施理念，施工队应让村民参与投标，但资质等限制，使社区施工队参与空间小。在 T 村甚至出现，一家不符合资质要求的建筑公司，为达到中标目的，参加投标前互相串通，最后竟出现一个人控制多家企业的资质证书，由不同的委托代理人来参加投标的现象。中标后就层层转包，致使施工变更较多。由于世行对工程成本有严格控制，给地方政府带来权力寻租的空间。施工队为获取项目，千方百计搞幕后交易。N 村民居修缮的施工队由县项目办"推荐"，施工队负责人刚到村里，就请两个小组所有成员吃饭，还给每个人发了红包（管理小组成员 HXY 语）。施工队预先支付了很多隐性成本，中标后的盈利空间很小，为谋取利润或减少亏损，便降低施工质量，甚至将一些房子修成危房。

应该说，村庄精英对公共资源的配置具有较大的权力，权钱合谋机制带来对市场秩序和社会公共性基础双重破坏的挑战，其将引发较为严重的风险，甚至带来政府合法性风险。而社区在丧失参与项目机会的同时，也丧失能力提升的机会，从而形成更为深重的、难以逆转的结构性经济、社会难题。

3. 村庄的分裂

自 2004 年以来，中国发起由政府主导的并村浪潮。撤小村并大村，是以减少政府工作任务和行政成本为目的的。虽然地域条件不再是共同体的必需要求，共同体只是"指人们共有某些东西，它把人们紧紧连在一起，而且给人们一种彼此相属的感觉"（Day，2006：1）。但撤并村并没有从整体性角度把村落与"共生"传统结合在一起。行政力量合并的新村，彼此之间没有发生空间和社会学意义上的联系，反而带来诸多严重的后遗症。世行项目的行政化运作，使原本就很脆弱的维系彼此团结的纽带悄然断裂。

案例4：Y村是由九个自然村合并而成的新行政村。其中，H村和C村由于毗邻，又都为少数民族村寨，历来交往频繁。他们有着共同的祖先，相同的风俗习惯，紧密的社会关系网络。理论上，这两个村是最易无缝"对接"的。但自从并村后，两个村之间的矛盾、冲突不断。原来只是个人之间、家庭之间的矛盾，随时可能引发为村落之战。世行项目更成为导火索，村战不断升级，甚至发生肢体冲突。调查发现，Y村内部尤其是这两个村庄之间争夺世行项目投资的行为甚烈。C村是一开始世行选中的项目村，但合并后H村就要求参与，由于村支书是H村的，在利益问题上更倾向于自己的村。最后在村支书的积极"争取"下，H村也成为项目村，随之C村的项目户减少，引发了C村村民的极度不满。由此，村落社会之间的分裂，争夺资源成为重要诱因。"强政府"不但在世行项目实施中没有通过公共资源，激发和撬动社会资本的积聚和增长，反而使村庄对立和冲突加剧，加速村庄的分崩离析。

4. 新精英的抗争

世行项目完全按照政府行政路径推进，结果导致政府与社会、群众关系紧张，冲突不断。但有一群新的力量正在崛起，他们多数有外出打工的经历，以45～60岁的男性为主，大多被排除在现有的乡村权力中心以外。作为社区公共事务的积极参与者，他们往往渴望表达自己的愿望以及要求改革的想法，并动员社区努力去实现自己的意愿（治·S.布莱尔，2003：76）。例如，据T村村民反映，前一任村支书W某在任职期间，因村民对国家下拨的各类农业支持项目以及退耕还林补足信息不了解，其利用职务之便，侵吞了各类项目的资金。在2010年的村庄选举中，被外出务工返乡过年的青年农民工强行罢免。但是，由于新精英直接威胁村庄政治精英的地位，其参与的空间被压缩和限制。如果说新精英依托其经济和文化优势，还有表达诉求的渠道和空间，那社区群众则完全没有这样的机会。

案例5：H某在贵阳等地经营少数民族服装的布料，同时也是N村世行项目监督小组成员，在村庄中具有非凡的号召力。在访谈现场，他敢于且渴望表述自己的观点和看法，如世行项目在村庄实施的相关情况、村庄的需求、未来发展思路等。由于其经济优势，村干部对他有所顾忌。村民对村支书"专政"的做法颇为不满，矛盾已经激化到白热化的阶段。村民纷纷私下与 H 某联络，他们共同谋划着如何将村支书赶下台，大家都知道村支书"上头有人"，所以此次行动更增添一些"斯巴达克"式的英雄色彩。

（三）压缩社区参与空间——目标收缩

参与式强调发展赋权，其逻辑为只要改变传统发展模式中主导性权力结构，实现目标在发展过程中的权力分享，就能实现更平等和高效的发展（Bill and Uma, 2005：57 - 70）。但问题在于，现实的发展干预中，真正的充分赋权很难实现（Samuel and Giles, 2004：9 - 121）。"参与"意味着权力的再分配。在一个被精英统治的权力结构中，任何资源分配方案实质都是对权力的配置方案。要在掌握权力的精英和受益者的发展目标之间，实现更有利于发展目标的分权行为，而在失去部分权力的一方无法获得相应回报的情况下，这一目标几乎很难达成。这是权力本身的排他性特征。在这种情况下，实现参与式项目中"赋权"的目标，似乎在基层现实层面遇到悖论（毛绵逵、李小云、齐顾波，2010）。

事实上，任何一个项目从开始到结束，都是一系列不断谈判和妥协的过程，最终只能达成折中。由世行主动中断项目或撤出项目区的情况，一般是很少发生的。因为国际机构的资金申请渠道和程序比较复杂，世行会时常关注社区的发展情况，决定后续的资金问题，而为了保证对资助者的承诺，其也只能做出一些让步、妥协（郭占锋，2010）。

对于世行项目，地方政府认为是无限的责任，有限的利益，甚至后悔申请参与这个项目。由于社区参与方式和严格的财务控管，使地方政府的主导权力受限，降低了他们寻租的空间，反而还要其承担偿还贷款、配套资金、协调部门利益等任务，因此他们并不愿涉入太多，只希望尽快完成项目。同时，他们也积极地为脱责准备退路。比如，N 村原定 150 户民居为改造受益户，但种种原因最终确定了 126 户受益户。县项目办和村支两委商量，剩余的钱将用于解决已修缮民居的工程质量问题。而政府为了"脱责"，就会进一步压缩社区参与的空间。

调查中发现，世行项目管理小组和监督小组的成员，本应该是项目推进的主体，却对民居修缮标准、资金管理、社区发展规划等重要事宜全然不知情，不难想象社区参与的真实状况。备受各方关注的贵州省世行社区参与项目，并未取得预想的结果。

三　"社区参与"的行政化运作逻辑分析

（一）行政路径的不合理思维定式

1．"政绩"立场上的积极"作为"

如图1所示，世行项目执行管理权力运行系统为：贵州省旅游局成立省项目办，各地（州）、县分别在旅游局成立各级项目办。由县项目办具体负责对村项目小组工作的指导和对接，村委会协助两个小组的工作，并充分调动村庄原有的组织力量。由于在中国行政体系中，旅游局只是业务部门，在县级层面，县项目办（县旅游局）主要受县委、县政府领导，导致省项目办向下的权力受阻，由其负责推行的社区参与理念，在县一级就已经被切断，项目依然进入政府行政实施的路径。而上面的权力真空，致使项目组织为乡村精英所垄断，成为其谋求私利和变相"寻租"的工具。

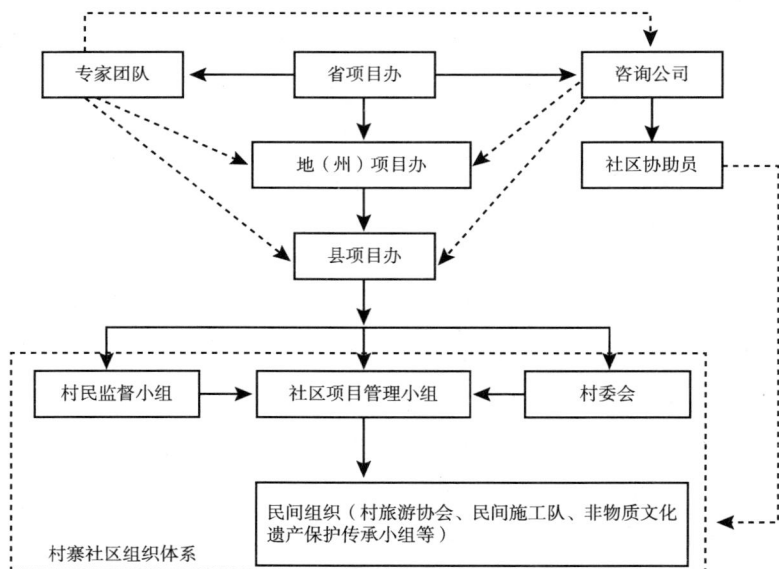

图1　贵州省世行项目执行管理权力运行系统

注：实线表示直接的管理，虚线表示协助、辅助。

虽然世行项目的设计理念和实施途径与政府项目截然不同，但借助政府权力系统组织实施，世行项目同样存在政府推进的项目制的很多问题。而且，无论是发展目标还是工作措施，世行项目均转化为注重资金投入和项目的"硬"建设，不注重落地机制与当地目标人口和社会的"软"对接，使自上而下的资源在配置和使用上给基层干部留下较大的"长官意志"发挥空间。如地方政府逐渐摸索出应对的机制和直接领导村干部迅速让项目"落地"的一套工作机制，由村干部"带头"实施项目进行"示范"等。在这一套程序及操作中，看不到社会主体性的呈现，看不到来自目标群体的主动诉求，表现出来的是政府站在自己"政绩"立场上的"越俎代庖"。

对于地方政府而言，其更关心的是项目落地的资金等物质资源，基本忽略世行项目中社会自主性的诉求。在 GDP 考核目标仍然是官员"政绩"评估指标的前提下，世行项目被当作政府"发展"工作便有了现实"合理性"。然而，世行项目的目的是增强贫困人口个体及家庭的可持续发展能力，增加社会的和谐与社会认同，但结果却是在"政府"主导、操作下，引起了社会分化。地方政府的积极"作为"，反而引发了社会矛盾、冲突，其合法性也受到质疑。

2. "市场"配置资源的潜规则

长期以来形成的村庄工作模式及对所谓"农民性"的认识，致使基层政府既缺乏以推动社会基础为出发点的工作经验，也缺乏此方面的意识。而且，世行项目村大多位于较为贫困的地区，地方政府在资源方面的不足，使其将发展的希望寄托在资本引入层面，招商引资成为其主要的工作思路，任何项目都会变成为资本服务的项目，这不仅大大弱化了社区的发展能力，也彻底消解了社区居民的自我发展的主体资格与主体性。

由于世行项目工程建设都是采用招投标方式进行，尽管其最初理念是希望通过培育社区施工队，提升社区参与能力，但世行项目报销制度较为严格，一般都是先操作后报销，因此，先垫付劳务费成为唯一可行的选择。在项目的操作中，各地"政府"行为高度一致地朝着寻找市场化路径操作。在"政府"观念中，该方法可以解决前期投入问题，使项目运作起来，也可使政府从日后的"责任"中解脱出来。但其实质性问题在于，以侵占目标人群的发展资源和公共参与空间为前提，对公平、正义的目标取向进行了路径上的扭曲。

我国农村社会公共性坍塌严重，很大程度上削弱了经济发展的社会基础。一方面，在农村社会空壳化基础上实施项目，客观上内部人力、物力、社会合作等内生性资源的相对不足，必然给政府主导的项目造成巨大压力，进而使公共资源向外来或者本地"能人""强人"的倾斜有了现实的"合法性"。另一方面，农村人口同步发展的条件已经丧失，农户间无论是物质资料的占有还是主观上市场经济能力的储备，实际上已经存在巨大差距。研究显示，农村内部贫富差距已达 10 倍①。村庄中的"能人"获取资源的能力和路径已经让"同村""同乡"村民望其项背。

如果说较为公平、合理的市场竞争机制对社会合作、社会诚信、社会秩序的规范形成，起到一种推动作用的话，在当下，扭曲的"市场"配置资源的潜规则，则使公共资源的获得，成为利益博弈的角斗场，健康、积极的竞争环境已经被较为复杂的资源获取方式取代，发展的社会基础不再牢固。而"政府主导"不断强化对"能人"的依赖，不仅难以实现社区参与的目标，还可能给村庄带来"功能性"的损伤。当世行项目携带新的、庞大的公共资源注入时，同样也为一种"坏结构"的形成和固化预留了制度空间，即权钱合谋的结构滋生出资源配置倾向掌握权力者或接近权力者，他们快速形成新的社会阶层结构。

（二）行政路径依赖的"锁定"

道格拉斯·诺思提出了路径依赖"锁定"（Lock-in）的概念，即传统制度框架经选择定型（Shaping）后可能形成"锁定"而制约新的制度路径（North，1997）。借助权力行政模型（刘俊生，2000），本文将对世行项目"社区参与"行政路径"锁定"状态的发生逻辑展开研究。

第一，命令行政依赖。由于受传统计划经济体制的影响，政府围绕精密的组织基础和完整的权力中心体系，控制着社会大部分资源。毫无例外，掌控封闭权力的全能政府，对世行项目资源同样进行了全面的控制。

---

① 2012 年 8 月 21 日，由华中师范大学中国农村研究院发布的《中国农民经济状况报告》，将农户家庭收入由高到低递减排序，收入最高的 20% 样本农户与收入最低的 20% 样本农户的差距有 10 倍之多。引自 http://business.sohu.com/20120822/n351212151.shtml。

当控制从一种工具性的价值变成一种终极性的价值，政府是难以对世行社区参与的理念形成快速和合理反应的。而基层政府更凭借经验实施项目，甚至对所谓"技术官僚"形成"逆向淘汰"（蒋兆勇，2004）。世行项目虽然培养和依赖新的运作体系，但仍然是通过自上而下的科层体系组织架构来完成的，最终"官僚制的理性形式、不透明性、组织僵化以及等级制等特性，使得它不可避免地会和民主制发生冲突（欧文·E. 休斯，2002：47）。"

第二，人情行政依赖。世行项目本来属于公共领域的事情，但却受到个人关系的强有力支配。费孝通先生提出的"差序格局"，在此演化为一种具有中国特色的"潜规则"。世行项目组织并不是表层的结构在起作用，而是受潜层结构因素的影响。当然，组织表层结构介入并抑制着潜层结构，以致使潜层结构退居于组织的潜层（Shafritz and Ott., 1992：491）。一方面，社区精英为了政治权力的诉求，需要建立稳固的社会关系网络，维系社会资本就极为重要。另一方面，由于上级直接任命的传统用人规则，使得基层人选有了"上级"决定的空间，使其具有对"上"负责的"精神"。世行项目组织及资源强化了基层的隐性权力，通过筑起对信息传递和权力下放的障碍，让社区精英拥有了"选择性执行"的权力。在此，基层权力本身既要尽可能地创造政绩，还要满足社会关系网络的利益诉求。基层权力被网罗进一个更为庞大的权力和利益相互交错的结构中，这一结构决定了世行项目权力运行失控的基本逻辑（吕德文，2013）。

第三，多层行政依赖。中国正进入行政社会的新形态，行政权力过于强大，将触角伸向社会各个角落，用行政逻辑取代社会逻辑，导致出现政社界限不明、角色不清、行政成本高以及可持续性差的格局（王春光，2013）。行政社会中，地方政府的权限和行为边界呈现弹性化趋势。世行向社区赋权则变为基层政府的寻租工具，出现"行政吸纳"的多层结构，即通过行政渠道将赢利型的基层领导人、不法商人、"地方豪强"等汇聚起来共同参与世行项目，目标群体被权力隐性化。寻求集团利益最大化的目标，不断侵蚀着社区权利，同时政府的合法性基础被逐步削弱（陈云松，2005）。

总之，世行项目社区参与实践过程被锁入行政逻辑轨道，世行项目组织与基层组织形成的"共生"的相互依赖的组织，以及"行政吸纳"的利益集团都会竭力维护现行的状况，阻挠社区参与的实质性突破。

四　世行项目"社区参与"路径依赖的超越

在中国的大多数农村社区，人口结构发生了很大的变化。青壮劳动力的大量外流，留守人员的弱势性特点，其所带来的便是以社会公共性坍塌为标志的社会资本再生产的缺失。由于这一根本性的"弱"，使社区丧失了发展的内生性资源，社区参与也就缺乏相应的社会基础。尤其是经济欠发达地区，地方政府反而掌握更多的公共资源和肩负配置、运作这些公共资源的职责，而"弱社会"的现实，进一步强化了"政府更强""社会更弱"的恶性循环。在"强政府""弱社会"格局下，无形中强化了村庄干部等权力精英对社区公共事务的主导权，使社区参与目标难以实现。社区参与项目运行受到既有权威体系的影响，同时这种权威体系也是社区秩序的缔造者和维护者。社区参与进入行政路径"锁定"状态，现阶段唯有通过政府主动突围，重塑与社会的关系，才能从中逃逸出来。

由于中国"强国家、弱社会"的现状，社会发展前期确实需要政府自上而下的推动。然而，政府全面而具体地介入基层生活事务，不可避免地占据了本来就不多的公共空间，导致"社区参与"无奈地停留在口号和形式的层面上落实不下去，因而"真正意义上的社区发展还有待开始"（顾骏，2001）。世行项目亦表明，面对"强政府"，社会无法"放"出来，因为已经没有自由空间和社会能力。政府用无限权力"筑造"（building）了高高的笼子，社会犹如"囚鸟"般围于其中。习惯性的喂食，使"囚鸟"逐渐丧失觅食能力，而喂食者疲于圈养之责。解决此困境，唯有喂食者主动拆卸笼子，并逐渐唤起"囚鸟"的生存技能，在大自然中自我给养。其只需提供"栖居"（dwelling）之所，为"倦鸟"疗愈伤病。

当然，在行政社会中，要承认"社会"的利益要求、行动资源和行动价值及其在治理体系中的合法性地位，与政府承认自身的有限性一样充满了艰难和挫折（陈华，2011：231）。但这一点却不容忽视，因为它是广大人民群众社区生活的基本需求，是实现社会自主性的基本条件。令人鼓舞的是，我国政府在实现经济目标的同时，也开始了构建和谐社会、进行社会建设、创新社会管理的探索，着力进行政府管理体制改革、培育社会组织、建立政府与社会合作机制等；并逐渐认识到，经济发展与政治民主化这一向度的中介，是以自由市场经济为基础而逐渐形成的社会自主化进程。中国不可能只是一个没有国家的纯粹社会，也不可能只是一个没有社会的自上而下的国家机器（邓正来，2008：47，167）。国家与社会的关系并不是零和博弈，而是一种共生的整体性关系。

政府工作能力建设将是实现政府与社会良性的结构性互动的重要途径。能力建设的目的就是学习和创新社区发展知识的能力，改善部门绩效，提高服务质量，帮助社区实现自我决策和管理，从而更好地促进经济增长以及社会发展。为达此目标，要从观念上实现从管理社区到社区管理、从发展农村到农村发展的转变，强化社会职能和树立公共服务的意识，提供必要资源和服务，撬动社会主体性成长（石黄慧，2008：32）；在行动中实现政府职能的让渡与拓展，通过将政府部分职能外移给市场、社区和社会组织，适当的放权以达到高效率。联合多元主体，实现资源的有效利用、公共议题的协商解决和公共服务的综合供给，从单向管理政府转向合作治理的服务型政府（高建华，2010）。

卡尔·波兰尼以"政府创造市场"之语，击破了人们对"市场完全自由形成"的迷信，从而激发了人们对进行"发展"模式选择时政府作为的期待，也是人类在选择更理性发展方式过程中对"好政府"的期待。在这个意义上，"强政府"建设"强社会"，使之形成主体性力量的同时也有能力抗拒市场的"恶"对社会的侵蚀，正是中国未来要探索的发展道路，也是对社会主义核心价值的践行。

参考文献

陈华，2001，《吸纳与合作》，社会科学文献出版社。

陈云松，2005，《转型期的中国公共行政：路径依赖、双重目标与行政发展》，http：//www. aisixiang. com/data/5463 - 4. html。

邓正来，2008，《国家与社会——中国市民社会研究》，北京大学出版社。

高建华，2010，《区域公共管理视域下的整体性治理：跨界治理的一个框架分析》，《中国行政管理》第 11 期。

顾骏，2001，《"行政社区"的困境及其突破》，《北京行政学院学报》第 1 期。

郭占锋，2010，《走出参与式发展的"表象"——发展人类学视角下的国际发展项目》，《开放时代》第 1 期。

国家发展改革委社会发展司考察团，2008，《加拿大、美国社区服务考察报告》，http：//www. sdpc. gov. cn/shfz/t20080225_ 193424. htm。

蒋兆勇，2004，《中国官场的批发与零售》，新加坡《联合早报》5 月 11 日。

金慧华，2006，《世界银行环境政策的法理分析》，华东政法学院博士学位论文。

刘俊生，2000，《从权力行政到服务行政》，《云南行政学院学报》第 4 期。

吕德文，2013，《我国基层权力是如何失控的?》，http：//www. 21ccom. net/articles/zgyj/dfzl/article_ 2013060584919. html。

毛绵逵、李小云、齐顾波，2010，《参与式发展：科学还是神化?》，《南京工业大学学报》（社会科学版）第 6 期。

明亮，2009，《参与式发展的中国困境》，《乐山师范学院学报》第 9 期。

欧文·E. 休斯，2002，《公共管理导论》，中国人民大学出版社。

潘泽泉，2009，《参与与赋权：基于草根行动与权力基础的社区发展》，《理论与改革》第 4 期。

石黄慧，2008，《赋权与社区主导型发展》，广西大学硕士学位论文。

特里·库珀，2001，《行政伦理学：实现行政责任的途径》，张秀琴译，中国人民大学出版社。

王春光，2013，《城市化中的“撤并村庄”与行政社会的实践逻辑》，《社会学研究》第 3 期。

叶敬忠、陆继霞，2002，《论农村发展中的公众参与》，《中国农村观察》第 2 期。

治·S. 布莱尔，2003，《社区权利与公民参与》，中国社会出版社。

Bill C. , Uma K. 2005. Participation：the new tyranny? . New York：Zed Books Ltd.

Day. 2006. *Community and Everyday Life*. London and New York：Routledge.

Jay M. Shafritz, J. Steven Ott. 1992. *Classics of Organization Theory*, Brooks Cole Publishing Company.

Lamb G. , Schaffer B. 1995. Exit, Voice and Access// Pieter de Vries. A Review of Some Critical Perspectives on Development Bureaucracy and Policy.

North, D. C. 1997. "The Contribution of the New Institutional Economics to an Understanding of the Transition Problem", *WIDER Annual lectures*, 1.

Samuel H. , Giles M. 2004. *Participation：form tyranny to transformation—exploring new approaches to participation in development*. New York：Zed Books Ltd, 2004：9 – 121.

社会资本与重建参与[*]

——灾后恢复过程中的基层政府与村民自组织

罗家德 方震平[**]

摘　要： 本文尝试运用一项问卷调查数据，分析汶川地震灾后恢复过程中，村民参与灾后恢复活动的影响因素。本文将村民参与灾后恢复活动区分为两类，一类是村民自发组织的，另一类是由基层政府组织的。通过建立回归模型对数据进行分析，结果表明，村民如果深深嵌入在关系网（工具网、情感网）的小圈子中对基层政府组织的恢复活动有负面作用，对本村有较高认同感的村民参与自组织的社区志愿性活动的可能性更大。而村民的基层干部关系网对村民的社区志愿性活动呈现负面作用，只能促使村民参与政府组织的恢复活动，但不利于村庄自组织力量的发育。这些分析结果不仅有助于深化对社会关系网络因素对灾后恢复过程影响的认识，也有助于更全面地认识基层政府在灾后恢复和村庄发展中的作用与自身定位。

关键词： 社会资本　社区参与　基层政府　自组织　灾后恢复

一　问题的提出

中国是世界上自然灾害较为严重的国家之一，灾害种类多、发生频率高、分布地域广、造成损失大，因此，灾后恢复一直是政府与受灾民众必须面对的问题。对于自然灾害，社会学者更关注灾害发生前、发生时和发

---

* 本研究受清华大学·野村综研中国研究中心项目（041913016）资助。本文曾收录进在日本出版的论文集，在本刊发表时有所修改。

** 罗家德，清华大学社会学系教授；方震平，清华大学社会学系硕士生。

生后的社会性因素，而不仅是灾害的物理性后果。自然灾害只有作用于人类社会，并对社会系统产生重大影响时才能被称作"灾害"（disaster）（Tierney，2007）。灾害是造成正常的社会功能紊乱的一系列事件，"它破坏了正常的社会功能"（Moore，1958），使"常规的社会行为模式不再有效"（Killian，1954）。昆兰特里认为："与其说存在纯粹的自然灾害，不如说是自然因素和社会因素的结合而导致了所谓灾害发生。"（Quarantelli，1989）吉尔伯特亦指出"灾害是其所在社会的函数，而不是其本身的函数"（Gilbert，1998）。

"5·12"汶川大地震给当地居民带来巨大的生命和财产损失，也对当地原有的社会结构及其运作逻辑产生了重大影响。在这个意义上，"5·12"特大地震可被视为"破坏实验"（breach experiment）。根据常人方法学的观点，非常规的社会状态更能显露社会结构的形貌与社会关系的运作逻辑，它使社会学家可以以此为切入点，将灾害视为一种巨大扰动力量，在非常规社会状态下研究社会结构及其运作（Tierney，2007；Dombrowsky，1983）。

在灾后恢复的复杂过程中，各级政府、NGO 以及村民自组织①（self-organization）都发挥着重要的作用，研究不同类型的组织和社会成员在灾后恢复过程中的作用和扮演的角色无疑具有重要的现实和理论价值。"5·12"地震之后，从中央到省、市、县、乡镇，整个科层体系都被动员起来进行灾后重建工作，大量 NGO、志愿者和企业也深入到乡村，成为灾后恢复的重要力量。

本研究团队从 2008 年开始，在四川地震灾区进行了一系列田野研究和问卷调查。在田野研究中发现，作为灾后恢复的基本主体之一，乡村社区成员在参与灾后恢复的过程中会被不同类型的组织动员。有些村民倾向于参与由村民自发组织或由志愿性团体/NGO 发起的恢复活动②，有些村民却对由基层政府动员的恢复活动情有独钟。本研究的调查数据显示，村

---

① 自组织指一群人基于自愿的原则主动地结合在一起。它有以下特性：（1）一群人基于关系与信任而自愿地结合在一起。（2）结合的群体产生集体行动的需要。（3）为了管理集体行动而自定规则、自我管理。与自组织相对的概念是他组织。他组织是指由一个权力主体指定一群人组织起来，以完成一项被赋予的任务（罗家德，2010）。

② 调查中询问的村民参与的"重建活动"是指具有社区性、公共性和互助性的重建活动，如救援、巡逻、邻里互助、清理废墟、修建公共设施等。

民参与自发组织的灾后救援或重建活动的总体比例为 29.6%，参与基层政府组织的灾后救援或重建活动的总体比例为 18.5%。

许多研究发现，受灾者在灾后会利用自己的亲属、邻居和朋友等社会关系网络获取各种支持，这对受灾者生产生活的恢复起到了很关键的作用（Drabek & Key，1984：105；Soloman，1986）。自然灾害因其巨大的破坏力量，常常导致受灾地区正式制度系统运行出现一定程度的失灵，在这种情况下，"非正式"的社会网络与社会关系可以起到填补正式制度真空的作用（赵延东，2007）。而中国的情况是，在大的自然灾害发生后，各级政府往往在第一时间动员大量的物质与社会资源进行抢险救灾活动，成为抢险救灾活动以及灾后恢复活动的主导，但较多的人却仍参与了自组织的重建救灾活动，而较少参与政府发起的活动。从参与者的年龄看，政府动员最多的是 30～50 岁的村民，在这一年龄层中，自组织与他组织的村民参与率相差不多；在其他年龄层中，自组织活动参与率明显高于政府组织活动的参与率。另外，在调查中发现，同时参加基层政府与村民自组织搜救或重建活动的村民很少，只有总数的 5.20%，参与自发组织的灾后恢复活动的村民基本不会参加基层政府组织的灾后恢复活动，反之亦然。约近一半的乡村社区居民参加了灾后的集体救援及重建活动，其中却只有 1/9 的人两类组织活动都参加，近九成的人只参加一边，这表明，参与灾后恢复活动的人群存在区隔，这种区隔的原因是什么，又有怎样的社会意涵？

参与政府组织的活动与参与自组织活动并不必然相斥，比如，Schafft 与 Brown（2000）对匈牙利的少数民族自治组织与地方政府之间的关系进行深入研究后发现，少数民族自治组织与地方政府对社区成员的组织动员效果并非总是此消彼长的关系，假如少数民族自治组织的领导者处于地方政府的人际网络中，能策略性地利用其中的各种资源，并在地方政府与社区成员之间扮演"中间人"的角色，那么地方政府对该社区成员的动员能力就会较强，在该社区中的行政效能也会较高。

在灾后恢复的特殊情境下，非正式制度或社会关系网络是如何将社会成员动员起来的，此种来自民间的动员与来自政府的动员有何不同，社区既存的社会关系网络和基层政府是如何影响社区成员的社区参与活动的？本文欲利用经验资料对上述问题进行一些初步的探讨。

二 理论探讨与假设提出

（一）认知型社会资本——社区认同在灾后重建动员中的作用

对于人们在灾难发生之后的社会行为，一直存在不少误识（misconception）与迷思①，即面对极具破坏性的自然灾害，灾区将立即进入"混乱"状态，灾民陷入恐慌，只能无助地等待救援并完全依赖政府提供和维持必需的社会秩序（Quarantelli，1960）。从现实情形与资源动员的角度看，中国各级政府所代表的正式制度在灾后恢复过程中的确不可替代。这也使研究者往往会更加关注正式制度在灾后恢复过程中的作用，例如灾难中的政府决策、政府部门间的协调、政府如何动员资源、政府行政体系如何对灾难进行治理、地方政府之间的对口援建模式（王颖、董叒，2010）和重建过程中的宅基地政策（陈开琦，2009）等。这一类研究可称为以国家为中心（state-centered）的灾害研究。

在正式的国家与政府救灾行为之外，灾难之后的社会运作以及因灾难而浮现的社会自主性（social autonomy）对于灾后恢复也同样非常重要。在灾难发生时，最先动员起来的并不是国家机器的任何一环，而是能够迅速集结起来的各种自发性组织（赵延东，2007）。Patterson 等人通过对美国卡特里娜（Katrina）飓风灾害的研究发现，在南路易斯安那地区的犹太人社区的成员对社区有很强的认同感，具有较高的凝聚力，灾难后能够很快进行自我组织的重建（Patterson，et al.，2010）。日本学者 Nagakawa 和 Shaw（2004）通过对神户大地震的社区恢复研究发现，当地的人际网

---

① 昆兰特里（Quarantelli）将灾难迷思归为三类，第一类称为"灾民恐慌"迷思（panic image），即认为灾民在灾难之中将会出现无组织的逃离行为，会因潜在的危险而歇斯底里。救灾单位基于这样的预设，往往会限制灾害相关信息的发布与传播，以避免民众恐慌，造成不必要的社会混乱。事实上，"灾民恐慌"常常是短时现象，灾民在灾难之前的社会角色（social roles）依然持续发挥作用，慌乱也因此而平复。第二类称为"灾民依赖"迷思（dependence image），即认为灾民只会被动地等待救援。此迷思来源于认为受到灾难冲击的民众必然会产生灾难症候群（disaster syndromes），可是研究显示灾难症候群也只是暂时现象，大多数灾民都会积极主动地进行灾后恢复活动。第三类称为"控制大局"迷思（control image），这类迷思基于前两者之上，也就是由于灾民的恐慌行为与被动等待，所以只能依赖国家才能控制与应对灾难的不良后果，而国家也总是能找到方法与手段，实现它所预设灾后恢复的目标，这项迷思预设灾前的社区认同与社会规范（social norms）会因为灾难瓦解。

络等非正式制度在灾后恢复中扮演相当关键的角色。这就使不少学者开始从社会资本角度探讨社区参与的问题。

广义而言，社会资本可分为微观、中观和宏观三类，宏观社会资本是指社会网络及其所蕴含的互惠性（reciprocities），能够促进集体行动的产生与共同目标的达成（Schuller，et al.，2000：1－5）。此外，Nahapiet 与 Ghoshal（1998）以及 Tsai 与 Ghoshal（1998）将社会资本区分为三个层面，分别为：社会/组织成员通过关系网络的长期互动，建立的关系层面（relational）的社会资本；组织内因社会关系（social ties）而结成网络型构（network configuration）的结构层面（structural）的社会资本；社会/组织成员建立共同规则、共同语言、共同经历（narratives）、共识与认同感的认知层面（cognitive）的社会资本。

社区凝聚力较高、有良好认同感的社区，在缺乏政府资源与支持的情况下，能够自发组织起来，通过集体行动，迅速有效地依靠社区自组织进行灾后恢复。这种灾后恢复活动可以视为一种"社区志愿性活动"，而这种集体行动的达成是基于社区成员的社区认同之上的。有研究者亦指出，社区成员对于其所在社区的认同感和归属感是一种认知型社会资本，它促使人们走向共同受益的集体行动（Uphoff，1996：102－116；Nahapiet & Ghoshal，1998）。基于理论分析和田野调查，本文期待统计分析支持如下假设。

假设1：村民的本村认同感越高，参与社区灾后恢复活动的可能性越大。

（二）关系型社会资本与社区参与

Paul（1987：2－10）将社区参与定义为一个积极的社会过程，即在一定区域内，结合社区成员，凝聚社区意识。在此过程中，成员彼此交往并参与社区事务，或设法解决社区的各种困难和问题。社区参与的特点是，由草根性的组织团体采取由下而上的运作逻辑，而非由官方或专业人员主导或介入执行（Sheng，1989：58－60）。对于社区参与影响因素的探讨，有的侧重对社区领袖在社区参与中所扮演角色的分析（Plummer & Taylor，2004a），有的侧重分析社区成员的个人社会经济背景对其社区参与的影响（蔡宏进，1985：54～78）。

宏观社会资本的概念被运用在社区的范畴中则是以社区既有的社会关系网络为基础，强调社区所共有的行动能力（Gittell & Vidal，1998：15；

Green & Haines，2002：37 – 45）。帕特南认为社会资本是社会生活的特征，包括网络（networks）与信任（trust），能够促使参与者更有效的合作，追求共同的目标（Putnam，1995a）。帕特南指出社会资本和社区/公民参与息息相关，"若社区拥有丰富的社会资本，彼此合作、形成集体行动将会更加容易"（Putnam，1993），因此互利互惠的社会关系网络和社区成员之间的协力与信任，对社区参与而言至关重要。

社会关系可以分为情感性关系及工具性关系，情感性关系意味着影响力（Krackhardt，1992），一个在社区中情感性关系多的人会有较大的影响力去动员别人参与社区活动；同样的，紧密的关系也意味着限制性（constraint）（Burt，1992），所以其容易被乡亲邻里动员去参加社区活动。工具性关系规模大意味着平常较常找人帮忙，找的人数较多，在中国人情交换法则（Hwang，1987）的背后，这类关系会使人有较多的人情账，所以其在被动员参与活动时，比较容易在人情交换的要求下有所行动。基于理论分析和田野调查，本文提出如下假设。

假设 2 - 1：村民既有的社区关系网络规模对村民参与社区自组织灾后恢复活动有正面作用；

假设 2 - 2：村民之间的信任对村民参与社区自组织灾后恢复活动有正面作用。

（三）结构型社会资本与社区参与

如果一个人社会关系网中强关系多，则此网络会变成相对封闭而且密度很大的网络（Granovetter，1973）。而封闭会带来社会资本，主要是因为在封闭网络中人与人往往相互直接熟识，可以容易地相互监督（Coleman，1990）。如果群体中有很强的共同规范，则任何违反规范的行为都很容易被监督察觉并被惩罚，这是承诺的关系（committed relations）（Yamagishi & Yamagashi，1994；Yamagishi, et al.，1998）。在这样的网络结构中，网络成员相互监督，很容易一起加入集体行动。在结构型社会资本的测量中，本文选取亲戚、邻居为强关系，强关系在社会网中的比例高意味着受访者生活在相对封闭的关系网中，这类网络密度大，限制性高，所以一个人只有较少的自由不参与其他人的行动，因此他/她社区活动参与的概率较高。

假设 3：村民既有的关系网络中，强关系比例（网络中的亲戚、邻居的比例）对村民参与社区自组织灾后恢复活动有正面作用。

（四）个人社会资本与社区参与

西方学界在社区成员的社区参与方面，主要关注的议题是社区成员的信任结构是偏重强信任还是弱信任，或社会资本的形态是内聚型还是桥接型①；但对当代中国的乡村社区而言，基层政府是直接影响社区的重要力量。目前学界对于基层政府如何影响社区参与和社区自组织的实证性研究比较少，本文尝试把基层政府这一要素纳入社区动员和参与的分析中。汤京平等人（2009）基于台湾"九·二一"大地震后某社区重建的田野研究，发现政府对灾后社区重建与发展的扶持可能会产生"意外后果"，即社区部分成员和政府干部所形成的关系网络可能会对因互惠、信任与认同而形成的村庄自组织产生抑制效果，从而不利于社区成员参与自发性、志愿性和公共性的重建活动。作者在汶川地震灾后对 YL 村等几个村庄的田野观察中发现，与较多"政府干部"熟识的那部分村民对于社区自我组织的恢复活动参与较少，而往往乐于参加政府组织的恢复活动。

除了干部关系网，使用位置生成法的拜年网也是衡量村民个体社会资本的重要指标。一般来说，村民的拜年网规模越大，给村民带来资源的可能性也越大，村民越有能力参与社区活动，对社区的利益就会越关心。

基于理论分析和田野调查，本文提出如下假设。

假设 4－1：干部关系网（网络规模、强关系比例）对村民的自组织灾后恢复活动有负面作用；

假设 4－2：干部关系网（网络规模、强关系比例）对村民参与政府组织的恢复活动有正面作用；

假设 4－3：拜年网（网络规模）对村民的自组织灾后恢复活动有正面作用；

假设 4－4：拜年网（网络规模）对基层政府组织的灾后恢复活动有正面作用。

---

① Gittell 与 Vidal（1998：15－20）将社会资本区分为两种类型，一是"内聚型社会资本"（bonding social capital），另一是"桥接型社会资本"（bridging social capital）。这两种类型的社会资本对于社区参与各有不同的意涵和效用，内聚型社会资本主要是指家庭成员、亲戚或好朋友之间的关系，大多为熟人关系，它有助于增强较小范围的社区参与；桥接型社会资本则是指与较疏远的朋友或同侪之间的关系，能够连接外部资源并促进信息的流动。广泛的社区参与就是要使"桥接型社会资本"增多，使信任不局限于亲密团体之内。

三 数据、变量与模型

（一） 数据

本文使用的数据来自清华大学可持续性乡村重建研究团队 2009 年 4 月至 8 月在四川什邡市、绵竹市①等地震灾区组织实施的一项问卷调查。由于客观条件的限制，问卷调查没有采用 "概率与规模成比例抽样"（PPS） 的抽样方法，而是根据村庄规模、受灾严重程度和交通便利程度等因素，使用判断抽样的方法选取了 17 个村，每个村随机抽取 33 户，每户使用 KISH 表抽取 1 名成人进行问卷填答。本次调查共收回有效问卷 558 份。调查问卷不仅收集了村民家户层面的数据，还收集了村民社会网络的相关数据。

需要说明的是，从受灾严重程度的角度来看，三个调查地具有较大相似性，但是茂县与什邡市和绵竹市的差异也十分明显。茂县是羌族聚居地，地形大多是山区，什邡市和绵竹市的居民汉族居多，地形多为平原。本文虽不是随机抽样，但多个不同典型个案的加总，可以增加推论的有效性。之所以选择不同的地点进行问卷调查，是因为如果从理论梳理和田野观察提出的假设能够被多个受灾地区的调查数据验证，则更能说明本文提出的命题与假设在受灾地区具有普遍意义。

（二） 研究变量

1. 因变量

本文研究探讨的是在灾后恢复的事件情境下，村民参与村庄灾后恢复活动的影响因素，特别关注社区既存的社会关系网络和基层政府在灾后恢复的过程中发挥的作用。因此，在设计调查问卷时将村民参与的 "灾后恢复活动" 界定为搜救伤亡人员、清理废墟、搬运物资、协力建房和照顾村里小孩老人等具有社区性、公共性和互助性的活动。一部分村民参与的搜救和重建活动是由村民自发组织的，是村民的自组织力量和村庄凝聚力的体现，可视为具有互助性质的社区行为；另一部分是由基层政府组织的灾后搜救和重建活动，主要是基层政府通过科层体系和村民的干部关系网络对村民进行动员。因而，本研究把 "村民参与灾后恢复活动情况"

---

① 什邡市、绵竹市以及本文田野调查地茂县同为国务院公布的汶川地震十大极重灾区。

设置为因变量，赋值为未参加 = 0，参加由基层政府组织的灾后恢复活动 = 1，参加由村民自组织的灾后恢复活动 = 2。结果显示，57.1%的人未参加任何灾后恢复的活动，18.50%的人参加了基层政府组织的活动，29.6%的人参加了居民自组织的活动。可以看到，大多数村民未参加社区合作性的活动，而参与自组织者多于参与政府组织活动的人。需要说明的是，同时参加基层政府组织和村民自组织的恢复活动的样本共有 29 人，仅占总样本数的 5.2%，即使将其纳入模型也无法得出显著的结果，因此，基于模型简明性的考虑，将这一类型的样本去除。换言之，在以后的模型中，只有 24.4%的"纯粹"自组织灾后恢复活动参加者被计入"自组织"模型；同样的，也只有 13.3%"纯粹"参加基层政府组织灾后恢复活动者被计入"政府组织"模型。

2. 自变量

本研究的关键自变量是村民的社会网络，问卷设计了四种村民的社会网络：工具网、情感网、干部网和拜年网。前三种网络的测量主要使用了姓名生成法（name generator）。工具网的测量主要是询问村民灾后向其提供日常生活中的帮助（例如借钱或物品、帮忙干农活、建房子、看小孩等）的人的相关情况；情感网的测量主要是询问村民灾后可以与之谈心或聊私密话题的人的相关情况；干部网的测量主要是询问和村民有交情和帮过忙的基层干部的相关情况。通过上述询问到的情况，分别计算三种网络的本村人规模——样本回答该网络中的本村人的数目，网络的总体规模——样本回答该网络中的人数以及网络强关系比例，也就是亲戚和邻居等关系在网络中的比重。由于情感网的本村人网络规模、强关系比例和工具网的本村人网络规模、强关系比例显著相关（这主要是因为部分村民两种网络有一些重合），为避免回归中共线性问题，我们对这两个网络的本村人网络规模和强关系比例进行了均值化处理，得到了关系网本村人规模和关系网强关系比例这两个变量。关系网本村人规模对应的是前面假设中的社区关系网络规模。干部网的话，由于衡量的是个人社会资本，对是不是本村人并不关心，因此关注的是其总体规模与强关系比例[①]，而非本村人的规模，因为是强关系才容易动员干部网内的资源。拜年网的测量使

---

① 干部网强关系比例的计算与关系网强关系比例略有不同，计算的是亲戚、朋友在干部网总规模中所占的比例，而不强调邻居在其中所起的作用。

用的是位置生成法（position generator），询问了村民春节期间有拜年往来的人的相关情况。

此外，笔者还设计了一套量表用以测量村民的"本村认同感"，并对这 22 道题目的得分进行了因子分析。根据各因子对应的题目，将分析出的三个因子分别命名为"社区归属感"、"社区意识"和"邻里亲密"，分别计算了每位村民的各因子得分，为了方便起见，笔者在这里将第一个因子的得分作为测量社区认同感的指标。

3. 控制变量

为廓清社会网络等因素对村民参与灾后恢复活动的影响，本研究引入了一些控制变量，主要是村民个人特征变量，分别是年龄、教育年限、家庭抚养系数——家庭成员中老人小孩所占比例、性别、是否党员和婚姻状况（见表 1）。一般而言，较弱势的群体较没有能力参加集体合作的活动，同时，党员身份有助于参加政府组织的活动。

表 1　变量描述统计表

变量名	变量类别	变量说明	均值或百分比	标准差
因变量				
村民参与灾后救援或恢复活动的情况	定类变量	0 = 未参加， 1 = 参加由基层政府组织的灾后救援或恢复活动， 2 = 参加由村民自组织的救援或重建活动， 3 = 两类都参加	57.1% 13.3% 24.4% 5.2%	—
控制变量				
性别	定类变量	0 = 女，1 = 男	0.558	(0.497)
年龄	定距变量		49.975	(13.234)
是否党员	定类变量	0 = 非党员，1 = 党员	0.064	(0.245)
教育年限	定距变量		5.040	(3.879)
婚姻状况	定类变量	0 = 未婚，1 = 已婚或离异或丧偶	0.941	(0.235)
家庭抚养系数	定距变量	老人和儿童在家庭成员中所占比例，0~1，"1"为全部是老人和儿童	0.279	(0.334)
认知型社会资本				
社区归属感	定距变量	对本村的认同程度/归属感	45.594	(19.759)

续表

变量名	变量类别	变量说明	均值或百分比	标准差
关系型社会资本				
关系网本村人规模	定距变量	工具网、情感网中本村人关系总数的均值	1.661	(1.158)
本村人信任程度	定距变量	分为完全信任、比较信任、不太信任、根本不信任，分别从4到1进行赋值	3.252	(0.561)
结构型社会资本				
关系网强关系	定距变量	"亲戚、邻居"在工具网、情感网总规模中所占比例的均值，0~1，"1"为网络成员全部是亲戚和邻居	0.832	(0.249)
个人社会资本				
干部网规模	定距变量	干部网中网络成员的数量	2.543	(1.493)
干部网络强关系	定距变量	"亲戚、朋友"在干部网中所占的比例，0~1，"1"为网络成员全部是亲友	0.061	(0.193)
拜年网规模	定距变量	拜年网中网络成员的数量	23.972	(18.725)

（三）模型

由于本研究的因变量"村民参与灾后恢复活动情况"是分类变量，故不适用于一般线性回归模型，因而笔者构造了多元 logistic 回归模型（见表2）。此种回归模型先是将因变量转换为一个事件发生/不发生的概率发生比，然后再来考察自变量对发生比的影响。

表2 社会资本及其他变量对"村民参与灾后救援或恢复活动"

影响的多元 Logistic 回归模型

	政府组织		自组织	
	回归系数	标准误	回归系数	标准误
控制变量				
性别（女性）	−1.098 ***	(0.340)	−0.240	(0.243)
年龄	−0.017	(0.016)	−0.016	(0.012)
党员身份（非党员）	−0.063	(0.561)	0.432	(0.514)
教育年限	0.041	(0.046)	0.078 **	(0.036)
婚姻状况（未婚）	0.009	(0.604)	−0.930	(0.613)
家庭抚养系数	−1.813 ***	(0.642)	−0.548	(0.441)

续表

	政府组织		自组织	
	回归系数	标准误	回归系数	标准误
认知型社会资本				
社区归属感	0.010	(0.008)	0.018***	(0.006)
关系型社会资本				
关系网本村人规模	-0.013	(0.127)	-0.197	(0.104)
本村人信任程度	-0.150	(0.270)	-0.191	(0.211)
结构型社会资本				
关系网强关系	-1.267**	(0.546)	-0.331	(0.472)
个人社会资本				
干部网规模	0.315***	(0.114)	0.199	(0.084)
干部网络强关系	-0.971	(0.775)	-2.220***	(0.811)
拜年网规模	-0.008	(0.009)	0.012**	(0.006)
Intercept	0.411	(1.442)	-0.930	1.128
Chi Square	110.952***			
-2 Log likelihood	199.053			
N	493			

注：1. 单尾检定，＊ $p<0.05$ ，＊＊ $p<0.025$ ，＊＊＊ $p<0.01$ 。

　　2. 社会网络及其他变量对村民参与灾后救援或恢复活动的影响（以"未参加"为参照）。

四　结果分析

（一）控制变量

国外有关中国社区参与的研究指出，无论是乡村社区还是城市社区，居民收入、教育程度与社区参与程度都呈正相关关系（Plummer & Taylor, 2004b），即个人的收入越高，受教育年数越长，就越可能拥有较广泛的社会网络和丰富的社会资本，也更容易融入周围的生活环境，因而对于社区活动也就会有较高程度的参与（Halpern，2005：124 - 132）。但是本文的田野观察与定量研究却揭示了些许不同的社会事实。从社会经济背景来看，受教育年数与"村民自组织的灾后恢复活动"正相关，且统计上显著，符合一般理论预期，但与"基层政府组织的灾后恢复活动"不相关。相反的，社会上较弱势的团体，包括女性、老人、家中抚养人口多的人，并不显著地拒绝参加自组织活动，而其中女性与抚养系数高的村民则明显不愿参加政府组织的活动。这可能的原因是，社会经济地位越低的村民越不是政府动员的对象，从政府动员三十到五十岁间的男性较其他类属群体为多，可以窥豹一斑。但也可能是女性及抚养系数高的弱势群体不把参与政府组织的活动作为一种获取更多社会资源的通道与机会，所以较不接受动员。

（二）认知型社会资本的影响

不少研究者指出，社区成员对其所处社区活动或组织的参与正是认同的实际行为呈现。社区认同有助于社区成员之间情感连接的加强，更可以为社区的集体行动提供动力，从而促进社区参与（Glynn，1981；Abbott，1995；陈金贵，1992）。通过模型可以发现，对村庄有较高认同感/归属感的村民参与社区自组织灾后重建活动的发生比更高，本模型在"本村认同感"变量上的回归系数为0.018（见表2），统计上显著，从而验证了本文所提出的假设1。而"本村认同感/归属感"对于"政府组织的重建活动"并不显著。

（三）关系/结构型社会资本的影响

对于自组织的重建活动——"社区志愿性活动"，模型在"关系网本村人规模""本村人信任程度""关系网络强关系"这三个变量上的回归中在统计上都不正向显著，这说明村民在村庄内既有的社会网络对村民参与社区自组织灾后重建活动并没有明显的积极支持作用，本文提出的假设2-1，2-2以及3并未得到支持。但"关系网络强关系"对参与基层政府组织的重建活动负向显著，这虽不在本文的理论假设之中，但却值得注意。"关系网络强关系"反映的是村民社会网络中的熟人（亲戚、邻居）关系所占的比重，即强关系。密网（dense network）中信息的传播可能会有放大、感染的作用（Krackhardt，1993）。模型中显示这些强关系对政府组织的重建活动产生的影响是消极的，说明密网之间可能传播了一些关于此的负面信息。

（四）个体社会资本对灾后重建活动的影响

对于"自组织的重建活动"，本模型在"干部网络强关系"变量上的回归系数为 -2.220（见表2），统计上显著。即如果村民的干部关系网中较多是强关系，那么其志愿性社区活动的可能性将大大降低。村民的干部网络对于村民参与志愿性社区活动（自组织）具有非常明显的负面作用，所以假设4-1成立。而与此形成鲜明对比的是，"干部网规模"对于村民参与政府组织的灾后恢复活动却具有正面作用，回归系数为0.315，统计上显著。假设4-2也被数据验证。可见"干部网"在村民参与社区自组织灾后重建活动和政府组织的活动上有着不同的作用。对于拜年网规模来说，其对自组织重建活动的影响是正向显著的，支持了假设4-3。但好的拜年网内的个人社会资本却对基层政府组织活动没影响，假设4-4不成立。

五　讨论

对于灾后恢复活动这一重大的社区公共事项，基层政府在其中扮演着重要的角色，它所动员的社区成员同村民自组织所动员的社区成员在社会特征上有很大差异性。以往的研究通常是一般性地讨论社区居民社会特征与社区参与的关系，没有将基层政府的动员因素纳入进来。本文实证结果显示，干部网络的影响确实显著，一个干部网中强关系比例高的人，也就是有较多亲戚朋友是干部者，可能更容易获得更多的资源解决自身的问题，而较不倾向参与自发的互助性集体行动。数据分析还显示，干部网的规模对于村民参与"政府组织的灾后恢复活动"具有正面作用，这说明村民与基层政府有较多关系者可以被动员参加政府组织的活动。但与我们的理论预期不同的是，干部网强关系对政府组织的活动的影响并不显著。可能是他们有足够的亲戚邻居帮助动员干部网中的资源，所以不太需要参加基层政府，主要是村委组织的活动，以拉近和村干部的关系，因此可能不接受动员。

在情感网及工具网上，似乎是关系网络的强关系对动员村民参加自组织无显著影响，不如理论预期，但对参加基层政府组织的活动却有负面影响，可见乡村中亲朋这类强关系的动员力量还是很重要的。但是这个变量对自组织活动就没有显著影响。配合了另外一个现象——很少人同时参与政府组织的与自组织的救灾重建活动（5.2%），我们怀疑，政府组织和社区自组织动员着两个不同的关系网，而这两群人基本上是相对独立分隔的。换言之，和基层政府（干部）熟识的一群人与社区内的乡里乡亲关系并不密切，因此得到一个假设，村中居民因为基层政府权力的介入已分裂为两个群体。这是将来值得研究的议题，本文的资料并不足以验证此假设。一个可能的原因是，深深嵌入在村中关系网密网内的人，往往不是那些能在外面打工，认识较多外面关系的人，也就是相对弱势的群体，所以他们虽深深嵌入在社区中，却较无能力参加社区自组织活动。相反的，他们并不是政府要动员的对象，所以对参加政府组织活动有负向影响。

在社区认同上，本文也得到了显著的结果，与理论预期相同。综上所述，基层政府与村民自组织的动员网络有较大的区隔，甚至可以怀疑其在各自主导的重建活动上是互斥的。这也从一个侧面说明，基层政府的确在灾后恢复中扮演了极为重要的角色，但也往往会对村庄的自组织力量产生负面影响。一些西方学者的研究也表明，自主治理顺利运作的条件包括"社群的成员必须维持一种自力更生的态度，公共官员必须满足于在一个具有多个权威和交叠管辖单位的多中心体制中运作"，"公共官员扩大自己的权力或者其所控制的各种资源的范围"则是自治可持续性的威胁（麦金尼斯、奥斯特罗姆，2003）。这些分析结果不仅有助于加深对社会关系网络因素对灾后恢复过程影响的认识，也有助于更全面地认识基层政府在灾后恢复和村庄发展中的作用与自身定位。

参考文献

蔡宏进，1985，《社区原理》，台北：三民书局。

陈介玄，1994，《协力网络与生活结构——台湾中小企业的社会经济分析》，台北：联经出版社。

陈金贵，1992，《公民参与的研究》，《行政学报》第 24 期。

陈开琦，2009，《地震灾后重建与宅基地政策研究》，《社会科学研究》第 3 期。

费孝通，1948/1998，《乡土中国·生育制度》，北京大学出版社。

罗家德，2010，《自组织——市场与层级之外的第三种治理模式》，《比较管理》第 2 期。

迈克尔、麦金尼斯、文森特·奥斯特罗姆，2003，《从追求民主到自主治理》，王焱编《宪政主义与现代国家》，生活·读书·新知三联书店。

彭玉生，2010，《"洋八股"与社会科学研究》，《社会学研究》第 2 期。

彭玉生，2011，《社会科学中的因果分析》，《社会学研究》第 3 期。

孙成民，2009，《四川地震全记录（下卷）：公元 1949 年~公元 2009 年》，四川人民出版社。

孙立平，2000，《"过程－事件分析"与当代中国国家农民关系的实践形态》，《清华社会学评论》特辑。

汤京平、黄诗涵、黄坤山，2009，《灾后重建政策与诱因排挤——以九二一地震后某社区营造集体行动为例》，《政治学报》第 48 期。

王颖、董垒，2010，《中国灾后地方政府对口支持模式初探——以各省市援建汶川地震灾区为例》，《当代世界与社会主义》第 1 期。

杨国枢，1993，《中国人的社会取向：社会互动的观点》，《中国人的心理与行为：理论与方法篇》，杨国枢、余安邦编，台北：桂冠图书公司。

杨宜音，1995，《试析人际关系及其分类——兼与黄光国先生商榷》，《社会学研究》第 5 期。

赵延东，2007，《社会资本与灾后恢复——一项自然灾害的社会学研究》，《社会学研究》第 5 期。

赵延东、罗家德，2005，《如何测量社会资本：一个经验研究综述》，《国外社会科学》第 2 期。

Abbott, J. 1995. " Community Participation and its Relationship to Community Development. " *Community Development Journal* 30 （2）：158 – 168.

Burt, R. S. 1997. " The Contingent Value of Social Capital. " *Administrative Science Quarterly* 42 （2）：339 – 365.

Coleman, James. 1990. *Foundations of Social Theory*. Cambridge：The Belknap Press.

Dombrowsky, Wolf. R. 1983. "Solidarity during Snow-Disasters. " *International Journal of Mass Emergencies and Disasters* （1）：189 – 205.

Drabek, T. and W. Key. 1984. *Conquering Disaster：Family Recovery and Long Term Consequences*. New York ：Irvington.

Frey, B. S. and R. Jegen. 2001. " Motivation Crowding Theory. " *Journal of Economic Surveys* 15 （5）：589 – 611.

Fukuyama, Francisc. 1995. *Trust：The Social Virtues and the Creation of Prosperity*. New York, NY：Penguin Books.

Gilbert, C. 1998. " Studying Disaster：Changes in the Main Conceptual Tools. " In *What is a Disaster：Perspectives on the Question*, edited by Quarantelli, E. L. London：Routledge.

Gittell, R. and A. Vidal. 1998. *Community Organizing：Building Social Capital as a Development Strategy*. California：Sage.

Glynn, Thomas J. 1981. " Psychological Sense of Community：Measurement and Application. " *Human Relations* 34 （7）：789 – 818.

Granovetter, Mark S. 1973. "The Strength of Weak Ties. " *American Journal of Sociology* 78 （6）：1360 – 1380.

Granovetter, Mark S. 1985. " Economic Action and Social Structure：The Problem of Embeddedness. " *American Journal of Sociology* 91 （3）：481 – 510.

Green, G. P. and A. Haines. 2002. *Asset Building and Community Development*. California：Sage.

Halpern, D. 2005. *Social Capital*. Cambridge：Policy Press.

Hwang, K. K. 1987. " Face and Favor：The Chinese Power Game. " *American Journal of Sociology* 92 （4）：944 – 974.

Killian, L. M. 1954. " Some accomplishments and some needs in disaster study. " *Journal of Social Issues* 10 （3）：66 – 72.

King, Gary, Robert O. Keohane, and Sidney Verba. 1994. *Designing Social Inquiry*: *Scientific Inference in Qualitative Research*. New Jersey: Princeton University Press.

Krackhardt, D. and Hanson J. R. 1993. "Informal Networks: The Company Behind the Chart," *Harvard Business Review*, July-August, pp. 104 – 111.

Krackhardt, D. 1992. "The Strength of Strong Ties: The Importance of Philos in Organizations." in *Networks and Organization*, edited by Nehria, N. and R. G. Eccle. Boston: Harvard Business School Press.

Lin, N., Y. C. Fu, and R. M. Hsung. 2001. "The Position Generator: Measurement Techniques for Investigations of Social Capital." In *Social Capital: Theory and Research*, edited by Lin, N., K. Cook, and R. S. Burt. New York: Walter de Gruyter.

Luo, Jar-Der. 2011. "Guanxi Revisited: An Exploratory Study of Familiar Ties in a Chinese Workplace." *Management and Organizational Review* 7 (2): 329 – 351.

Moore, H. E. 1958. *Tornadoes over Texas*. Austin: University of Texas Press.

Nahapiet, J. andS. Ghoshal. 1998. "Social Capital, Intellectual Capital, and the Organization Advantage." *Academy of Management Review* (23): 242 – 266.

Nakagawa, Y. and R. Shaw. 2004. "Social Capital: A Missing Link to Disaster Recovery." *International Journal of Mass Emergencies and Disasters* 22 (1): 5 – 34.

Ostrom, E. 1990. *Governing the Commons: The Evolution of Institutions for Collective Action*. Political Economy of Institutions and Decisions.

Patterson, Olivia, Frederick Weil, and Kavita Patel. 2010. "The Role of Community in Disaster Response: Conceptual Models." *Population Research and Policy Review* (29): 127 – 141.

Paul, S. 1987. *Community Participation in Development Project*. The World Bank.

Plummer, J. and J. G. Taylor. 2004a. "The Characteristics of Community Participation in China." In *Community Participation in China: Issues and Processes for Capacity Building*, edited by Plummer, J. and J. G. Taylor. London: Earthscan.

Plummer, J. and J. G. Taylor. 2004b. "Key Factors and Processes Affecting Participation." In *Community Participation in China: Issues and Processes for Capacity Building*, edited by Plummer, J. and J. G. Taylor. London: Earthscan.

Putnam, R. D. 1993. "The Prosperous Community: Social Capital and Public Life." *The American Prospect* 4 (13): 1 – 11.

Putnam, R. D. 1995a. "Tuning in, Tuning out: The Strange Disappearance of Social Capital in America." *Political Science and Politics* 28 (4): 664 – 683.

Putnam, R. D. 1995b. "Bowling Alone: America's Declining Social Capital." *Journal of Democracy* (61): 65 – 78.

Quarantelli, E. L. 1960. "Images of Withdrawal Behavior in Disasters: Some Basic Misconceptions." *Social Problems* (8): 68 – 69.

Quarantelli, E. L. 1989. "Conceptualizing Disaster From a Sociological Perspective."

International Journal of Mass Emergencies and Disasters 7 （3）: 243 – 251.

Schafft, K. A, and D. L. Brown. 2000. "Social Capital and Grassroots Development: The Case of Roma Self-Governance in Hungary. " *Social Problems* 47 （2）: 201 – 219.

Schuller, T. , S. Baron, and J. Field. 2000. "Social Capital: A Review and Critique. " In *Social Capital: Critical Perspectives* , edited by Baron, S. , J. Field, and T. Schuller. New York: Oxford University Press.

Sheng, Y. K. 1989. *Community Participation in Low-Income Housing Projects: Problems.* Kenya: United Nations Centre for Human Settlements

Small , Mario Luis. 2011. "How to Conduct a Mixed Methods Study: Recent Trends in a Rapidly Growing Literature. " *Annual Review of Sociology* （37）: 57 – 86.

Soloman , S. 1986. "Mobilizing Social Support Networks in Times of Disaster. " In, Trauma and its Wake : Vol . 2. *Traumatic Stress Theory , Research , and Intervention.* , edited by Figley , C. New York : Brunner – PMazel .

Tierney, K. J. 2007. "From the Margins to the Mainstream? Disaster Research at the Crossroads. " *Annual Review of Sociology* （33）: 503 – 525.

Tsai, W. and S. Ghoshal. 1998. "Social Capital and Value Creation: The Role of Intra-Firm Network. " *Academy of Management Journal* （41）: 464 – 478.

Tsui, Anne S. and Jiing-LihFarh. 1997. "Where Guanxi Matters-Relational Demography and Guanxi and Technology. " *Work and Occupations* 24 （1）: 57 – 79.

Uphoff, Norman T. 1996. *Learning from GalOya: Possibilities for Participatory Development and Post-Newtonian Social Science.* London: Intermediate Technology Publications.

Uzzi , B. 1997. "Social Structure and Competition in Interfirm Networks: The Paradox of Embeddedness. " *Administrative Science Quarterly* （42）: 35 – 67.

Yamagishi, Toshio and Midori Yamagishi. 1994. "Trust and commitment in the United States and Japan. " *Motivation and Emotion* 18 （2）: 129 – 166.

Yamagishi, Toshio, Karen Cook, and Motoki Watabe. 1998. "Uncertainty, Trust, and Commitment Formation in the United States and Japan. " *American Journal of Sociology* （104）: 165 – 195.

"公共服务社会化"的一项
实验性研究[*]

——"自我"如何成为公共服务的主体？

罗红光[**]

摘　要："福利经济学"倡导者（以阿马蒂亚·森为代表）提出：福利制度所赋予的不是在物质上给予人们一种东西，而是给予受助群体某种生产能力，即"为工作的福利"（welfare to work）论。改革的目标是摆脱"施舍－感恩"的二元思维定式的福利模式。作为本研究主题的"公共服务社会化"，是在承认既存的公共服务的国家模式（福利国家）和公共服务的市场机制（福利经济）的基础上，从文化角度探索公共服务的人性、主体性和公共性。研究表明：在政府、市场和社会三位一体中，中国需要明确社会的力量，尤其需要探索社会力量中人的问题，即利他行动中的伦理问题，这将有利于进一步思考和实践制度的伦理问题，这恰恰也是中国或缺的部分。

关键词：公共服务社会化　利他行动　志愿行为的主体性　自我的他性

在公共服务的社会力量中，对每一个公民个体来说，他既是受益方，同时也是施救方，换言之，在他的一生中，他既不是弱者，也不是所谓的强者，而是互惠中的一员。我们将这种利己与利他相结合的公民的福利义

---

*　本研究为中国社会科学院资助的院重大课题（2000～2009年）。课题组由中国社会科学院社会学研究所、北京大学、吉林大学、复旦大学、中山大学的人类学、社会学、人口学专业的成员联合组成，在研究过程中也得到了各地公共服务机构以及志愿者的全面合作，在此一并表示感谢！
**　罗红光，中国社会科学院社会学所人类学研究室主任，研究员。

务和福利权利统称为"普遍福利"。在这样一个设计理念下，课题组实施了围绕利他行动的研究。作为公共服务社会化过程的分析，我们将重点放在了服务与被服务之间关系的人性化建设过程的分析上。研究对象由全国招募的志愿者构成，年龄在 18～40 岁，由于侧重志愿者的社会性特点，我们回避了"大学生服务社""共青团志愿者行动"那种同质化了的志愿者集体行动，而是关注组织的成员———一种由个人自愿参加，由不同性别、不同地方与文化背景的非专业人员构成的社会人。这些公共服务的参与者，同时也作为课题的研究对象奔赴全国 16 个选好的公共服务机构，分别在义务教育、公共卫生、社区关怀、环境保护四个领域，从事为期半年的公共服务机构的辅助性工作。接纳公共服务志愿者的 16 个公共服务机构分布在全国不同区域，大部分已经在该领域做出了成绩，有一定的知名度。我们在这样一个互惠的关系中建立公共服务的义务化的模拟实验，从中讨论"服务与被服务"关系中的主体人及其道德问题，为福利制度的伦理、福利社会的人性化和社会化建设提供理论与实践依据。

一　本文所用核心概念的界定

（一）公共服务

在基本的社会共识基础上，使用公共权力和公共资源向成年公民（及其被监护的未成年子女等）所提供的各项服务。它是履行社会福利理念，并运筹和消耗公共物品①的一种社会劳动。它所体现的是公民权利与国家责任之间的公共关系。它是一种一国全体公民不论其种族、收入和地位差异如何，都应公平、普遍享有的服务。其可以通过公共部门直接提供，也可以仅由政府提供资金支持，而由私人来提供具体服务（本研究中的志愿者属于这类的模拟）。即便是那些不由政府提供或者政府仅提供资金支持的公共服务，出于社会和政治的原因，对这些服务的管理也会比一般的经济部门多。出于道德和正义等方面的考虑，一般认为，那些在一定经济社会生活条件下必需的、直接关系到最基本的生命权利的公共服务，应该确保能得到普遍的提供。从范围看，公共服务不仅包含通常所说

---

① public goods：具有非竞争性和非排他性的物品。它一旦生产出来就不能拒绝其他人使用，并且一个人的消费并不会减少其他人消费的产品。（世界银行，2004：33）。

的公共产品，而且也包括那些市场供应不足的产品和服务。广义的公共服务还包括制度安排、法律、产权保护、宏观经济社会政策等（陈昌盛、蔡跃洲，2007：3）。因为它涵盖面广，易产生歧义，根据族群文化的不同，它的需求也相差较大。因此，以"底线公平"（景天魁，2009）为原则的福利理念试图超越这样的差异，建立"生命权利"意义上的平等与正义。丁元竹提出"基本公共服务"，将它作为公共财政的基本目标之一，意指政府要为社会公众提供基本的，在不同阶段具有不同标准的，最终大致均等的公共物品和公共服务。在此基础上他进一步提出"五项原则"，并根据这五项原则，把中国现阶段的全国性基本公共服务界定为医疗卫生（或者叫公共卫生和基本医疗）、基本教育（义务教育）、社会救济、就业服务和养老保险。

（二）公共服务社会化

基于"普遍福利"理念之上的公共服务形式。它是由法律保护和自愿参与机制共同保障的公共服务性质的社会劳动系统，即通过自愿机制实现的利他行为，通过法律保护的手段获得回报，实现利己与利他可互惠的福利理念。它作为履行社会福利理念的一方力量，主要反映以下三个特点：①根据每一个人的热情和爱好提供能够参与的公共服务性质的相应劳动。②突出可参与性，即普通人经过最基本的训练就能参与的服务性工作（课外辅导员、护林员、交通协助员、医院护工等）。因此，它是没有经济实力的个人、农村人口、流动人口、享受"低保"和"离退休"的健康公民可参与的社会劳动。③它是一种半职业化的服务性劳动。简言之，对个人来说，公共服务社会化的劳动不能以利润为前提，即非政府、非商业、非专业的服务性劳动，它不能因公共服务的社会化实施造成新的失业。

（三）志愿者

不以获取利润为前提，凭借个人的志趣参与公益性质的社会劳动者或行动者。其特征是，自愿性（voluntary）、无报酬（non-profit）性、利他的公益性（altruism and commonweal）、组织性（organizing）。一般志愿者及其志愿者行动是不由法律约束，而属于道德范畴的利他行为。

二　研究框架及基本方法

（一）研究思路

在福利国家这种系统中，就福利制度与福利技术而言，前者直接与某种人文精神界定的价值观相关，后者反映的则是工具理性，福利制度与福利技术从两个维度建构了救赎与被救赎之间的那种二元思维定式的福利模式。但是，从这两个维度均不能推导出福利系统中道德的妥当性。如果一个福利系统只是致力于满足个体的索取或欲望，并将其视为公平的目标的话，那么在道德上它将是不完善的。首先，福利制度的伦理如何建构，这一向是围绕公平、公正争论的焦点。"授之以鱼"也好，"授之以渔"也罢，前者是以道德权威保证了财富的获得，后者是以制度伦理保证了劳动的技能，两者均使受益方的主体性被淹没在集体善行的过程中，这将无法解释福利制度与福利技术本身的变革。其次，福利系统的完善只注意劳动本身的话，这将忽视人之所以成为人的情感、信仰、意义的属性。最后，只考虑授予的福利系统不利于减轻居高不下的福利赤字，即便积极福利考虑到了财富的积累，但它仍然外在于受助方的道德习俗，尤其在生物事实、文化事实和社会事实的差异问题上，积极福利模式能够证明差异的合理性，但对它的如何达成共识的问题束手无策。本研究在承认授受双方差异的基础上，试图证明福利制度的伦理何以可能的问题。具体在本研究的脉络下，家庭或家族内部自治的权利与义务关系能否转换为一种关于责、权可互惠的社会关系？责任与权利，一方代表利他的义务，另一方表示利己的生存目的。从参与服务的志愿者角度来看，在具体的志愿者行动中，是否因为利他便无私、忘我、克己？如果不是，是否能发展出一套利己与利他不相冲突，即人人为我、我为人人的互惠文化？这是本研究关注福利文化的道德基础。

我们出于这样一种思考：因为中国历届的意识形态的革命和科学运动的影响，儒家思想这一文化在中国本土基本上呈现为"碎片"，传统意义上的社会也不完整，加之全球化进程等因素的影响，中国人，尤其中国年轻人的价值观念正在发生着巨大的变化。我们通过参与公共服务的实践，来分析公共服务过程中服务者、被服务者及其服务机构之间关系的建构过程，从而把握服务过程中的伦理问题。研究对象志愿者的筛选流程见图1。

（二）方法

1. 筛选

原则上考虑以下的筛选条件：①志愿者的身体条件；②志愿者的参与动机；③志愿者参与公共服务的经历；④志愿者的时间保证；⑤志愿

```
┌─────────────────────────────────────────────┐
│           研究对象志愿者的选择流程              │
│                                               │
│  网上招募 ──→ 资料筛选 ──→ 电话咨询 ──┐       │
│                                       │       │
│  └──→ 面试 ──→ 培训 ──→ 异地派遣        │       │
└─────────────────────────────────────────────┘
```

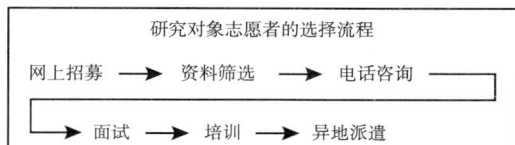

图 1　志愿者筛选流程

者的沟通能力；⑥志愿者选择参与领域的多寡（可参与多领域活动者优先）。

2. 面试

志愿者面试在各点进行，各点可组织由各点项目负责人、当地志愿者组织中有经验的人员、相关参与领域的专家组成的面试小组，对志愿者进行面试。除要求志愿者提交身份、学历、健康证明外，原则上可考虑以下的面试内容。①志愿者的参与动机以及对公共服务活动的理解；②志愿者表达自我的能力——性格、谈吐；③志愿者的沟通和协调能力——在一定的困难情境下，如何应对和处理。

3. 实践方法

众所周知，自马林诺夫斯基以后，经典且公认的人类学方法是田野"参与观察"，即由经过专业训练的专业人员针对一个地方的人与事进行长时段的跟踪和记录，可供分析的文本是民族志。但是，经典人类学的这一方法面临两个质疑：其一，经典人类学是否能够在同一个时间段里做大规模的文化研究？其二，以研究"他者"为己任的人类学中的"他者"是否就是遥远的、封闭的、传统的？"常人民族志"试图回答这样的问题。我们在方法上的预设是，如果人类学家对公认的"参与观察"所看到的事实有自信的话，他应当在以下两点进一步得到证实：①你的问题意识应该来自你的研究对象，而不是学术本身；②如果人类学家对自己的田野有自信且其研究方法更能"接近事实"的话，那么将"参与"延伸到贴近田野的"实践"并不违反人类学的基本伦理。本研究遵循实践理性的基本特征，即将"观察"延伸到实践，并在实践过程中学习与进步（在本文中则是志愿者及其利他行动）。其特点在于他们是不同文化的主体，具有各自的人生观、自我和情感的不同界定与经验，因为利他行动让他们走到了一起，并构成了互为他者的关系。我们向全国招募了作为我们研究对象的志愿者，将他们异地派遣到指定的公共服务机构，从事为期半年的志愿者活动，从而针对我们派出的志愿者进行研究。在方法上我们具备了实验民族志的以下三个基本特点。

第一，把田野经历作为民族志实验的焦点和阐述中心（本研究称其为"常人民族志"）而产生的文化书写形态。对"集体表象"的批判。

第二，有意识地组织实验文本，尝试作者与研究对象和读者的平等对话。对田园浪漫主义的批判。

第三，把研究者当成文化的"翻译者"，自我反思知识与权力的关系。

4. 常人民族志

研究方将研究对象异地派遣到需要服务的地方，并记录其服务于他者过程中自我的心路历程，课题组将这种可分析性文本命名为"常人民族志"①。"常人民族志"的特点在于，它是来自生活世界的表述，并保持了第一人称表述这一基本特征；它最大限度地将"知识与权力"的不平等、对话的道德这一学术方法论问题充分表现在第一次资料的范围内。这一方法适合于大规模的、陌生人社会的文化的机制分析和比较研究。本研究强调其日常性和社会性特点，使用中文的"常人"②。常人民族志不仅包含非专业的当事者，而且还包含可批评的实验民族志特征。

为深入考察志愿者在这一过程中的主体间的关系变化，课题组织者与志愿者建立了稳定的沟通渠道，并要求志愿者记录下自己的活动感受——工作日志，其成果为《16 位志愿者的 180 天》（罗红光、王甘、鲍江，2012）。该书以志愿者的工作日志为基础形成，因此，作者以第一人称出现，从而使作为公共服务志愿者的"我"的具体活动和主观感受得以完整的表达。

三　社区关怀志愿者行动分析

如表 1 所示，社区关怀在 16 个公共服务的机构中占 4 个，分别在

---

① 另参见社会学家伽芬克尔的"常人方法学"。
② 常人：柳田国男（Yanagita Kunio）使用"常民"，指经营日常生活的普通人，是一个更加中性词的代名词。它具备以下特征：①一个人在特定的主题上没有专业和专业知识（《牛津字典》）；②生活世界里的普通而平凡的大众。伽芬克尔曾用"常人方法学"批判研究者与被研究者之间表述的差异问题。本文在交往实践这个意义上使用它。

青岛、上海（2处）和北京。这些服务机构大多数已经在全国小有名气。

表1　社区关怀机构情况

	田野点	工作范围
社区关怀	北京市朝阳区小橡树幼儿园	打工妹之家
	上海宝山区杨行镇杨行地段医院	外来民工服务
	青岛儿童福利院	弃儿寄养活动
	上海控江街道办事处社区家庭服务中心	家庭服务

青岛市儿童福利院与全国其他福利院一样，专门收留一些孤残儿童，该机构十分敬业，受到多次嘉奖。院内设立床位200张，现收养儿童170名，其中家庭寄养98名。门诊及病房现有医护人员13名，主要从事入院患儿的查体、观察、疾病的诊断、治疗、护理、隔离、抢救、营养等工作。目前他们尝试"家庭养护"的实践，意在给孤儿还原一个家庭，即让孤儿在一个真实的家庭中成长。这一实践初步走向正规，全国很多地方都在尝试拓展这项业务，不仅在城市，而且在农村也逐步推广之。我们的志愿者来自湖北，她的主要工作是辅助当地幼儿教师做一些辅助性教学工作，特别在课外的心理辅导和互帮活动中发挥作用。

杨行地段医院位于上海市宝山区中部，该院主要对本地居民提供医疗服务。目前，外来人口已经成为杨行镇现住人口的主体，与外来人口相关的一些社会问题显得格外突出，最明显的表现为他们及其家属的医疗卫生状况。因此，需要训练有素的志愿者帮助杨行地段医院对外来人口进行医疗卫生知识的普及和防止非法行医的宣传，鼓励外来人口到地段医院或者村卫生所就诊，改善当地外来人口的医疗卫生状况。同样重要的是，志愿者需要用平等的态度来从事这一工作，帮助减少当地人对外来人口的偏见。

北京小橡树幼儿园地处北京市繁华区，是一个典型的都市社区内的机构。它的主要业务是幼儿教育，同时他们侧重从小教育幼儿参与爱心活动，如每年岁末开展各种活动募集资金，援助受困儿童的教育、医疗等福利事业。在工作之余，幼儿教师前往北京一些打工者子弟学校进行小学生义务教学，开展互帮互学的活动。我们的志愿者来自河南农村，专门从事学校和社区之间的互惠活动，共建文明社区。

上海市控江街道办事处社区家庭服务中心坐落在上海某闹市区。那里既有当地的老住户，也有打工者居民，人口流动十分频繁，而且社区老化现象比较突出。这也就构成了该中心的核心任务，即帮助外来人口安置生活，给老住户管理和发放补助金，同时还开展一些有利于社区共建的公益活动。我们的志愿者由北京派出。她的主要业务是组织和协助在册的社区老弱病残者参加社区活动，定期与这些人交谈，关心他们的衣食住行，并及时将他们的意见反馈给中心。

（一）研究焦点问题及其分析

从实践层面来看，参与公共服务社会化的力量来自民间，他们首先是代表各自意愿的志愿者。

1．角色

谢阅：女，来自武汉，无志愿者经验。报名期间刚辞掉工作。在此次志愿者行动中希望能够明确自己的工作目的、范围、计划、内容以及可以动用的社会资源。最初报名参加社区关怀、环境保护者两项，培训后被派往青岛市儿童福利院从事对孤儿的辅助性工作。

陈国芳：女，来自新疆，无志愿者经历。报名时是新疆农业大学的生态经济硕士研究生。此次报名参加教育、社区两项，后选择社区服务，在上海宝山区杨行地段医院从事挂钩村落以及农民工的公共卫生扶助工作。她认为自己缺乏理性，因此希望通过此次活动获得志愿领域相关信息的资料或书籍，并希望以一种客观的眼光看待所服务的领域。经培训被派往上海，从事当地社区公共卫生的辅助性工作。

周倩：女，来自河南，是本队伍中年龄最小的一位，也是第一次听说志愿者。之前，周倩从大学退学，提前进入了社会，理由是所在大学课程不能满足她的求知欲望。周倩被派往北京小橡树幼儿园，从事幼儿园与社区建设之间的公益活动。

张珑月：女，来自北京，没有志愿者经历，但一直向往志愿者行动。希望通过此次志愿者行动学会面对困难以及获得解决问题的经验。此前报名教育、社区的服务工作，后被派往上海市控江街道办事处社区家庭服务中心，从事外来人口的管理工作。其间还经常去该社区的敬老院与老人一起娱乐，受到当地老人的高度重视。

2. 结构分析

从事利他行动的志愿者首先是代表他们各自意愿的志愿者个体，它构成了互为他者的基本关系素；其次他们也是我们的伙伴，研究方构成了使关系素成为可能的一个外在力量；最后他们成就了服务与被服务二元结构中的一个有意义的关系素。

角色1，角色2，角色3……相互各异的主体意味着各自在原有社会中的位置。由于我们在全国招募志愿者，因此不具备诸如"大学生服务社""共青团"等特殊团体文化的色彩；参与者年龄在18~40岁，性别不偏倚，因此他们并不具有单位制科层、职业以及性别的那种等级关系，随机性、任意性更强，比较接近我们所预设的"社会"。"特殊命题"下的"关系素"在这里意味着在利他行动的背景下，大家不仅走到了一起，而且相互开始发生关系，于是，各个主体之间在主观意愿和外部召唤的合力下构成了"有意义的关系素"，并构成了基本的关系结构，即服务方与被服务方（见图2）。它的结构意义被利他主义定性。

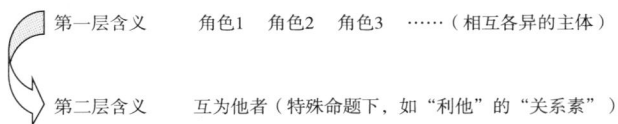

第一层含义　　　角色1　角色2　角色3　……（相互各异的主体）

第二层含义　　　互为他者（特殊命题下，如"利他"的"关系素"）

图2　服务与被服务的结构关系

实践中发现：

现在问题是院里四大版块——寄养办、婴儿区、保育区、生活区都已经规范化了，前三者已经是封闭的，后者爱心义教队已经做的很成功。我似乎可以坐享其成了。我感到困惑。难道我是理解错了课题的意思，还是我的心太大？

……

在这个过程中，我逐渐产生了困惑：这种专业性的工作我是做不了的，那么我在这里工作到底能做些什么呢？说实话，我心里也没有底。（罗红光等，2012：14，17）

这位志愿者显然是在一种援助与被援助的二元关系中试图给自己定

位，而且希望自己在这个关系中是一位有用的人，即有意义的关系素。这也告诉我们，角色与结构之间存在张力。

陈国芳以"发现自我其实很困难"为题，在《16 位志愿者的 180天》中写下了自己半年期间的实践心情与努力。

> 直到目前为止，除了有集体活动外，我虽然在儿保门诊帮忙，但我又有了新的困惑，因为我认为我做的工作不是志愿者的工作，没有持续下去的必要性。为什么称为志愿者，那一定是看到了社会上存在于体制之外又威胁到社会健康发展的某种问题或是需求而去志愿做一些力所能及的行动的某一群人，他们的工作针对的是某种弱势群体或是某种社会问题。但我所在的防保科，一，工作人员不是志愿者，他们只是在工作在挣钱养家糊口，他们各扫自家门前雪，不喜欢关心别人的事情，更不会伸手相帮；二，防保科服务的对象是社区居民，范围很广泛，没有特殊的群体；三，与服务的对象更多的是检查和被检查的关系，管理与被管理的关系……（罗红光等，2012：76）

周倩的困惑：

> 十天了，我在小橡树的生活却只有许多的碎片，回首十天历程，我找不到自己完完整整的回忆。他们都说我每天都是匆匆忙忙的，蹙着眉，眼睛里盛满了伤感和忧郁，我震惊！想起以前那个总是吹着口哨蹦蹦跳跳下楼的自己，那时候的我，多么的泼辣、勇敢，得理不饶人，没理也嘴三分，用同学的话说就是"做事风风火火，说话头头是道，简直就是一侠女"。可是，现在，回想起来，那些似乎已经是很遥远的事情了，现在的我开始和颜悦色地面对每一个人，聆听他们每一个人的忧愁和哀怨。我开始在别人的故事里变得个性全无，没有半点脾气和棱角，有时候对待周围人的忍耐程度甚至是在委屈我自己。我开始苦笑（心里苦，嘴上笑）。我变得如此陌生，完完全全变成了另外一个人，我还是我吗？我是太阳，奇热无比，我爱夏天，热情奔放。可是，现在的我，虽不冰寒，却也如月光一样温柔了。我不想没有动力，可是更多的时候我真的不想影响每一个人，也不想和任何人发生什么矛盾。然而，这样下去，我会成为什么样呢？如果这个

位置仅仅奉献爱心和快乐，却常常收获痛苦，那么，这样的生活，这样的事情还有意义吗？我想要找寻一种答案，然而，我的思绪却变得如此杂乱无章，同样，我开始语无伦次，我找不到合适的出口和未来的方向。（罗红光等，2012：102）

小橡树幼儿园领导，曾一度安排周倩看大门，这让周倩感到十分沮丧，并且认为这样脱离了公共服务的主题。这让她更加找不到自我，更加迷茫了。

张珑月的烦恼：

我的脑子里全是糨糊，也根本不想什么电话费了，我就挨个打电话，挨个地问他们在各自点上的情况。我就不信大家都那么顺利了？都找到志愿者的感觉了？都那么充实？我只想给小燕子打。但是我没有他的手机。我想到了戒灵。他电话里似乎是很理性的一个人，跟我说了很多，像个不怎么年长的长者。我很感激他，那么耐心地开导我，并很细心地帮我出主意。听他说，小燕子的工作现在已经进入正轨。不过，我还是想知道小燕子确切地对他牺牲半年时间来做这件事情值不值得的看法。也许，我心中的魔鬼在寻找和我有一样问题的人，似乎这样心理就平衡一些。戒灵的话还是没能使我走出困惑。（罗红光等，2012：178~179）

"服务方与被服务方"如上述"第一层含义"所示，他们各自是相互各异的主体。作为本研究过程的主体，志愿者通过服务，客观上将服务者、机构、被服务者联系在了一起，与此同时他们也在角色上产生了自我内部、服务与被服务、志愿者与服务机构之间的张力。其中一个重要的张力来自被不同角色结构化了的自我错位，具体表现在因错位导致的文化不适与自我分裂冲突，它表现在志愿者身上则是面向自我的提问："我是谁？""我来做什么？"

至此我们可以说，相互各异的主体，即角色1，角色2，角色3……承载着个体原有的文化（具体承载了什么文化这里可不必纠结），成就了他（她）之所以成为习惯中的自我，角色可以被理解为"关系素"，但相互之间可以说没有发生关系。第一层含义就是说自我和自我所承载的文化背景。正因为此，他者之间相互冲突、不理解，也没有真正意义上的互动、互惠。在这个意义上，一厢情愿地利他行动会被拒绝，而对方也同样不了解你这位他者。服务机构的他者还是一如既往地成就着自我而已。研究者从志愿者的角色角度出发，重点分析了结构与主观能动性在现场实践层面的关系。

3. 行动策略分析

作为本课题研究对象的志愿者参与自愿报名参加的公共服务机构（项目），研究（组织）方以异地派遣的方式，将志愿者派往公共服务基地，参与实践期为半年，并且他们有义务记录自我——"日志"。另外还有为志愿者主办的网站，它有一种虚拟认同的空间感。大家虽然天南海北，但在这里可以相互取经、批评、发泄情绪，客观上形成了一个公共空间。大家虽然不在同一个基地，但面临的问题十分相似，即如何从事公共服务，如何找到自我存在的感觉？

谢阅的自我意识：

> 我觉得不管现实是不是真的令我困惑了，我都犯了操之过急的毛病，没有在医院站稳脚，由于急切地把目光投向外地民工，没有踏踏实实地融入到医院职工的日常生活中，这样你会渐渐变成无源之水，失去更多你想了解的信息。（罗红光等，2012：63）

谢阅开始出现"要融入"的想法，并且认为一厢情愿是不可取的，需要与他人进行沟通。她不厌其烦地与相关领导沟通，说出自己的想法，也获得别人的信息与认可；更值得一提的是，她与作为被呵护对象的小孩子及其"娃娃头"也交心，成为相互信任的好朋友，这一点在她的志愿者行动中贯穿始终。

陈国芳的自我意识：

> 张珑月同志很困惑，所以约上我去见咪咪老师谈谈工作情况。见了咪咪老师谈了一会儿，但我觉得老师们的见解也都不一样，所谓"仁者见仁智者见智"，看来还得靠自己根据实际情况应变，也许也体现了课题本身的探索性。（罗红光等，2012：65）

陈国芳的"自我意识"告诉我们,"根据实际情况应变"。立足现场,调整自我成为她的行动策略。虽然没有其他志愿者那种"成就"感,但是,

> 翻了一下自己两个月的日记,发现自己也并非一无是处,并非什么都没做,总结一下,我主要做了以下事情:1. 疾病检查;2. 献血检查;3. 随访;4. 学校检查;5. 儿保门诊。那我就在这些事情上原原本本地反映自己好了。(罗红光等,2012:76)

她对自己的变化总结如下:

> 今晚总结了一下三个月来的工作,觉得可以分成四个阶段:第一个阶段是领导没有和我谈话,直接将我安排到了防保科,初到的我对任何事情都觉得新奇,最主要的是去检查疫情,但每次去都大吃大喝的,我看不惯所以我不再去。之后转入迷茫困惑的第二个阶段:寻找外来民工服务站,被告知没有后,苦苦思索、寻找为外来民工服务的突破口,但最终确定在医院内部系统里不可能,之后便回到了防保科。立足防保科,了解、参与防保科大多数的工作。这些工作有在献血现场帮忙、入托体检帮忙、去诊视、在儿保门诊帮忙、去学校检查、外来妇女保健知识宣传、去学校打疫苗帮忙等。这些工作可以说是包括范围很广的。其间我也和防保科的同事们加深了交流,但我越来越觉得这些工作不是志愿者做的工作,因为这些工作都像浮光掠影一样,尽管我知道了很多,但一件都不深入,更没有系统性,这时我知道了 YY 卫生中心这样一个试点工程,于是在我继续留在防保科的同时,我也在为到 YY 做进一步的了解做准备。关键是需要准备一辆自行车,还有一种勇气。但是为外来妇女做保健知识宣传应付差事和同事们到学校打疫苗垃圾乱丢而且阻止我收拾这两件事,促使我走向了 YY。于是就到了第四阶段,也就是我现在正在做的工作,从了解 YY 开始到我现在在 N 村做户籍医生,我觉得自己终于找到了志愿者的意义,也找到了与外来民工直接接触的切入口。 (罗红光等,2012:84)

周倩的调整：

我的想法是慢慢地去渗透。因为每一个人的心底都有最柔软的一块儿，但有时候他本人并不一定都很清晰，可是，一旦有什么东西触动他时，他就会显出他善良的一面。我相信这个世界上没有十恶不赦的人，只是有时候有些人的"爱心"没有被挖掘出来而已。先让他们听到或看到，接着想到许多事情，用柔道的方法让他们接受，然后发现自己，进而，开始释放自己，直到他认识到服务他人的乐趣之后，他们就会主动参与或开发新的领域。

…………

社区福利这个领域的灵活性是相对较大的，而小橡树本身的独特性更是如此，它可以涉及许多层。但是我们的能力资源是很有限的，如果做得太多、太宽，可能会什么都做不好。我想最好的办法是我们选取一个固定的点，在这个相对的范围内尽量拓展，这样有一条清晰的主线，才不至于失去重心。

方案1：在幼儿园的基础上开展人们对于社会化的参与性，联系"农家女……""打工妹之家""社区妈妈""县郊幼儿园"等相对对口的团体进行互动，做自己熟悉的事情，失败指数会相对降低。

方案2：针对性地面对许多现实的问题与外界相连，不断地进行自我完善，和其他单位交流，增进了解形成互动。在自身参与社会化的同时做出相应的辐射，让更多的人参与和了解，扩大社会化的规模和影响。当我们每一个人都参与之后，环境相对和谐，许多利益开始浮出水面，人们切身感受之后主动参与进来，社会化就开始形成了。（罗红光等，2012：105~106）

周倩以"与青春岁月作别吧！"的题目，表示这段经历对她的历练。她所在服务机构对周倩最后作出如下的评价：

有很高的工作热情、工作大胆泼辣，在较短的时间内打开了工作局面。虽然来自农村，但在大城市里迅速找到了便于发挥自己强项的方向，外联能力超出了预期。在工作即将结束阶段，沟通能力有较大提高。

张珑月的变化：

　　其实，这两个多月以来，我在情绪和思想上的变化，还是很明显的。从一开始我对未来充满了希望与激情……到我在田野里找不到位置和方向——再到我开始对城市里的"志愿者"产生质疑，甚至怀疑这次课题的意义……又到通过调整自己的心态而去接受现实……然后通过自己的坚持和主动，终于找到了自己的位置——这时我的思想开始转变，认为志愿者在城市也是有意义的……我又开始平衡"既要尊重当地领导的安排，又要做志愿者应该做的更有意义的事情"两者之间的关系……到现在，我认为工作成绩是次要的，主要的是，应该在整个田野里不断完善自己调整自己的过程中，深寻志愿者在城市里存在的价值和意义。当然，随着工作不断的展开，我的思想还会继续变化。而这变化的过程就是课题的意义，也是我的收获。（罗红光等，2012：200）

　　本框架有如下三个主体：其一，志愿者、服务机构；其二，志愿者与被服务对象；其三，派往天南海北的志愿者组成的 BBS 群体。因为纸面有限，本文只涉及志愿者和服务机构。如上所述，志愿者和服务机构之间围绕利他行动，表现为以下两个过程。理解的第一阶段：因为相互不了解或者说过于执着自己的习惯，这一阶段双方往往以单向的解释与被解释为特点。理解的第二阶段：相互认知的对话过程，这一过程呈现为各自的调试。全过程保持了第一人称特征，它客观上将沟通的道德表现在第一次资料的范围内。

　　4. 道德分析

　　在没有亲情的情况下，社区关怀如何实施？"无私奉献""大公无私"意味着利他主义精神拒绝主体及其主体性。利他行动的德性与公共服务的制度伦理成为本部分的核心问题。

　　如前所述，志愿者从自愿报名参加到进入公共服务基地并从事各自的利他事业这一过程中，利他主义行动因为不同主体的出现，以及对服务机构内部的文化不了解，导致志愿者在文化上表现为错位和丢失自我的感觉。它直接表现为对利他行动的质疑，甚至对自我的质疑。志愿者通过制定策略、换位思考、沟通等策略调试自我与他者的关系，从中获得成为自我的智慧和经验，笔者将这个过程称为，由第一层具有独立人格的他者，到第二层含义的互为条件的他者，逐渐进入第三层含义，即"自我的他性"（otherness of self）（罗红光，2013：24~25），成为人际关系中相对抽象的自我。"自我的他性"是知性地认识自我和建构自我的客观性的一个结果，尤其是自我的他性，它表现为实践过程中的自我调适——把"自我"对象化、客体化（罗红光，2013：24）。谢阅以"我困惑于现实与理想之间"为题，写下了自己半年来从事志愿者活动的理解。

> 这段时间为了工作日记的事情我经历了福利院和社科院的矛盾和碰撞。这是一个现实与理想的碰撞。安院长是个很实在的人。她心地善良、和蔼可亲，是一个毋庸置疑的好人，好母亲。但她同时是一个现实世界的人。她的脑袋里没有那么多理想抱负，没有为国家、为社稷的长远设想。那些离她太遥远，她不关心，也不明白，她只关心自己现实的工作，只关心眼前的这些孩子，只关心自己的家人、亲友。她只希望做好自己的工作，照顾好自己周围的人就很满足了。至于形势会怎么发展，国家制度会怎么改良，她都不想操心。但社科院不一样。社科院由学者组成，他们把研究社会、设计制度使国家、社会有更好的发展作为自己的历史使命。他们目光长远，心怀抱负，先天下之忧而忧，后天下之乐而乐。他们是理想世界的人。
>
> 这两种人对社会都是必要的，不可缺的。但正是因为他们身处的环境和想法不同导致了他们之间的矛盾。安院长不明白课题组的理想抱负，课题组也没有充分考虑到安院长所处的现实环境。于是矛盾的焦点就集中在我的工作日志上，让我这个既向往学术又身处福利院这个现实环境的人既苦恼，夹在中间左右为难，又高兴有了这种体验这份收获。（罗红光等，2012：54）

这里我并不想对该服务机构及其工作人员有所评议，因为本课题在一开始就特别提出要求，不以他者为描述对象，而要写自我。引用谢阅的这段话语，目的在于她所呈现给我们的另一个发现，即"自我的他性"形成的标志。她开始替服务机构和研究机构着想了，而且为其中的"矛盾"清晰地感觉到了她自己的价值观。

道德同时表现在"他律"与"自律"两个层面。一方面，对志愿者来说，道德也意味着外在于自我的约束力，他（她）活在口碑——可被言说的德性中；而"自律"在做好自我的实践过程中，它很像某种修炼，体现在当事者的日常生活中。"他律"与"自律"共同促成了个体在社会结构与个体之间关系中的完整的结合。志愿者的利他行动虽然直接面对每一个人，但它的公共性由服务过程中所涉及的不同的主体共建而成。志愿者行动首先是某种人文精神指导下的个人行为，其次在精神上表现为利他主义理念，因而也被道德约束。然而，只有他律的道德，除了传统意义上的博爱、仁爱、雷锋精神，如最近的大学生服务社、大学生西北行、美国梦想行动、自然之友、和心俱乐部等，每个人的个性、弱点、偏好等均在集体行动中被淹没或掩盖。另一方面，对受益方来说，他们看到的是一个集体行动者展示给他们的奉献精神，其中个人的喜怒哀乐均被掩饰掉了。本研究所开展的利他行动的实验性研究从主体及其主体性层面，重新检验道德，回答道德权威不可自我检验的问题以及利他行动中"己"是否存在的问题。研究表明，在利他主义的道德权威不可自我检验的情况下，通过常人民族志的方法证明了两点：第一点，在利他的志愿者行动中"自我"是存在的，它存在于志愿者行动的德性与服务机构的制度伦理之间。这种主体性的作用，使道德得以检验。第二点，"自我"的存在方式不是简单的孤立或对立的生物个体，而是通过反思，能动地塑造公共"自我"的形象——自我的他性成就了个体的社会化。

四　研究发现及引起的思考

在社区关怀的实验性研究中我们发现，在处理人与人之间关系的利他行动中，主体及其主体性的存在是导致道德权威相对化的原因所在。因此，在道德权威不可自我检验的情况下，常人民族志可以检验道德权威内部固有的问题——去我化。在这个意义上，服务方的德性是否也符合被服务方的德性，并非道德权威所能决定，而是要通过沟通、调试的实践才有可能。因此，在利他行动的整个过程中，"己"，也就是作为第一人称的"我"始终存在并且发挥着不可或缺的作用。它通过沟通得以实现，沟通的结果使自我客体化，形成"自我的他性"。这样才可能理解他者，并更好地服务于他人。

（一）发现

其一，在道德层面。

（1）利他行为中"我"的存在及其意义——主体性；（2）"常人民族志"使道德权威得以检验；（3）道德的公共性不仅仅来自外在的约束力（如口碑），个体的社会化还取决于内在化的公共性——自我的他性。

其二，在制度文化层面。

从道德层面的讨论引发我们对公共服务社会化的制度伦理的思考。

（1）从根本上强调公共服务系统中人的主体作用，换言之，如果福利改革仅仅聚焦福利技术或福利制度的完善，结果会导致福利欲望随着福利制度的完善而提高的"贫富怪圈"。如果一种福利改革仅仅是完善人们如何获得财富的话，那么这样的福利制度是一个不完善的系统。

（2）利他行动还不足以代表社会劳动，因为利他主义精神的道德权威将受到主体性的挑战。从他律的道德性到自律的道德性是个体融入社会的关键步骤。这一步骤使个体的自愿利他行动转换成有效的社会劳动。

就中国志愿者行动的动员方式来看，有报告讲，对于志愿服务的研究，目前大都集中从宏观的角度来把握志愿组织的特征和发展趋势。这些研究主要都是从功能的角度指出志愿组织能够传递社会服务，发挥第三部门的作用，但是先前的研究一是将公立的志愿组织和草根志愿组织混为一谈，二是过于关注志愿组织，将志愿组织看作一个已经完成的实体来加以定性和描述，并进而认为志愿组织和非政府组织（NGO）的数量必然反映中国公民社会的发展程度，却没有看到，志愿者组织的主体及其内部成员的主体性。本研究在"我"如何成为公共服务系统中的主体问题上给出了一份可操作的答卷。

（二）讨论：福利系统中人的问题

在当今世界福利大国的福利系统中，人是以不同方式再现的：在福利国家的模式中，人，既是纳税人，同时也是受益者，受益方构成了"二元福利"系统的一端，它的另一端则是道德权威的代表或代言人；在福利经济中，人作为可再生产的"劳动力"出现，因此对他的救助并不意味着施舍，而是授之以渔，其道德表现为个体自由和个体权利。那么就中国而言，有一个既定版本——为父为母的道德权威，如无私奉献的雷锋精神及其"大公无私"的集体主义精神。它也构成了中国这一福利国家中的道德准则——利他主义。它意味着道德权威只有一个，要么国家、要么家族。在儒家思想的传统观念中，只有在"治家安邦"的理念下，将家族的伦理统一在天下观中方能大同。然而，传统福利国家的过度扩张，不仅造成国家财政的沉重负担，同时也让人民对于政府的福利措施产生严重的依赖倾向，导致社会福利入不敷出。笔者称其为"二元思维的福利系统"。相比之下，如果主体及主体性在公共服务系统得以呈现，譬如为个人生存而勤奋工作，其结果是利他的，这里的"利他"中包含正常的利己。本研究中我们看到，人们的一些行动反映了明显具有社会成分的价值观，那些价值观是我们远远超出纯粹自私行为的狭义局限（詹姆斯·克利福德、乔治·E. 马库斯，2006：15）。二元思维的福利系统为特征的福利国家和以劳动为核心的福利经济均不涉及福利系统中授受双方的道德问题。因为前者在结构上表达了授受的强弱二元关系，后者强调劳动过程中差异的合理性。在中国，利他与利己往往以矛盾的方式出现，奉公就必须克己，奉献就必须无私，这些话语的表述方式均把道德引向歧途，而使主体及主体性得不到解放，因而道德的自律不能健康地发育。

参考文献

安·兰德（Rand, Ayn），2007，《自私的美德》，焦晓菊译，台北：左岸文化出版有限公司。

陈昌盛、蔡跃洲编著，2007，《中国政府公共服务：体制变迁与地区综合评估》（中国公共服务发展报告 2006），中国社会科学出版社。

景军，2009，《国家同志：媒体、移民与一位农村老年妇女的自杀》，《中国社会学》第 7 卷。

景天魁，2009，《底线公平：和谐社会的基础》，北京师范大学出版社。

罗红光，2013，《"家庭福利"文化与中国福利制度建设》，《社会学研究》第 3 期。

罗红光，2013，《对话的人类学：关于"理解之理解"》，《广西民族大学学报》第 5 期。

罗红光、王甘、鲍江合著，2012，《16 位志愿者的 180 天》，知识产权出版社。

马克思，1971，《马克思恩格斯选集》（第二卷），人民出版社。

世界银行，2004，《2004 年世界发展报告》。

詹姆斯·克利福德、乔治·E. 马库斯合编，1998/2006，《作为文化批评的人类学——一个人文学科的实验时代》，王铭铭等译，生活·读书·新知三联书店。

新自由主义、民间力量与
租赁房屋再投资

蒋　绚

摘　要： 在提供本地公共服务的过程中，民间资本正承担着越来越重要的功能，其对城市治理的影响便是一个很好的例证，这一现象显示了新自由主义理念向城市管理领域的渗透。本文通过对美国俄亥俄州夏克海茨市的经验分析表明，虽然政府在社区复兴过程中具有很大的影响力，本地居民依然有足够的空间向官方表达诉求，促使新计划满足自己的需求，城市新自由主义管理体制可以充分利用民间资本。再对比中国部分地区的情况，尽管很多社区改造方案与社区改造计划（CSP 项目）存在一些共同特征，但这些方案均采取自上而下的政策制定模式，以达到政治目标并实现社区改造，公众没有参与政策制定和实施的机会，方案也没有提及与基层的互动和合作，其最终的结果也只能是一个零和博弈状态。

关键词： 城市治理　新自由主义　社区改造计划（CSP 项目）

新自由主义城市治理与民间团体

在由城市政府（urban government）向城市治理（urban governance）转变的过程中，政府与民间力量之间的相互作用，民间力量的功能及其在城市治理中扮演的角色在学术界引起了广泛的争议。

从 20 世纪 70 年代开始，在城市振兴和重建过程中，当联邦政府资金承担自上而下的城市更新计划时，社区组织和本地居民在政府决策中是否具有影响力一直受到质疑，尤其在 20 世纪 90 年代，在公众参与的社区规划项目变得更加普遍之后（Fisher, 1994；Handler, 1996；Hasson and Ley,

1994；Healy，1997；Hula，2001）。一些学者认为，相对于在政府科层制管理模式运营下的城市振兴计划，地方组织和公众的参与可以让本地组织和居民获取更大的经济利益（Piven and Cloward，1977；Stoecker，1994）。另一些学者则认为政府规模的缩小会导致地方组织可用资源减少以及组织影响力下降，降低公民的参与意愿（Barber，1984；Boyte，1989；Grieder，1992；Jacobs，1992；Putnam，1995）。

在提供本地公共服务的过程中，民间资本正承担着越来越重要的功能，其对城市治理的影响便是一个很好的例证，这一现象显示了新自由主义理念向城市治理领域的渗透。最近几十年，有关城市管理体制的研究中对于新自由主义的探讨成为一种潮流，民间力量的功能和角色也被重新认识与研究（Brenner and Theodore，2001；Gough，2001；Jessop，2001；Smith，2001；Wacquant，2001）。在城市政策制定和地方政府实践过程中，新自由主义的优先权可以以多种理由出现，如竞争、企业创新、经济和制度效率等（Brenner and Theodore，2001；Smith，2001；Peck and Tickell，2001）。城市治理强调民间团体、私营机构和小政府之间的互动，关于城市新自由主义的讨论与其具有相似之处，强调削弱地方政府在政策制定和公共服务提供过程中的权力，通过改变权力的空间分布来检验政治、经济和空间变化对公民与社会组织参与能力的影响（Elwood，2002）。

新自由主义认为要提升民间资本在城市政策制定中的作用，这一假设前提引起了广泛的研究兴趣。在资源缺乏的情况下，民间力量持续增强，并对城市治理产生越来越明显的影响，引起了研究者的关注。部分研究认为以合作为基础的新自由主义理念可以使城市治理非政治化，同时规范社区组织的参与行为。从政府的视角来看，由自上而下的政府治理模式转向与社会组织的合作治理模式，民间力量事实上剥夺了政府的部分权力（Atkinson，1999；Gough，2001；Taylor，1999）。部分学者对这种合作管理模式同样存在良好的愿景，认为新自由主义的城市管理模式可以充分调动民间力量的积极性，为政府目标服务（Taylor，2000；Peck and Tickell，2001）。合作管理模式一方面可以为公众和社会组织参与城市治理创造空间，另一方面民间力量也提升了这些参与者对政策的影响力。在关于社区组织的论述中，均假设居民和社会组织的知识水平对城市治理至关重要，更高的知识水平可以促成更紧密的联系并形成更强大的沟通网络（Handler，1996；Maloney et al.，1994；North，2003；Taylor，2000）。

　　民间力量的参与为城市新自由主义提出了一个重要问题。考察新自由主义在社区改造过程中的谈判和协商行为，必须了解公民和民间机构在城市振兴进程中所发挥的功能（Elwood，2002）。美国俄亥俄州夏克海茨市所实施的社区改造计划（CSP 项目）产生了一系列本地居民和社会组织预料之外的结果，表明即使新自由主义的目标是达到上级政府的要求，依然存在实现本地居民诉求的政策空间。通过考察这一项目，有助于理解新自由主义的优先权如何在城市振兴过程中得以体现，了解以合作为基础的城市振兴计划是否可以让本地居民和社区组织参与到政策、优先权以及行动的谈判中去。这一研究同样对中国当前的城市社区发展有一定借鉴意义。

美国俄亥俄州夏克海茨市的经验

　　现今，美国俄亥俄州东北部正面临传统产业下降和郊区快速发展的挑战，临近市中心的第一环郊区普遍存在投资下降和撤资问题，这一现象在美国普遍存在。伴随着城市的扩张，克利夫兰作为夏克海茨市第一环郊区面临着同样的问题，包括人口和资源外迁、联邦与州政府经济支持下降以及建筑老化等。对于这些地区来说，住房既是经济的基础也是人民生活质量的基本保证，统计数据显示，城市保障性住房需求不断增加。但在过去几十年，年轻人自有住房的比率持续下降，租房人口中年轻人和低收入人群的比重上升。同时，婴儿潮时期出生的老人在住房市场发挥着重要的作用，占 1/3 的家庭户。自 20 世纪 90 年代以来，虽然提供保障性住房尤其是多户型住房得到了政府的支持，但市场供应量一直在下降，民众对于方便、舒适的保障性住房的需求并没有得到满足，由此影响了年轻人、低收入人群和老龄人口的生活质量。夏克海茨是一个缺乏商业的地区，房地产是城市经济的基础，该地区目前有 29405 人，同时 15.6% 的人口为老龄人口，优质的教育资源吸引了大量有学龄儿童的家庭来落户。因此，为提升城市服务水平，提供高质量且价格合理的租赁房屋势在必行。在解决这一问题的过程中，夏克海茨市意识到必须让社会各个部分相互支持并发挥应有的功能，在城市振兴过程中形成创新性的且有效的策略，提升城市的宜居度，满足居民对高质量住房的需求。

　　地方政府计划对已有的租住房屋进行再投资，包括 1300 户双家庭租房和91幢公寓大楼，这一政策覆盖了社区53%的住房。在房地产投资管理方面，俄亥俄州的属性代码系统已经覆盖了所有的城市和社区，并鼓励住宅达到相应的标准，以促进城市走向繁荣。在这一系统的支持下，俄亥俄州议员对夏克海茨市振兴项目的目标和具体实践具有了相当的控制权。夏克海茨市人口接近30000，在城市自治和合作治理方面具有悠久的历史。面对地方政府的财政预算约束，为提升存量住房的质量并达到社区改造的目标，地方官员试图与本地居民合作，促进房东对租赁房屋进行再投资，以提升住宅质量。

为了解房东和房产经纪人对这一计划的了解与关注情况，政府在2002年采取了信件、邮件、电话访谈、入户调查和常规社区会议等形式进行了详细的信息收集。调查结果显示，潜在投资者主要关注以下问题：对属性系统缺乏了解，包括现有住宅状况与属性系统的要求之间存在多大的差距，以及要达到指定标准所需要的投资资金规模；另外，再投资的回报是多少，特别是与不进行再投资的住宅相比，这也是投资者普遍关心的一个问题；同时，民众还表达了对租金不确定性以及租户信用状况的担忧。

基于调查结果，政策的主要目标是为房东提供相应的激励和配套服务，以提升房东进行再投资的积极性。政府为房东提供了金融、技术支持以及教育服务，确保住宅可以得到维修并升级到最高保准。通过官方的媒体和中介，为租户提供筛选租房服务的信息，为获得认证的房东提供免费的营销服务。通过对房东和租房者进行调查，对项目的实施情况每年进行一次评估并提出改进方案。该项目的有效实施得益于许多部门和组织的充分合作，包括政府工作人员、房东、租户、房产经纪人以及非政府组织。CSP项目的主要目标包括以下几个方面。

（1）鼓励对租住房屋按照指定要求进行再投资或制订自我决定的质量改进方案，保证参与计划的房屋达到"优秀标准"。

（2）为房东提供包括技术、金融、教育服务、市场营销以及安全保障等在内的一系列配套服务，降低获得政府认证房屋的空置率和转化率，吸引房东对住宅进行投资并达到最高标准。

（3）对已经获得认证的住房，在保持原有租户的基础上，增加老年人口和有学龄儿童的家庭对双家庭租房的需求。

（4）强化不同部门间的合作和联系，包括政府、房东、租住者、房产经纪人和其他社会组织。

（5）建立项目的自我评估系统，利用从房东和租住者处反馈的信息不断改善实施方案。

（6）通过对获得认证房屋的宣传，提高这些房屋的竞争力。

项目实施三年之后，截至 2006 年 4 月共有 31.3% 的租赁房屋获得了认证，这些房屋的空置率不足 1%，而该地区的平均空置率为 18%。维修后的高质量廉租房在市场上的竞争力大大增强，符合老龄人口和低收入人群的需要。因此，无论是从房东、租户或者城市管理者的视角来看，这一项目都是成功的。

相应年度调查显示该方案是有效的，房东和租户均对方案的实施效果非常满意。2002 年和 2003 年对房东的调查均获得了一边倒的正面评价，其中 74% 的受访者认为项目的有效实施得益于社区的参与，2003 年 75% 的受访者认为方案的成功实施要归功于房东。截至 2002 年底，58% 的房东为获得由住房专家提出的建议花费了超过 1000 美元，大部分的改善意见最终促使房屋获得了认证。截至 2003 年底，共有 75% 的房东在获得投资建议上花费超过 1000 美元。在调查中，许多房东认为"认证筛选是一个杰出的方案""方案在操作上堪称完美""你们的员工热情且专业""业主是筛选计划的获益者"。2004 年对租户的调查显示，筛选计划是他们选择租住地点的重要依据，45% 的租户选择夏克海茨市是由于认证筛选方案提供了高质量的房屋，86% 的租户表示获得认证的租赁房屋入住时粉刷一新，72% 的受访者表示获得认证的房东会及时修缮住宅，83% 的双家庭租户和 66% 的公寓房租户表示租住的房屋达到了预期要求，调查结果表明绝大多数租户对房屋和房东的表现是满意的。当然，在计划实施过程中，住房专家对双家庭住房给出的建议和其他房屋进行了有效的区分。调查显示，53% 的受访者通过（网络、杂志、旅游等）城市的营销推广找到了自己的住房。

该计划不仅改善了住房质量和社区居民生活质量，也为本地住宅带来了一种全新的投资模式。同时，在计划实施过程中，公共部门和私人部门的通力合作也强化了社区意识。由于项目获得了巨大的成功，并得到社会各方的普遍欢迎，CSP 项目得以持续运转并激励更多的房东来改善租房状况。政府也不断推动项目的改善和发展，如在 2006 年推行的房东培训计划，作为 CSP 计划的子项目，其目标为增加房东对优质资产管理方法的了解，并吸引潜在的购房者来夏克海茨市投资。培训公司和非营利性组织均希望负责计划的实施，并为此展开了激烈的竞争，政府正在考虑选择哪家公司或机构来负责该项计划。培训计划的目标是指导房东进行有效的资产管理并成为一名成功的业主，特别是鼓励购房者选择购买双家庭住房，并协助购房者进行房屋出租。最终，出租物业宣传组织承担了该项计划的主要部分，包括为房东提供有关资产管理的相关培训，强化业主与社区其他部门之间的联系。

政府制定住房政策和目标并交由社区实施，这一方案明显受到城市新自由主义的影响。城市自由主义政策为进行资本积累创造了环境（Smith，2001；Brenner and Theordore，2001），这可以在 CSP 项目中找到大量的证据。回顾 CSP 项目可以发现，改善存量住房状况是社区的首要目标，实现这一目标要依靠房东对房屋进行有效的投资，项目实施目标和实践过程显示，CSP 项目是城市新自由主义得以有效发挥的桥梁和催化剂。夏克海茨市的经验表明，虽然政府在社区复兴过程中具有很大的影响力，本地居民依然有足够的空间向官方表达诉求，促使新计划满足自己的需求，城市新自由主义管理体制可以充分利用民间资本。CSP 计划实施之后，不仅使大量的租赁房屋达到了州政府的属性系统要求，同时还产生了广泛的社会和经济效果，如提升了社区的凝聚力、强化了对历史建筑的保护、政府的税收基础得到了改善、房东获得了相关知识等，这些都超出了原先的预期。

对中国城中村改造的启示

为响应广东省提出的城市振兴规划，深圳市在 2005 年开始实施城中村改造计划。最近几年，新自由主义思潮在中国广泛传播，尤其是在经济发达的珠三角地区。从官方文件《深圳市城市更新办法》中可以看出，深圳市城中村改造的资金来源除政府投入之外，还将鼓励住房所有者进行主动的再投资。为应对日益增长的非本地居民对提高生活质量的要求以及城中村生活质量持续下降的问题，深圳市南山区白石洲街道构想实施宜居租屋方案，这一计划受到了本地居民的反对，他们认为该方案虽然有利于商业区的发展，却忽视了本地的社区利益。方案最终在 2012 年正式实施，目前主要集中考虑改善白石洲城中村的安全和公共环境，期望提升生活质量并促使社区振兴。由于政府投资较为缺乏，该项目同样采取了新自由主义管理模式，鼓励房东对租赁房屋进行投资以达到政府的指定要求。这一计划最初由区政府提出并实施，当地政府官员认为宜居租屋方案与 CSP 项目具有很大的相似之处，包括跨部门的合作、房屋检验标准的建立、房东对房屋内部安全和卫生设备以及外观进行投资以达到官方指定标准、政府负责通过当地媒体对获得认证房屋进行宣传、建立复检机制确保认证房屋的质量。

除深圳的宜居租屋项目外，中国大量的城市正在实施类似的城中村再投资计划，包括广州的萝岗、番禺和白云区，湖北武汉市，河南郑州市，江西九江市以及新疆伊宁市等都存在类似的方案。但这些方案均采取自上而下的政策制定模式，以达到政治目标并实现社区改造，公众没有参与政策制定和实施过程的机会，方案也没有提及与基层的互动和合作，最终导致了一些意料之外的结果。以广州番禺区城中村改造方案为例，在项目实施一年之后，部分与项目方案存在利益相关关系的本地居民并不知道存在这样的改造项目。房屋检验员可以在不通知房东的情况下对房屋进行检查，那些获得认证的住房也没有给房东带来太大的利益，而检验不合格的房屋会面临政府的处罚，但却通常没有明确告知处罚的原因。为达到上级政府的指标要求，基层官员有时甚至会为那些没有达到标准的房屋进行认证。

由此可见，中国基于城市新自由主义理念设计的社区改造方案属于自上而下模式，其唯一的目标是达到上级政府的要求，因此，即使这些方案与 CSP 项目存在一些共同特征，其最终的结果也只能是一个零和博弈状态。由于本地政府急于达到上级政府的要求，它们可能会忽视社区中依然存在的安全和卫生问题。同时，如果对方案不了解，房东并不能从获得认证的租赁房屋中得到回报。在这种情况下，民间团体被完全绑架。

结 论

新自由主义的表现形式高度依赖于本地的具体环境（Brenner and Theodore，2001）。在夏克海茨案例中，地方政府特殊的城市管理模式与实践手段满足了多方面的需要，包括上级政府和基层民众的需求。CSP 项目实施过程中，夏克海茨市当然要对州政府的要求做出回应，同时，政府认为政策的制定应与自己长期以来的承诺相一致，即鼓励公民参与，强化政府、私营企业和社会组织之间的联系。当地的政治机会结构是向普通市民完全开放的，以社区为基础来促进各个机构在城市政策制定过程中形成紧密的合作关系，这一城市管理模式无疑是成功的。在政策实施过程中，政府坚持以提供和改善社区服务为目标，给予了社区充分的发言权。

新自由主义城市政策的谈判和博弈事实上是在地方层面上进行的，地方政府并不是在一个真空的环境下推行新自由主义政策，而是要对本地诉求和上级要求做出积极的回应。CSP 项目似乎是一个中间的政策工具，地方政府试图通过这样一种方式在满足上级政府要求的同时，兑现在本地的政治承诺，允许民间组织积极参与政府的政策制定。在多重力量的影响下，最终产生了由基层充分参与并实施的城市振兴计划。在项目实施过程中，民众也更加了解有关住房投资和管理的相关程序、服务和技术。

中国的地方政治体制处在一个渐进发展的过程中，在 20 世纪 90 年代，地方政治体制中并不存在合作治理和民众参与的空间。究其原因，主要是政府存在一种错误的观念，认为城市新自由主义理念会剥夺政府机构的决策权，降低政府在制定政策和采取相关行动中的权威性。因此，仔细研究 CSP 项目实施的条件和背景，思考中国如何在地方政策制定过程中充分考虑社区利益，在当下具有重要的现实意义。

本文只考察了 CSP 项目对租房市场的影响，方案能够顺利开展的第一个原因是该方案的实施能够给房东带来明显的经济利益。克利夫兰作为城市的第一环郊区，商业收入有限且缺乏政府投资，认证筛选计划可以有效解决投资下降和撤资问题，非常具有可行性；项目得以有效实施的另一个原因是城市已经存在住房质量的相关系统，使项目实施变得相对容易，在资金来源上可以充分利用房东的个人投资，这些投资最终会带来明显的经济回报，通过提供相关的援助可以实现技术可行性，也增强了政府与房东之间的联系。这样的项目能否在其他的社区振兴计划中运用，目前还是一个问题。如果是在一个很大的区域中进行类似的城市改造计划，方案也不像 CSP 项目这样持久，由政府主导制订的社区振兴计划将会受到质疑，这就是当前在中国看到的现象。

参考文献

Atkinson R. 1999. "Discourses of partnership and empowerment in contemporary British urban regeneration". *Urban Studies*36：59 – 72.

Barber B. 1984. *Strong Democracy：Participatory Politics For a New Age.* University of California Press, Berkeley.

Boyte H. 1989. *CommonWealth：A Return To Citizen Politics.* Free Press, New York.

Grieder, W. 1992. *Who Will Tell The People：The Betrayal Of American Democracy.* Touchstone Press, New York.

Brenner N. and Theodore N. 2001. "The urbanization of neoliberalism." *Conference proceedings：Neoliberalism and the City.* Chicago, Great Cities Institute, University of Illinois-Chicago.

Elwood S. 2002. "GIS and collaborative urban governance：Understanding their implications for community action and power." *Urban Geography* 22：737 – 759.

Fisher R. 1994. *Let the People Decide：Neighborhood Organizing in America*, 2nd ed. Maxwell Macmillan, New York.

Gough J. 2001. "Neoliberalism and socialization in the contemporary city：Opposites, complements and instabilities". *Conference proceedings：Neoliberalism and the City.* Chicago, Great Cities Institute, University of Illinois-Chicago.

Handler J. 1996. *Down From Bureaucracy：The Ambiguity of Privatization and Empowerment.* Princeton University Press, Princeton.

Hasson S. and Ley D. 1994. *Neighbourhood Organizations and the Welfare State.* University of Toronto Press, Toronto.

Healy P. 1997. *Collaborative Planning：Shaping Places in Fragmented Societies.* University of British Columbia Press, Vancouver.

Hula R. 2001. "Governing non-profits and local political processes." *Urban Affairs* Review 36：324 – 359.

Jacobs B. 1992. *Fractured Cities：Capitalism, Community, And Empowerment In Britain And America.* Routledge, New York.

Jessop B. 2001. "Good governance and the urban question：On managing the contradictions of neoliberalism." *Conference proceedings：Neoliberalism and the City.* Chicago, Great Cities Institute, University of Illinois-Chicago.

Maloney W., Jordan G., and McLaughlin A. 1994. "Interest groups and public policy：The insider/outsider model revisited." *Journal of Public Policy* 14：17 – 38.

North P. 2003. "forthcoming：Communityaction and partnerships for urban regeneration：New sites of struggle?" In Imrie R. and Raco M. (eds.), *Urban Renaissance? New Labour, Community, and Urban Policy.* The Policy Press, Bristol.

Peck J. and Tickell A. 2001. "Neoliberalizing space：The free economy and the penal state." *Conference proceedings：Neoliberalism and the City.* Chicago, Great Cities Institute, University of Illinois-Chicago.

Piven F. and Cloward R. 1977. *Poor People's Movements：Why They Succeed, How They*

Fail. Pantheon Books, New York.

Putnam R. 1995. "Bowling alone: America's declining social capital." *Journal of Democracy* 6: 65 – 78.

Smith N. 2001. "New globalism, new urbanism: Gentrification as global urban strategy." *Conference proceedings: Neoliberalism and the City*. Chicago, Great Cities Institute, University of Illinois-Chicago.

Stoecker R. 1994. *Defending Community: The Struggle For Alternative Redevelopment in Cedar-Riverside*. Temple University Press, Philadelphia.

Taylor, M. 1999. "Influencing policy: a UK voluntary sector policy perspective." In: Lewis, D. (ed.), *International Perspectives on Voluntary Action: Reshaping the Third Sector*, pp. 182 – 201. Earthscan, London.

Taylor M. 2000. "Communities in the lead: Power, organisational capacity and social capital." *Urban Studies* 37: 1019 – 1036.

Wacquant L. 2001. "The punishing City: The metropolis as incubator of neoliberal penality." *Conference proceedings: Neoliberalism and the City*. Chicago, Great Cities Institute, University of Illinois-Chicago.

非专题论文

欧洲福利国家开支大紧缩：新型社会风险下社会投资取得的部分成功

Peter Taylor-Gooby*

摘　要： 当前，欧洲国家正面临福利开支大紧缩的问题（a "big squeeze"）。在资源受到限制的同时，已有的健康照护和养老金将需要更高的支出，其背后的原因是人口老龄化所带来的日渐增长的日常支出，以及预期值的日益提高。与此同时，年青一代也提出了新的需求，集中表现在三个领域：（1）促进有关儿童照顾、家庭友好型工作环境以及反性别歧视的立法建设，从而保障妇女进入劳动力市场，获取平等工作机会；（2）由于技能和就业之间的联系更加密切，所以需要加强培训和就业支持，以提高就业质量；（3）在不平等加剧的社会背景下，为底层提供更多的福利和工资。相比为年轻人提供的服务，老年人所享受的服务开销更大，不过建立得还算完善，也受到选民的支持。给年轻人的福利资源投入却在不断缩减。2007年金融危机之后，紧随其后的经济停滞和开支紧缩加剧了资源投入的压力。在这种情况下，积极（activation）和社会投资型项目是非常有吸引力的，因为这些项目不仅支出少，而且会很有经济竞争力。这些项目通过儿童照顾、教育、培训和职业支持服务，来帮助妇女和年轻人获得工作机会，并通过提高他们的技能以减少贫困。欧洲经验是，在应对性别和家庭问题时，社会投资项目表现出一定优势。中国目前也正经历着人口老龄化过程，为了应对各方面压力、刺激国内消费，社会支出也在不断增加，未来中国是否会发生和欧洲相似的问题我们还不得而知。如果我们的目标是在平等的框架下实现公

---

* Peter Taylor-Gooby，英国肯特大学社会政策学院教授，本文由房莉杰、陈维佳译。

平，那么就需要重新考虑积极政策的局限性。

关键词：新的风险 公平 大紧缩 社会投资型策略

一 背景：不同的欧洲福利国家对于公平的不同观念

欧洲福利国家各不相同。传统的权威研究曾将其分为三种类型的福利资本主义：社会民主主义、保守主义以及自由主义。每一种体制的合法性都是由其背后关于平等的不同假设所决定的（Esping-Andersen，1990，1999；Pierson，2001）。这种分类主要关注消费，也就是关注资源分配的原则，而非生产。其中的核心概念是"去商品化"：安德森认为其是一个相对的概念而有别于劳动力商品化的绝对概念。其体现的是个人对市场的依赖程度，如果个人在不参与市场的情况下仍然可以拥有社会所认可的生活标准，那么就具有了非商品化特征（Esping-Andersen，1999，43；Polanyi，1944；Offe，1984）。

社会民主主义福利国家（典型例子是北欧诸国）发展出的是以公民权为基础的福利体系，这一体系具备较高的社会融合水平，服务补贴涵盖所有的日常生活需求，比如幼儿和老年照顾。其公平理念强调平等。欧洲大陆福利国家（典型例子是德国）延续的是俾斯麦的福利模式，社会保险在其中扮演着重要角色，所以人们的福利资格主要是通过就业而跟其社会贡献联系在一起。公平更多地跟回报联系在一起，也就是说更多的是你赚取的，而非通过公民权赋予的。更多的自由主义模式（美国和其他盎格鲁－撒克逊国家，英国是欧洲国家中最典型的）从市场化的角度理解公平，认为社会福利是通过劳动报酬获得的权利；国家福利更为有限，只能通过审查手段提供给有需要的人。

上述分类都是理想类型，但是它指出了欧洲福利国家嵌入在福利体系中的原则性区别。后来对于这种类型划分又有一些修改。由于南欧福利国家在 1960 年以来发展很快，一个地中海分类型形成，在这一类型中包含了庇护主义（clientelism）的成分，它在减贫领域投入的资源相对有限（Ferrera，1996）。苏联和中东欧社会主义的解体使得又一种福利国家类型出现，它的公共供给水平很高，非常注重产业工人（Potucek，2008）。福利国家同样出现在东亚以及南美。东亚的中国香港、韩国、日本基本上是在"二战"后美国的统治辖区下发展起来的。它们经常被冠以"生产主义"或"生产导向"的标签（Holliday，2000；Gough，2004），因为他们的政府更看重经济发展，利用社会政策支持工业化政策，引导资源投向工业部门的工作者，以及学习德国的俾斯麦模式，建立社会保险体系。教育高度发达，公共卫生和住房在大多数情况下都要应对工业化的需求，健康服务非常有限，并且依赖私立部门筹资和提供。南美福利国家倾向于将城市工人的需求置于首位，福利在大多数领域只是部分覆盖，他们在教育体系方面相对薄弱（Haggard and Kaufman，2008：5）。

图 1 显示了 2008 年的数据。其中包括南欧、中东欧福利国家，以及一些东亚（韩国、日本）和南美（智利、墨西哥）的 OECD 国家。数据很明显地表明了支出的不同水平：盎格鲁－撒克逊国家的私立部门在开支中的主要角色，欧洲大陆和中东欧国家中社会保险的重要性，以及北欧和东亚国家中服务的重要角色。

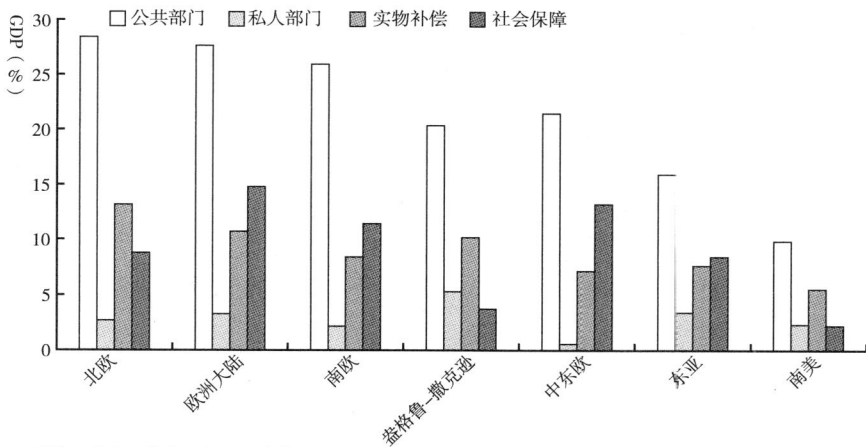

北欧：丹麦，芬兰，挪威，瑞典
南欧：希腊，葡萄牙，西班牙，意大利
欧洲大陆：奥地利，比利时，法国，德国，荷兰
中东欧：爱沙尼亚，匈牙利，拉脱维亚，立陶宛，波兰，斯洛文尼亚，斯洛伐克，罗马尼亚
东亚：日本，韩国
南美洲：智利，墨西哥

图1　福利国家模式：OECD 国家指定领域的支出和收入

在实现公平的路径上，福利国家呈现不同的平等、回报、需求的组合，嵌入在这些组合中，这些国家在不同的环境中形成了各异的发展道路。这种标准化的划分关注消费，它用一些指标来测量在市场之外获得收

入的去市场化程度 （Esping-Andersen，1990：Table 2.1，2.2）。对其最主要的两种批评都是跟生产相关的。

女性主义者指出，社会政策要结合性别进行理解：女性对资源的获得受到其从属于家务的程度、她们在照顾老人和孩子这些非市场工作中的角色，以及她们供给的家庭产品的影响。女性在劳动力市场中的地位，以及与男性同工同酬的要求受到其在家庭中的角色的强烈影响 （O'Connor，Orloff and Shaver，1999）。劳动力的繁育强烈地依赖家庭 （Lewis，1998）。对这些问题的认知导向了对公平的一些理论性思考，包括将性别视为一种生命历程 （纵向再分配） 和收入 （横向再分配） 的衡量维度。在实践层面，它导向了一种社会政策诉求，即通过促进性别平等和服务供给，使妇女能够在公共领域做出贡献。这种视角将对生产的理解拓宽至主要由女性提供的、无工资的家庭劳动，并主张社会政策必须将性别的潜在含义考虑在内。公平具有机会平等和结果平等的双重含义。

另一种概念性的批评更关注正式的生产而非消费。它将 "自由市场经济" 与 "协调型市场经济 （coordinated market economies）" （Hall and Soskice，2001） 相区别。与后者相比，前者更依赖市场协调经济，劳工组织较弱，劳资之间的合作协商机构是有限的，决策与筹资是相对短期的和利润导向的。在劳动力的计划和培训方面，产业政策和政府投资都是有限的。益格鲁－撒克逊国家是典型例子，以此区别于欧洲大陆国家和北欧国家。中东欧国家和南欧国家受到上面两方面因素的影响。东亚国家的典型特征是利用国家力量来推动工业生产的进程，将政府的强力协调者的角色与法人组织和公民社会的其他方面相结合，以提高在全球自由市场中的国家地位。这种情况目前可能面临来自组织化程度更高的工人的挑战，而且这些压力随着 1997 年到 1999 年间东亚经济危机以来的支出压缩而恶化。在南美，自由市场经济在很多方面占主导作用，而经济和政治危机在新近导向了 "左倾"，教育更加普及，横向再分配的福利也在扩展。

有关欧洲福利国家的研究，最初将重点放在国家对消费的干预，以及嵌入其中的实现公平的路径上。如今，更多的福利国家形式在发展中国家出现。新的理论视角一方面关注社会政策对妇女在生产和消费中的角色的影响，另一方面关注社会政策模式如何与多样化的生产模式相关联，如何将生产议题放在首位。谈论公平，不仅要看社会政策如何与个人消费相关联，同样要看它与个人生产的关系。

中国比上述提到的任何一个国家都要大，其社会政策传统既包括将公民平等视作公平的社会主义内容，同时也包含合作主义或生产主义的内容，即用社会福利维持经济增长，将福利作为对社会贡献更大者的回报。新近的市场转型导向了令人瞩目的社会变迁。比如，大量的流动人口涌入城市，产生了基本社会服务的诉求；财富的聚集产生了一个新的中产阶层，其中不乏非常富有者。如何应对国家承担更多福利责任的诉求，以及更高的社会支出会刺激内需的可能性，都是目前所面临的问题。

二　欧洲福利国家的最新挑战：新老社会风险并存

在过去三十年中，欧洲福利国家接受了一系列挑战，为此也出台了许多新的政策。变化的压力主要源于经济、社会和政治几个方面。

主要的经济问题有两点。首先，全球化是一系列因素的总和，包括金融、商品、能源市场越来越国际化和市场化，发生在欧洲之外的大量的工业、常规服务业以及与此相关的就业的变迁，理念与创新在不同国家之间的传播速度越来越快。其次，信息技术的发展及其所支持的管理流程变革，使得生产方式方面发生了许多技术性变化，同时，生产行为的核心也从制造业转向服务业，这两方面的变化，不仅让工作的本质发生了变化，也让作为一支政治力量的工人的能力，发生了重要变化。

全球化和后工业化伴随着收入和财富不平等的分散化（Atkinson，2007）。图 2 显示了在过去二十多年里，部分国家在税收和福利再分配之前，单纯由市场造成的收入不平等情况，以及这种不平等是如何扩散的。图中显示，英国和瑞典的不平等在 20 世纪 80 年代增长迅速，而近来，其他国家也在"奋起直追"。这个过程是一系列因素导致的结果，其中有两个因素的作用特别显著：在更加市场化和范围更大的劳动力市场中一是技术水平与收入之间的联系更加紧密，二是日益加强的资本的能力压制了弱势群体的工资（Glynn，2006，Bailey et al.，2011）。

主要的社会变化有三点：一是第二波女权主义的出现，以及越来越多的女性，尤其是已婚和有孩子的女性重返职场；二是在性别平等和性别反歧视方面提出了新的政治诉求；三是人口结构变化，老龄化，以及与全球化相关的移民潮。

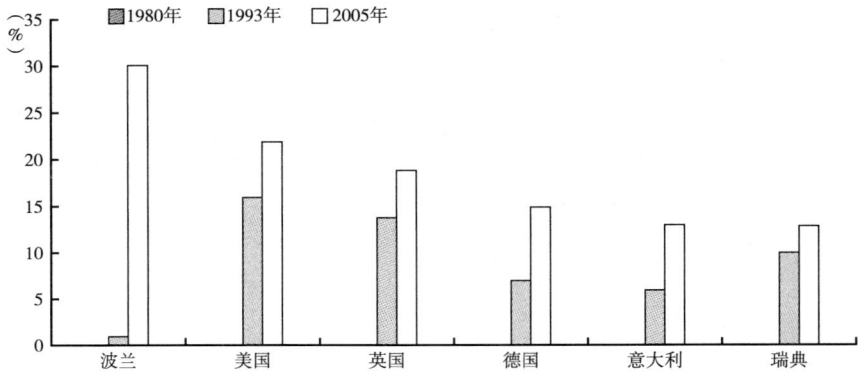

图 2　市场收入的不平等现象（从 1980 年到 90 年代有 10 个百分点的增长，将 1980 年的收入调整为零）（Atkinson，2007）

随之而来的政治变化有两点：在政府层面，由于认识到在全球化的背景下，国家控制核心经济问题（失业率、收支平衡、金融市场）的能力在削弱，因此在很大程度上，监管应该被激励措施取代；在公民社会层面，出现的情况是后工业社会劳工组织影响力的削弱，妇女权利的提高，以及更多其他的零散的政治力量的上升。

对福利的影响是，福利国家不仅仍要处理其一直以来所面对的传统的福利需求，还有一系列新的需求在日益扩大，而与此同时却是福利国家的能力并不足以应对这些需求。在工业化社会，工人不足以依靠自己的力量将日常生活维持在一定的水准上，传统欧洲福利国家正是为应对这种需求而建立的。支出最多的福利项目是医疗、教育、养老金。传统观念认为，大多数人是可以依靠工资养活自己的家庭的，包括由全职的家庭主妇养育子女和照顾老人，而传统福利政策正是建立在这一假设基础上的。这些出现于"二战"之后的福利需求可以被定义为"旧的社会风险"（Taylor-Gooby，2004；Bonoli，2005）。过去三十年的变迁，尤其是老年人口比例的增加，使得医疗、老年照顾、养老金的需求激增，而由家庭免费提供这些服务的能力却在减弱（Pierson，2001：ch 4）。尤其是实施现收现付制社会保险的国家（事实上是大多数欧洲国家），由目前正在工作的人作为筹资者，筹集资金支付给已经退休的人，可想而知，这种人口结构的变化对它们的压力是非常大的（Myles，2002）。

另一个与社会服务（医疗、社会照顾、教育）相关的更大的压力在于，与其他经济部门相比，社会服务的劳动生产率的改善空间是相当有限的（Baumol，1967；Taylor-Gooby，2013：ch 2 for a discussion）。随着经济增长，制造业里发展较快的部门的工资就会提高，那么服务业的工资预期也会相应提高，否则人力资源必然会流向其他部门。这是一个严峻的挑战。

随着不平等的扩散，以及对技术水平较低的劳动力需求的降低，底层劳动力的工资变得很低，以至于不足以满足人们的预期。更加灵活的工作，培训、教育、就业质量之间的日益密切的联系（Green，2013），都增加了对教育、培训，及其他就业相关的支持性服务的需求。与此同时，大量的女性进入职场也释放出很多新的需求，包括如何满足家庭照顾的需求，如何平衡工作与家庭。伴随这一过程的还有对男女平等、反性别歧视，以及机会平等的更高诉求。这些"新的社会风险"所带来的新的诉求主要表现在三个大的方面：充足的收入，通过额外的福利补贴低工资者，更高水平的最低工资或者改善工作质量；通过儿童和老人照顾政策及家庭－工作平衡政策支持更多的女性从事全职工作；贯穿生命历程的，更好的教育、培训、就业支持政策（Taylor-Gooby，2004：ch 1）。

新的社会风险的出现改变了对于公平的理解。基于旧的社会风险所涉及的政策框架围绕平等（以公民权为基础的福利国家）、回报（社会保险国家）、机会（大多数自由市场国家）展开。新的社会风险从两个方向影响公平观念。一种逻辑框架是从平等公民权的角度出发理解性别问题，认为相比男性而言，女性承受着更多工作－家庭的平衡，这是不公平的。这一视角还指向工资的不平等，以及底层群体的贫困风险。另一种视角关注回报和机会的延伸。这一视角将市场作用下的资源分配视作个人努力和责任的结果，因此更多地主张对个人进行能力建设，给个人更多机会，以使他们在一个不平等的社会中最大限度地实现自我。这一视角目前在欧洲居于主导。

福利国家面临的需求有两个层次：应对旧的工业社会的风险，扩展医疗、养老等相对支出较高的福利项目，以满足老龄化所增加的需求；与此同时，应对后工业社会所产生的新的社会风险。它在很多方面包含了福利和工作两个领域的结合，比如教育、培训和就业可及性问题，由于妇女进入劳动力市场而导致的家庭服务需求问题，底层工人的工资过低导致的贫困问题和不平等的扩展问题等。

　　更糟糕的是，生产领域出现的新问题使这些压力造成了更加严重的影响。为了在全球化中提高本国的国际竞争力，再加上 2007 年以来的经济衰退，各个国家的税收都是非常有限的，这就使得由国家提供的服务日益面临捉襟见肘的局面。新的需求与有限资源之间的矛盾是如此不可调和，以至于解决这一矛盾甚至可以被看作"痴心妄想"（squaring the welfare circle）（Taylor-Gooby，2013b：ch 5；George and Taylor-Gooby，1996：ch1）。不同的国家对这一问题的回应速度是不一样的，但是基本的趋势都是一致的。

　　总体来说，在现实层面，福利国家需要做到以下几点。

　　（1）寻求应对巨大的医疗、教育、养老金需求的出路，这一任务随着老龄化、工资成本上涨以及人们预期的上升而越来越艰巨。

　　（2）同时也要应对更加分散，但也更加紧迫的年轻群体的新的需求，包括工作－生活的平衡和性别公平，获得体面工作的可能性和就业者的贫困问题。而在应对这些需求的时候，面临的却是来自全球化市场的持续加大的压力，以及国内政府对经济控制能力的削弱。

　　这些趋势的最终结果就是大紧缩（the big squeeze）。那些占到大部分福利支出的纵向再分配项目，也是大多数公民在生命历程的某一个阶段都会使用到的项目，是高度普及的。其中的风险在于，现有的政策若想维持这些领域的开支就会大大加重目前劳动年龄人口中贫困者的压力；与此同时，收入不平等还在持续拉大，因此底层的需求也在增长。

三　回应：社会福利政策改革的两个方案

　　传统社会风险：过去 20 年间，福利国家进行了一系列旨在削减福利支出的改革。因此那种认为欧洲福利国家在 20 世纪 80 年代和 90 年代初期，迫于政治压力而呈现"福利僵化"的观点是不正确的。80 年代，面对经济压力和不断攀升的失业率，欧洲福利国家首先对其退休方案以及养老金缴费政策进行小幅调整。但是这些改革并没有取得预期效果反而增加了正在工作的一代人的供养压力，不能够保证养老金政策的长期稳定性。90 年代初期，政府财政支持的转移支付福利项目开始扩张，而与此同时个人缴费的社会保险却在进行调整。90 年代末期，欧洲多国的社会福利政策呈现突出社会救济与加大个人责任的趋势（Palier，2010）。这些改革包括严格给付资格条件，根据人口变化趋势实行弹性给付标准，延迟退休年龄，提高缴费率等措施（Arza and Kohli，2007；Hinrichs and Lynch，2010）。医疗保健政策的改革主要集中于市场化，将公营医疗机构推向市场与私营医疗机构竞争以提高医疗服务的效率。英国的一项研究报告表明，通过明确目标、严格控制成本，优化管理体制，尤其是让多方参与市场竞争等"新自由主义"改革措施有效地提高了医疗服务供给的产出效率（Baird et al.，2010；Hardie et al.，2011；Jurd，2011；Le Grand，2007）。

但是，随着人口老龄化趋势的发展，福利需求也日益递增，而且不同的国家情况不尽相同。图3显示的是人口老龄化背景下福利国家支出变化的情况（Ecofin，2012）。随着时间的推移，不确定性也在提高，而国家之间有着明显的变化（参考 Taylor-Gooby，2013a）。图3总结了当前最权威的数据（OBR，2012），同时将2012年底公布的政策变化考虑在内，包括预期的迁移模型和人口老龄化对经济创新的影响。

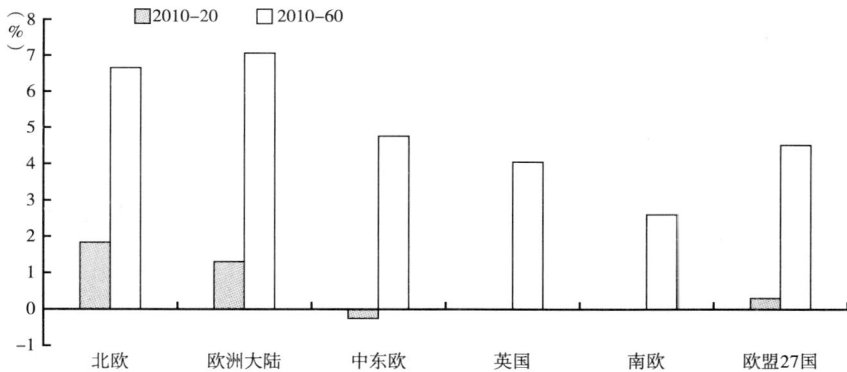

北欧：丹麦，芬兰，瑞典，挪威；南欧：西班牙，意大利，希腊，葡萄牙；
欧洲大陆：奥地利，比利时，法国，德国，荷兰；中东欧：保加利亚，爱沙尼亚，匈牙利，
拉脱维亚，立陶宛，波兰，斯洛文尼亚，斯洛伐克，罗马尼亚

**图3　与老年相关的福利需求支出的增长，2010 – 20 +
2010 – 60（%GDP）（Ecofin，2012）**

通过图3的数据可以看出，未来福利供给压力最大的是北欧和欧洲大陆福利国家，次之是中、东欧国家，最小的是"自由主义"福利国家模式的英国和南欧国家。这样的结果不足为奇，因为福利供给越慷慨的福利国家将承担越大的压力。同时因为福利刚性导致福利的紧缩改革将面临较大的政治风险。而教育支出的削减主要是由于年轻人数量减少导致的，其不足以改变福利国家的支出结构。但是，总体上看福利供给成本增加的压

力短期并不是很大，这种情况以北欧和欧洲大陆国家为甚。另外，随着欧洲国家走出经济危机的阴影，重回经济增长的轨道，通过更高的预算开支来应对压力还是可行的。

之所以得出以上结论是基于三点：（1）选民总是倾向于支持财政转移支付的社会服务项目，这一点不仅限于欧洲国家。图 4 数据来自欧洲社会调查（European Social Survey），时间是金融危机刚开始的 2008 年，数据表明民众普遍认为国家对福利供给负有直接责任（ESS，2008）。在当时，医疗保险、养老保险和慷慨的社会服务（集中在生命历程的纵向再分配，而非贫富之间的横向再分配）主要是解决传统的社会风险。在新型社会风险中，比起为少数失业人群提供福利，国家更加支持为双职工家庭的儿童提供照护。

（2）过去半个世纪时间里，无论是面临政府更迭还是经济周期的变化，欧洲福利国家的福利规模一直都保持扩张的趋势。因此，可以预见未来福利扩张的趋势总体上不会逆转而是保持一个较低增长水平的态势。

（3）倘若欧洲福利国家重新回到 GDP 年均 2.5% 的经济增长水平，经济总量将会在半个世纪内实现超过 3% 的增长。这样福利国家将有更加充裕的资源来实现福利供给水平 7% 的增长。

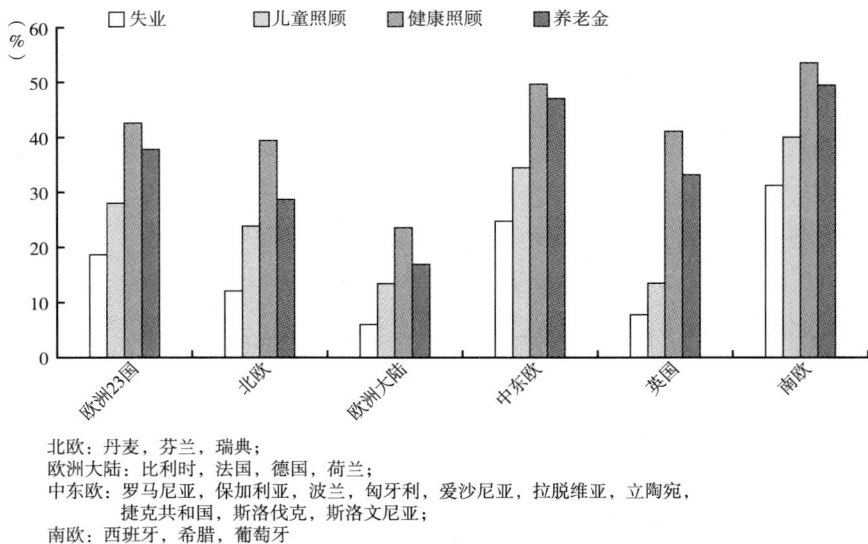

北欧：丹麦，芬兰，瑞典；
欧洲大陆：比利时，法国，德国，荷兰；
中东欧：罗马尼亚，保加利亚，波兰，匈牙利，爱沙尼亚，拉脱维亚，立陶宛，
　　　　捷克共和国，斯洛伐克，斯洛文尼亚；
南欧：西班牙，希腊，葡萄牙

图 4　欧洲不同地区支持政府提供福利（ESS）

注：让受访者回答，他们认为政府在多大程度上应该对满足群体需求负责任（11 点量表）。图中数据表示选择最高分的百分比。

以上的论点是基于欧洲经济复苏以及政府有能力控制福利支出增长水平的假设基础之上做出的。但现实情况是，经济停滞给北欧和欧洲大陆福利国家的高额开支带来困难，南欧国家有可能持续到 2020 年的经济紧缩也给福利开支带来很大压力。这都导致政府开支进一步的削减。英国 2010 年执政的卡梅伦政府决定采取自由主义模式，福利支出势必将面临更进一步的削减。如果欧洲经济继续停滞不前，福利国家的福利政策改革，或者说整个国家金融财政体系的改革都将无法避免。假设我们能避免这样的结果发生，应对传统社会风险的压力将会比过去轻松一些，但是应对新型社会风险开支方面的压力将会更加突出。

新型社会风险。比起养老金和医疗保险，新型社会风险要求开支的增长较为温和。更为重要的是，他们似乎为政府和那些受到影响的选民提供了双赢的解决方案。支持人们投入工作（尤其是给女性提供全职正式工作），通过提高技能和提升人力资本的终身学习，将会给予人们更多的就业机会。从长期来看，这会降低人们对福利开支的需求（越多的人有了稳定的工作岗位，越能通过更好的机会提高他们的收入水平），也能对经济增长有所贡献（劳动力市场更加成熟，更优秀的工人和更低的社会成本将有助于国家的生产）（Bonoli，2012）。从某种程度上来说，新型社会风险强调通过福利的改善和提升底层工资水平来解决不平等和贫困问题。个人通过更好的收入获取更好的福利是确实存在的，但是在金融危机之下政府功能的回归则不那么明显。如果我们能用提高劳动技能，提升劳动力市场底层人群地位等长期政策来解决不平等问题，我们也许还能成功地减少福利开支，提高国家竞争力。这将引导新型社会风险政策转移到以工作为中心的领域当中去。

因此，积极的社会政策被政府青睐。例如 1999 年德国社会民主党领袖施罗德的"新中间路线"和 1999 年英国首相布莱尔的"第三条道路"政策，以及 2000 年欧盟的里斯本战略。里斯本战略的目标是"在就业稳定，社会凝聚力强的可持续经济战略下，实现最有竞争力和活力的知识型经济"（EU，2000），寻找解决经济和社会需求的方法。最新的 2020 地平线计划维持该战略，旨在实现"最为明智的可持续和包容性增长"，"在更好的教育水平下帮助提升就业能力，在增进就业率的过程中减少贫困的发生"（EC，2010a）。在应对新型社会风险时，公平理念更多指向自由主义的"机会平等"和法团主义的"通过个人机会的平等所获得的权力"，而不是社会民主主义的"结果平等"。

四 新型社会政策的影响：福利开支的"大紧缩"

传统的和新型的社会风险代表了不同群体对于福利的需求，即传统社会风险面向的是老年人和低收入者，而新型社会风险面向的是有劳动能力的劳动者尤其是女性劳动者。经济和社会变化带来了很多新的需求，也削弱了政府满足这些需求的能力。

与传统社会风险相关的社会政策虽然消耗了欧洲福利国家大量资源，但是这些政策在选民中间有很高的支持率。因此，政府为了确保自己的位置，承诺维持福利的供给，并不断采取一系列举措来维持福利国家的稳定。其结果是资源集中用于应对传统风险，而限制了其他领域资源的使用。面对新型社会风险，局势更加复杂。目前主导的方法主要是向社会投资战略演进。

Bonoli（2013：19）将积极的社会政策解释为"将人力资本投资和移除劳动力市场参与藩篱放在首位"的社会政策。可以通过多种手段实现这些目标，包括创造就业机会，支持工人职业培训（一般集中在刚开始进入劳动力市场的时候，后来延伸至整个工作生涯），提供学龄期教育，儿童早期教育，支持幼儿和老年人健康照护，给低收入人群提供额外福利等。积极的社会政策一方面反对被动的福利政策，即给主动失业者提供援助，而没有给他们就业机会的做法；另一方面支持通过更严格的给付资格，削减福利待遇水平，迫使其从工作之中获取福利。

第一个创新改革的领域与儿童福利，创造家庭友好型工作环境相关。例如给父母提供产假和兼职机会。第二个则与劳动力市场准入，培训和对工作的支持相关。除此之外，在一些国家，特别是在市场收入差距较大的国家，目前已经发展了福利和补充工资的政策，该政策旨在提高就业的灵活度，鼓励人们在不同工作中流动，同时也愿意从事低收入的工作（因为可以获得补充工资）（Bonoli，2013：14 – 15）。

与不断变化的经济环境相适应，积极的劳动力政策主要分为三个阶段。第一阶段是"二战"后初期，经济增长迅速，出现了劳动力短缺情况，因此政策的重心放在提高劳动力技能上。第二阶段是从 20 世纪 70 年代到 80 年代，经济增长放缓，产业结构调整导致大量结构性失业。积极就业政策主要用于提高就业率。现在是第三阶段，即在一个更加全球化的世界里，竞争的压力需要进一步提高劳动力技能，同时也要求进一步促进妇女的就业，以及对家庭政策给予支持。有迹象表明，在 2007 年金融危机之后，许多国家施行了积极的就业政策来提高就业率（例如，德国、意大利、法国三个国家从国家层面上补贴劳动者三天的工作报酬）。但是不可否认，用于实施积极社会政策的资源在一定程度上仍然是不足的。

不同类型的福利国家，福利供给水平之间的差异是显而易见的。图 5 和图 6 显示了从 2003 年到 2009 年，不同类型的福利国家用于家庭福利，以及积极劳动力政策开支的具体情况（包括就业服务、工作机会的提供、培训、就业刺激，以及工资提供）。尽管经济危机对就业产生了严重的影响，从增长的幅度来看，家庭福利开支还是要比用于积极劳动力市场政策的开支迅猛得多。北欧国家和欧洲大陆国家在以上两个领域都居于领先地位。其次是中欧和东欧国家、盎格鲁－撒克逊国家还有南欧国家。东亚和南美国家主要是家庭支出领域。南欧和东亚以前在积极劳动力政策方面的开支较低，但是近些年来资源开始投入到这一领域，这表明积极的社会政策正在向欧洲以外的国家不断蔓延和传播。

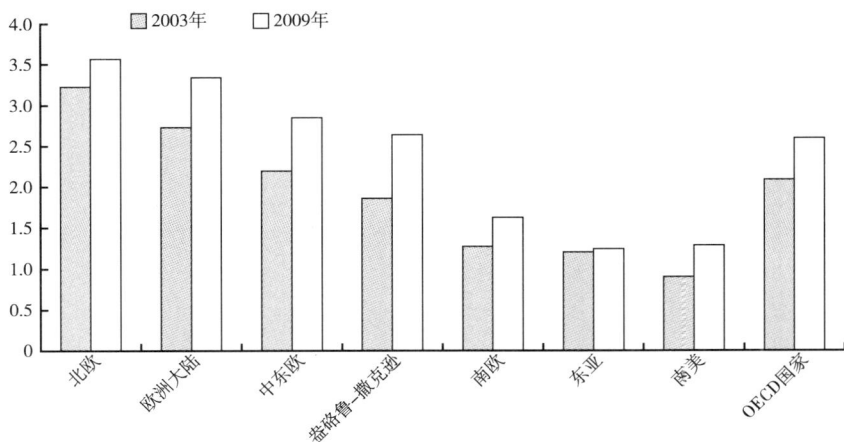

北欧：丹麦，芬兰，挪威，瑞典
南欧：希腊，葡萄牙，西班牙，意大利
大陆：奥地利，比利时，法国，德国，荷兰
盎格鲁－撒克逊：澳大利亚，加拿大，新西兰，英国，美国
中东欧：保加利亚，捷克共和国，爱沙尼亚，匈牙利，拉脱维亚，
　　　　立陶宛，波兰，斯洛文尼亚，斯洛伐克
东亚：韩国，日本
南美洲：智利，墨西哥

图 5　OECD 国家 2003～2009 年家庭支出情况（保险、福利和减税优惠）

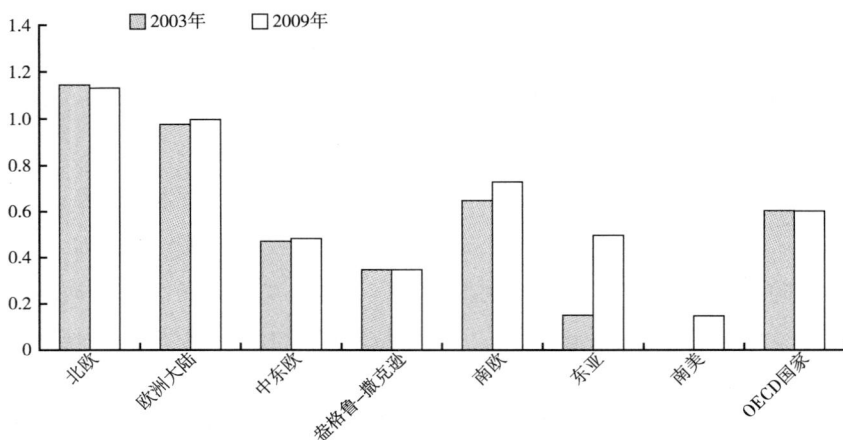

北欧：丹麦，芬兰，挪威，瑞典
南欧：希腊，葡萄牙，西班牙，意大利
欧洲大陆：奥地利，比利时，法国，德国，荷兰
盎格鲁–撒克逊：澳大利亚，加拿大，新西兰，英国，美国
中东欧：保加利亚，捷克共和国，爱沙尼亚，匈牙利，拉脱维亚，
　　　　立陶宛，波兰，斯洛文尼亚，斯洛伐克
东亚：韩国，日本
南美洲：智利，墨西哥

图 6　OECD 国家 2003～2009 年 ALMP 开支（创造就业、培训和其他）

　　总体来说，投入在家庭福利上的资源要比投入在积极劳动力政策上的资源多，并且其比例还在不断增长，从 2003 年的 3 倍增长为 2009 年的 4 倍，这反映出家庭福利政策更受青睐。正如社会投资框架所指出的，目前以结合家庭和就业两个中心为一体的积极社会政策仍未定型。如图 5 和图 6 所示，两个领域在开支上的相关系数 2003～2005 年年均是 0.55。而 2009 年，相关系数跌至 0.47，西方国家在家庭开支上的增长超过了在积极劳动力市场上的开支增长，尤其是在儿童照护方面的开支增长更加迅猛，并且更加受欢迎（见图 7）。

　　社会投资

　　目前，欧洲各国正在努力减少财政赤字，承诺将经济带回经济危机之前的水平，因此欧洲各国对社会福利的开支进行了严格控制。如图 7 所示，目前社会福利消费支出仍然是福利国家财政支出的最大部分。许多国家在经济危机的背景下，失业救济金以及最低生活保障等开支增加，同时积极的就业政策的开支也在增加，因此总体上看社会福利支出仍然在不断攀升。但是在受到自由主义影响的国家，社会福利支出在下降，而倾向于引入私营福利的供给，从而降低政府财政赤字压力。英国的情况有所不同。受到自由主义的强烈影响，其更加倾向于用市场，即通过私人部门而非国家投资来解决危机。随着经济持续低迷，并有可能到 2015 年都无法回到 2007 年的水平（见图 8），其社会福利支出占 GDP 比例将继续走低，并且于 2017 年低于美国，这在历史上绝无仅有。

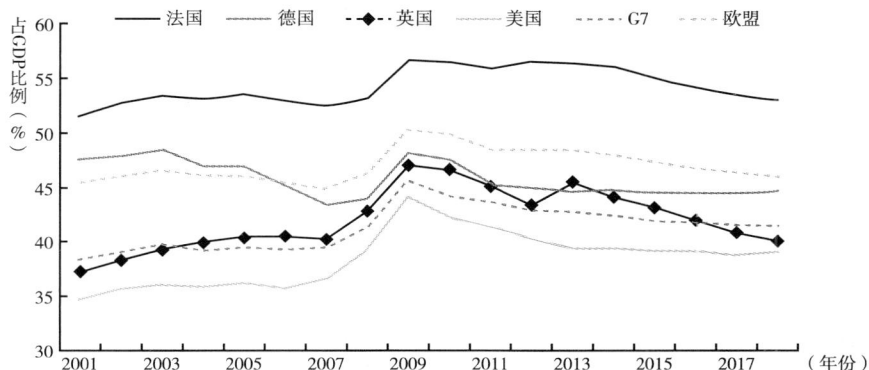

图 7　从 2001 到 2017 年福利国家的开支水平
（国际货币基金组织 2013 年 4 月）

注：G7 指加拿大、法国、德国、英国、意大利、日本、美国。

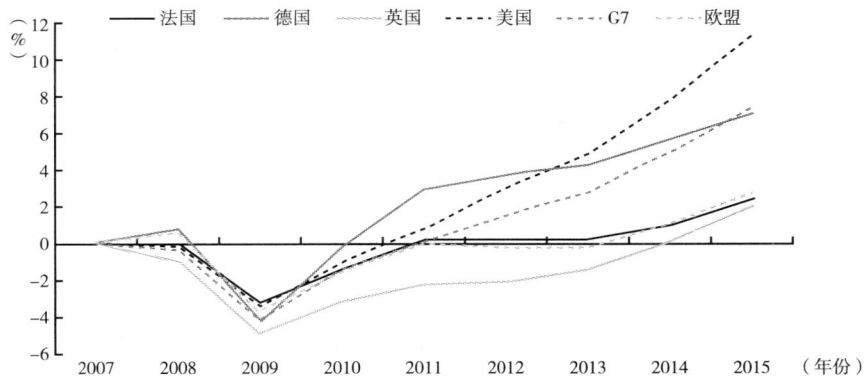

图 8　不同的恢复路线：以 2007 年为基准的福利支出占 GDP 的变化（IMF）

政府的自由主义倾向使积极的社会政策更加具有吸引力。因为比起国家主导的产业投资政策，积极的社会政策对社会开支和政府干预的需求较低，创造就业机会的承诺更能获得选民的支持。社会投资策略是建立在积极的社会政策基础之上的（Morel et al.，2011）。社会投资的要义是，当前消费支出与预期回报、经济增长趋势相关联，以证明当前开支的合理性。对于国家层面而言，就是降低税收水平，紧缩福利开支。而对于个人则意味着更好的发展机会。这里必须要强调的是，"积极的社会政策已经成为促进经济发展和创造就业机会的先决条件"（Morel，Palier and Palme，2011：12）。在实践中，积极的社会政策体现在：通过教育和培训对人力资本进行投资，提高劳动力的素质，实现对劳动力，尤其是女性劳动力的推动；此外还有伴随劳动力市场发展所提出的"灵活保障政策"（flexicurity polices），从而促进劳动力的流动和职业培训。社会投资作为国家福利供给的策略，其重心集中于工作质量，同时关注政府投资是否能够提升个人技能，从而获得更多的工作机会（Vandenbroucke et al.，2011）。因此，国家期望通过社会投资，在市场中培育更多具备优良技能的工人，使他们获得更高的薪资，从而利用这样的方法解决不平等和贫困问题。

　　欧盟的社会发展策略是社会投资与积极的社会政策能够共同分享政治诉求，从而为共同的参与者提供发展机会。近期，欧盟就业、社会事务和社会融合部门的专员大致向我们描绘了社会投资的理念，着重突出了积极策略，并强调了社会融合的重要性，同时还关心资源的使用问题。为了给人们提供更多机会，保证资金的充分利用，资源应该有针对性地投入到人们生活的关键领域中。委员会的成员国应该将注意力转移到人力资本和社会融合的投资上。如果我们想更进一步推进欧洲 2020 年战略目标的话，我们就应该不断创新。今天的社会投资计划，将防止成员国国家在未来付出更高的经济的和社会的成本（EC，2013）。实现社会融合的途径是保持更高的就业率，并致力于提升教育水平和工作技能。对于年轻人来说，尤其如此。社会融合是欧盟 2020 年发展愿景（EU 2020 Vision for Growth）中五个优先领域之一（EC，2010b）。委员会对于一个国家国情的分析以及给出的具体建议是基于该国就业机会创造能力的基础上进行的，同时也关注一个国家的预算结构是否能够通过积极的社会政策促进就业，以及有可能造成的贫困，例如在英国，底层群体的工资就是相对较低的（EC，2013a：第 13 段）。另外还有两点关于投资途径的局限性需要点明。

　　（1）从国家层面的分析可以看出，严谨的投资逻辑会将资源投向那些更能看到回报的地方。因此，资源有可能向能力和收入处于中等的人群集中，而非更加需要资源的底层群体（Crawford et al.，2011）。如果投资的意涵指向的是大众化的一般项目，那么有可能只是一种政治需要，除非能够证明这些一般项目能够获得足够的回报。

（2）关于投资效率与个人回报的关系可以通过增加义务教育年限的实验来说明。1973年英国曾经尝试增加一年的义务教育，最后这些"实验对象"的终身收入增加了11%（Dickson and Smith，2011）。同样的，普惠型社会护理方案也能够促进妇女的就业水平。例如，Ben Galim估算在普惠型儿童照料政策中，因为能将母亲们从照顾幼儿的家庭工作中解脱出来，使她们重新投入全职工作当中，因此可以获得约5000英镑的回报（假设就业工资为平均数，数据的统计基于记载的收益和所征的税收）。也许有人会认为数据过于乐观，然而最低工资保障制度确实产生了积极的回报（Ben Galim，2011）。类似的论点也适用于老年护理的情况（Pickard et al.，2011）。但是，除了儿童照护和教育领域，社会投资策略的公正性还有待商榷，尤其是在联系到反贫困政策时。

积极的社会政策/社会投资：政策结果

现在，我们来讨论欧洲积极的社会政策或者社会投资项目所产生的影响。正如早前讨论的那样，新型社会风险表现在三个方面：（1）性别平等和家庭－工作间的平衡问题。尤其是在当前越来越多的女性回归职场的形势下，这一问题尤为凸显。（2）获得良好的工作机会。这对刚刚进入职业生涯的人们来说十分重要，但是在经济衰退和停滞期间，青年失业人群的比例很高，进一步深化了风险。（3）贫困和不平等问题。随着收入差距拉大，福利国家再分配领域的压力不断升级，贫困与不平等问题日趋复杂。

性别平等、女性获得工作机会。如今，越来越多的女性获得公平的就业机会。欧洲就业计划中对女性就业的激励，2020年实现75%女性就业率的目标等，都是促进女性就业的重要举措（Daly，2005）。女性就业率从21世纪初期的55%，增长到2008年的68%。经济危机后，跌至66%。同期，男性就业率，则从70%增长到73%，现在又回落到70%以下（EU，2012）。在北欧国家、英国和一些欧洲大陆国家，妇女的就业水平达到70%。虽然其他地区的妇女就业率相对低些，但是在过去二十年这一比例快速攀升。与此同时，男性的就业率却一直稳定或是有所下降。2006年，女性每小时工资收入相比男性要低17.7%，近年来逐渐下降，2011年已经降为16%。而从事兼职工作的男女工资差距要大于全职员工、老员工，还有在私有领域工作的人。同时，国家之间也存在明显差异，在自由主义的英国和南欧国家，这个差距较大，而在中欧和东欧，以及北欧国家，这个差距最小（EU，2013）。

正如 Morgan 指出的"观念上的变化远没有政治选举带来的实质性变化重要。在公共和私人领域给女性增权，促使了结构性的转变，尤其以德国、荷兰和英国为甚"（Morgan，2012：172）。虽然积极的社会政策和社会投资策略十分支持妇女投入职场获取属于自己的收入，但是却不能够实现更加公平的薪酬，这说明这些政策在提高妇女就业质量方面有局限性。

获取优质的工作机会。Bonoli 在其文章中指出（2013：30），不同的福利国家花在积极劳动力政策上的开支是不同的：南欧国家的开支从一个非常低的水平开始不断增长；盎格鲁－撒克逊福利国家则始终保持低水平；欧洲中部国家较高，并且不断增长；北欧国家一直处于较高水平，但是近年来则有所下降。Bonoli 同时认为虽然国家与国家之间在福利开支上存在很大差异，但是在政策上都有一个共同的取向，就是不再仅仅向失业群体提供失业救济金，而是鼓励他们回到劳动力市场，靠劳动获取报酬，从而提高福利水平。因此在 ALMP 开支中较大的部分，主要用于就业培训、公共就业和私有部门对员工的就业刺激，而不是简单地提供就业岗位。因此从 1985 年至 2007 年，直接提供的就业岗位从 33% 下降为 15%（Bonoli，2013：图 3.1）。

对 18 个 OECD 国家 1972 年到 1999 年期间就业情况的研究显示，积极的劳动力和社会投资政策如日间照料、教育政策、教育年限等对就业有显著影响（Nelson and Stephens，2012：226）。其中有两点是相互关联的。首先，该研究涵盖了一些长期政策，这些政策的目的旨在提高人力资本的总体水平（如教育开支），同时还有一些帮助失业人群实现再就业的特殊政策。在众多不同福利类型的 OECD 福利国家中，教育开支已经有所下降，占 GDP 比例从 20 世纪 80 年代早期的 5.7%，下降到 2007 年的 4.9%（Nikolai，2011）。从某种程度而言，这是整体技能提升带来的变化，允许人们通过具体的特定的政策来获得发展，这是需要我们多加关注的。

其次，这些积极的影响发生在全球化竞争日益激烈的时期。其所产生的结果之一是在高质量工作和低质量工作之间产生越来越深的裂痕（Emmenegger et al.，2012）。简单地讲，前者的竞争优势主要是在质量上，而后者的竞争优势则是在价格上。在以知识为基础的产业中，以就业为导向的教育面对的是特定受众群体，而不会适用于所有人群。

但是积极的就业政策似乎并没有解决2007年经济危机以来年轻人大规模失业的问题。2012年，在27个国家中，25岁以下人口的失业率平均为23%。但是国家之间又有很大不同。德国的失业率只有8.4%，希腊和西班牙则超过50%，瑞典、波兰和英国有将近1/4的人没有工作。在北欧、欧洲大陆和英国，年轻女性的失业率比男性要低一些，在东欧和南欧国家则要高些。

同样，人们所获得的工作的整体质量似乎没有什么改善。OECD国家的就业保护指标提供了一个便利的测量方法（见图9）。该指标涵盖了就业的三个主要内容：自愿性失业、裁员以及临时合同的规定。从图9可以看到，20世纪90年代初以来的数据呈现收敛的态势。一些有较高就业保护水平的国家呈现下降的趋势（尽管有可能这些国家中有很大部分人仍然没有受到保护），反而盎格鲁－撒克逊国家和东欧国家的这一指标有所

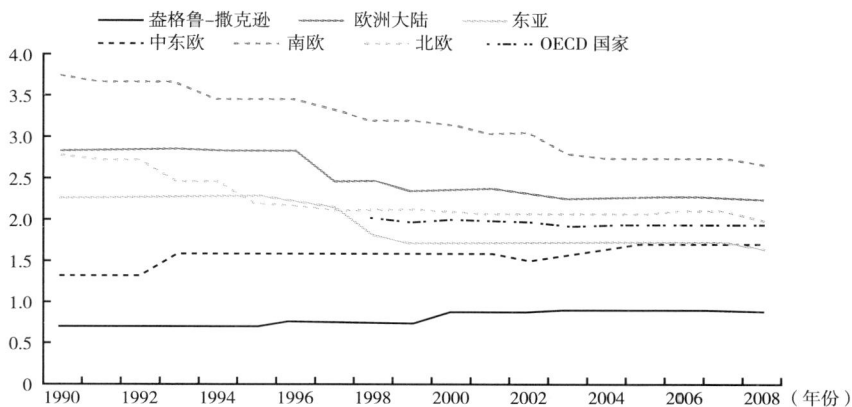

北欧：丹麦，芬兰，挪威，瑞典
南欧：希腊，葡萄牙，西班牙，意大利
欧洲大陆：奥地利，比利时，法国，德国，荷兰
盎格鲁－撒克逊：澳大利亚，加拿大，新西兰，英国，美国
中东欧：保加利亚，捷克共和国，爱沙尼亚，匈牙利，拉脱维亚，
　　　　立陶宛，波兰，斯洛文尼亚，斯洛伐克
东亚：韩国，日本
南美洲：智利，墨西哥

图9　就业保护数据指标：1990～2008年OECD国家的表现

上升。但是，总体来看大多数国家并没有迹象表明人们的工作质量有所提升。同样的，21 世纪初一项关于欧洲就业战略的研究提出社会投资是战略之一。但是研究显示最后的结果不但没有发生本质变化，劳动者在工作场所的权利还受到一定程度的削减（De la Porte and Jacobsson，2011：117）。

以上的分析表明，积极的社会政策确实提高了人们参加工作的机会。但是对诸如增加教育支出等一些长期政策而言，他们对工作质量和工作机会的影响只在一些特定部门有效。而这将影响积极的社会政策对抗不平等结果的能力。因此，虽然近些年以来由于经济危机的影响欧洲国家在紧缩财政支出，但是还是必须保持在长期社会政策上的投入。

贫困与不平等。针对市场不平等的长期趋势，已经在图 2 中进行了讨论。毫无疑问，2007 年的金融危机加深了劳动年龄人口的贫困程度。目前，欧盟成员国一直都在朝着社会融合的目标努力，其中消除贫困是最重要的一项内容。为了达成这一目标，欧盟成员国必须要实行积极的社会政策并进行社会投资。然而，除了英国，许多国家劳动年龄人口的贫困程度在加深（见图 10 和图 11）。英国近期的研究显示，2013 年贫困水平快速增长是因为福利遭到削减。如果照此速度发展，到 2020 年，英国的贫困程度将退回到 2000 年的水平。（Brewer et al.，2011）。

值得注意的是，就市场收入而言，虽然欧洲福利国家在经济危机之前贫困率一直呈现下降的趋势，然而如果将税收和福利供给的影响计算在内的话，许多国家贫困率又是上升的。在 2007 年金融危机之前，如果用百分比的减少来测算，税收和福利体制缓解贫困的效果是在下降的。经济危机之后，除了欧洲大陆国家持续上升，其他欧洲福利国家的贫困率基本上保持稳定。这说明，社会投资在减少贫困、提高福利体系应对经济危机的能力上乏善可陈。

数据的变化证实了 Cantillon（2011）提出的"社会投资悖论"：尽管社会投资项目旨在减少贫困和不平等，贫困状况还是在上升，政策在解决新的社会风险上的效果还是不尽如人意。她从三个方面进行了分析：到 2007 年为止所出现的"就业的增长"，仅有部分失业家庭获益；如图 12 所示，为失业人口提供的失业救济金是不够的；由于开支的"大紧缩"，"社会政策和再分配制度已经不再具有缓解贫困的效果"（Cantillon，2011：432）。

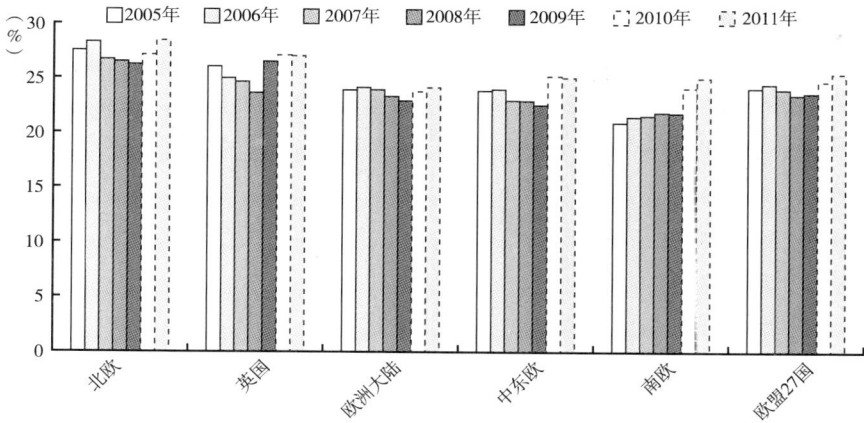

北欧：丹麦，芬兰，挪威，瑞典
南欧：希腊，葡萄牙，西班牙，意大利
欧洲大陆：奥地利，比利时，法国，德国，荷兰
中东欧：保加利亚，爱沙尼亚，匈牙利，拉脱维亚，立陶宛，波兰，斯洛文尼亚，斯洛伐克

图 10　劳动年龄人口（18～64 岁）的贫困水平
（扣掉税收和保险之前）（欧洲数据）

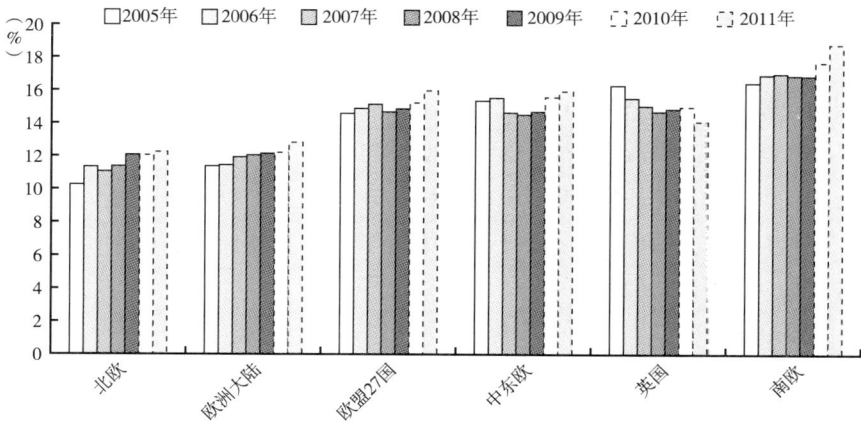

北欧：丹麦，芬兰，挪威，瑞典
南欧：希腊，葡萄牙，西班牙，意大利
欧洲大陆：奥地利，比利时，法国，德国，荷兰
中东欧：保加利亚，爱沙尼亚，匈牙利，拉脱维亚，立陶宛，波兰，斯洛文尼亚，斯洛伐克

图 11　劳动年龄人口（18～64 岁）的贫困水平
（扣掉税收和保险之后）（欧洲数据）

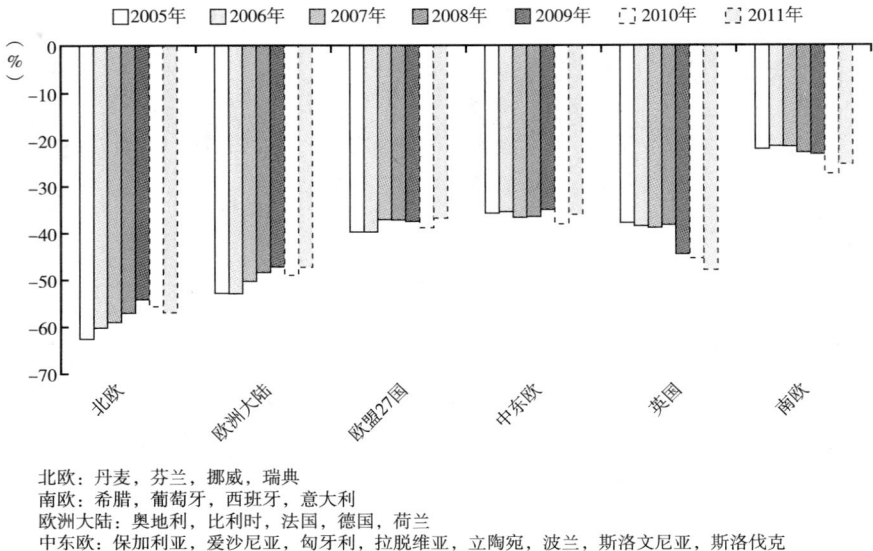

北欧：丹麦，芬兰，挪威，瑞典
南欧：希腊，葡萄牙，西班牙，意大利
欧洲大陆：奥地利，比利时，法国，德国，荷兰
中东欧：保加利亚，爱沙尼亚，匈牙利，拉脱维亚，立陶宛，波兰，斯洛文尼亚，斯洛伐克

**图 12　劳动年龄人口贫困水平的下降：在实行税收和保险制度之后，
贫困率所下降的百分比（欧洲数据）**

　　但是，从一定程度上来说，之所以工作年龄人群的贫困水平在增长，在很大程度上是因为全球化和后工业化造成的，而这已经超过了政府能够控制的范围。全球化和后工业化使专业技能成为决定就业的关键性因素。同时随着国际竞争日益激烈，如今在欧洲想要增加高技能工作的比例是有一定难度的。如果将资源投向积极的社会政策，那么投入在失业人群上的资源必然减少。同时，积极的社会政策也不能够有效地消除由于竞争工资所带来的贫困和不平等。

总体评价

　　积极的社会政策/社会投资项目已经取得了部分的成功。其基于性别革命的策略，即支持女性参与工作以及扩展其就业机会的策略，比起提升就业质量、解决劳动年龄群体的贫困问题策略更加有效。

　　之所以出现这样令人失望的结果，原因是到目前为止欧洲的积极社会政策非常片面。正如比利时社会事务部部长在 2001 年指出的，认为"社会投资型国家"能取代传统福利国家的想法是不切实际的（Vandenbroucke in Esping-Andersen et al. , 2002）。他同时认为社会投资必须与"保障策略"（protection strategy）相配套，以实现社会的包容与解放（Vandenbrouke and Vleminckx，2011：462）；这就要求政策能够确保底层群体能够投入到以工作为中心的项目中，同时确保他们获得拥有体面生活水平的福利。而这正是目前积极社会政策的最大缺陷。

Nikolai 的研究采取了一种较为长远的视角，因而产生了许多"模棱两可"的结果。他确信公共支出将会继续增加，跨国家范围内存在一种"趋同"的趋势。尽管仍然处于一个相对较低的水平，但是面向中老年群体的福利开支还是随着家庭福利的开支有所增长。不过与此同时，教育支出呈现下降的趋势。这印证了 Bonoli 对短期积极的劳动力政策的分析。总而言之，能够支持"从社会消费向社会投资转变"观点的论据仍然充满争议。

针对以上讨论，本文有五点总结。

（1）欧洲关于社会政策的规划和讨论已经承认了新型社会风险的存在。面对风险，最主要的回应就是通过实施积极的社会政策和社会投资项目来应对。这方面欧洲大陆和北欧国家已经取得了一定程度的成功。同时，积极的社会政策和社会投资项目因为能够在有限的投入下达成预定的经济和社会目标而受到青睐。因此，在欧盟 2020 愿景（EU's 2020 Vision）计划中，积极的社会政策和社会投资项目将扮演越来越重要的角色。

（2）当我们说到积极的社会政策/社会投资项目时，其优势主要是能同时结合经济和社会两方面的愿景（提高人力资本、提升就业能力和收入）。因此，这需要一个广泛的政策体系来保证教育投入以及特定群体的福利需求。但是，这些由政府推动的政策存在一定的局限性，其重点往往放在妇女就业以及获取工作机会的能力上，而不是工作质量或者消除贫困，抑或是关注大众教育水平上。其最终结果是，女性参与工作水平提高，性别友好型工作环境以及整体就业水平提升，但是却不能有效改善工作条件，提高底层收入群体收入水平，从而降低贫困率。将注意力集中于提高工作机会上，限制了直接应对贫困和不平等问题的能力；教育支出的缩水则导致在更大范围内机会的缺失。

（3）应对传统社会风险的政策以公平为基础，保持了公民权、机会和个人能力平等之间的区分。而在应对新型社会风险时，我们政策的公平理念主要体现为通过就业来实现个人能力的提升，以及劳动力市场中机会的平等。

（4）政策的焦点从消费转移到消费＋生产。

（5）对于女性来说，积极的社会政策、家庭友好型工作环境，以及工作和家庭之间的平衡政策，都能够帮助女性从家庭的传统角色中解放出来，从而实现"非家庭化"。但是与此同时，也加深了她们对于劳动力市场的依赖，增加了"商品化"程度。

五　对理论和实践的影响：以欧洲和中国为例

欧洲应对新旧社会风险的经验在理论和实践两个层面都有启发性意义，不仅对欧洲，对世界其他地方而言也是如此。

社会政策的理论发展

传统的福利国家研究的理论核心是福利国家的类型及其修正。全球化、后工业化和第二波女性主义浪潮带来了新的社会风险，并且进一步引发了福利领域的"新政治"。过去将工会和以阶级为基础的群体作为一个整体进行福利设计，目前这些群体却日益分化。一方面，欧洲福利国家仍会将大量的资源投向纵向再分配的福利服务；另一方面，通过一些支持性服务，帮助劳动年龄人口应对他们所面临的问题，包括工作的可及性、工作－家庭的平衡，以及无论就业者还是失业者都面临的贫困问题。它们重新规划和建构医疗与养老金体系，以保证在未来的一定时期，这两个体系在筹资上是可持续的。Bonoli 和 Natali 追踪了这一过程的具体细节，意即政府如何通过妥协和权衡其他政策，最终促进应对新风险的福利服务（Bonoli，2005；2013：55－6；Bonoli and Natali，2012：ch. 13）。

社会政策正在向积极的社会投资转向。在实践层面，社会政策的成功之处在于支持妇女进入职场，以及协调家庭与工作的关系，而非改善工作质量和解决劳动年龄人口的贫困问题。社会政策从关注消费转向关注生产。这确实是以降低对于社会融合的承诺为代价的，社会变迁产生了新的风险。福利国家政治学高度强调积极政策和社会融合政策，确保福利的角色与生产主导型趋势是一致的，分配给劳动年龄人口的资源受到限制，横向的资源再分配也是非常有限的。从公平的视角看，人们更加认可将公平理解为赢取回报，或者是在不平等的社会中获得平等的机会，而不是结果的平等。对于女性来说，她们日益从家庭的依附者变为劳动力市场的商品。

政策方向

在欧洲，摆在福利国家的拥护者面前的挑战是，他们必须找到更为包容性的政策进行社会投资，使那些低收入者增加收入，使失业者获得工作，支持家庭承担更多的责任。近几年的发展显示，这些挑战是非常艰巨的。尽管北欧国家在这方面取得的成就最大，但是它们的经验也显示，这些挑战是不可逾越的。

在欧洲之外，经济压力和青年失业潮推动了积极政策的实施（ILO，2013）。在中国，最主要的应对措施就是 2008 年 4 万亿的经济刺激计划，旨在到 2011 年创造 2200 万个就业岗位。其他的措施包括降低最低工资标准和企业社会保险资金的缴纳率，以减轻企业的压力；实施额外的商业补贴；以及通过社会性支出（扩大养老金、医疗和失业保险以及其他的社会救助政策）刺激消费（Cook and Wing Lam，2011）。将这些计划综合起来，即为一个重大的消费扩张计划，政府在参与社会福利方面迈进了一步。一方面，中国有很强的社会包容和社会和谐传统；另一方面，它又有注重效率、发展和成就的一面。中国正在迅速地富裕起来，同时不平等问题也更加凸显。中国用于社会支出的开支正在迅速膨胀，而且作为扩大内需计划的一部分，它仍将继续增长。中国的老龄化程度正在加深，新的计划旨在应对新旧双重风险，到目前为止，在欧洲出现的这两个领域的冲突，还没有在中国出现。但是未来这一冲突会否出现？现在看来仍未可知。

如果中国沿着欧洲国家的路子发展，那么对老年群体的支出将会压缩对劳动年龄人口的资源投入，因此积极项目将会变得具有吸引力。这种发展的结果可能会增加更多的就业岗位，但不是改善工作质量和工作环境，也不是将资源直接支付给底层群体。因此带来的风险是，政策将会把公平理解为劳动力市场的回报和机会，而颠覆传统的将公平理解为平等公民权的理念。

参考文献

Arts W. and Gelisson J. 2002. "Three Worlds of welfare capitalism or more? A state – of – the –

art report", *Journal of European Social Policy* 12（2）: 137 – 158.

Arza, C. and Kohli, M. 2007. *Pension Reform in Europe*, Routledge, London.

Atkinson, A. 2007. "The distribution of earnings in OECD countries", *International Labour Review*, 146, 2, 41 – 60.

Bailey, J., Coward, J. and Whittaker, M. 2011. *Painful Separation*, Resolution Foundation, London.

Baird, A., Haynes, J., Massey, F. and Wild R. 2010. *Public Service Output, Input and Productivity: Education*, ONS, London.

Baumol, W. 1967. "The macro-economics of unbalanced growth", *American Economic Review*, 57.

Ben-Galim, D. 2011. Making the Case for Universal Childcare, IPPR, London.

Bonoli, G. 2005. "The Politics of the New Social Policies. Providing Coverage against New Social Risks in Mature Welfare States", *Policy and Politics*, 33, 3.

Bonoli, G. 2012. "Active labour market policy and social investment", in Morel et al. 2011. *Towards a Social Investment Welfare State?* Policy Press, Bristol.

Bonoli, G. 2013. *The Origins of Active Social Policy*, Oxford University Press, Oxford.

Bonoli, G. and Natali, D., eds. 2012. *The Politics of the New Welfare State*, Oxford University Press, Oxford.

Brewer, M., Browne, J, and Joyce, R. 2011. *Child and Working Age Poverty From* 2010 *to* 2020, IFS Commentary C121, IFS, London.

Cantillon, B. 2011. "The paradox of the social investment state", *Journal of European Social Policy*, 21, 432.

Cook, S. and Lam, W. 2011. "China's response to the crisis" in Farnsworth, K. and Irving, Z., eds., *Social Policy in Challenging Times*, Policy Press, Bristol.

Crawford, C., Johnson, P., Machin, S. and Vignoles, A. 2011. *Social Mobility: A Literature Review*, BIS, London.

Daly, M. 2005. "Gender mainstreaming in theory and practice", *Social Politics*, Vol. 12, No. 3, pp. 433 – 50.

De la Porte, C. and Jacobsson, K. 2011. "Social Investment or recommodification? Assessing the employment policies of the EU member states" in Morel, N., Palier, B. and Palme, J., eds., *Towards a social investment welfare state? Ideas, policies and challenges*, Policy Press, Bristol

Dickson, M. and Smith, S. 2011. *What Determines the Return to Education?* CMPO Paper 11/256, Centre for Market and Public Organisation, Bristol.

EC. 2010a. *Europe* 2020, *A European Strategy for Smart, Sustainable and Inclusive Growth*.

EC. 2010b. *Inclusive growth – a high-employment economy delivering economic, social and territorial cohesion*, http://ec. europa. eu/europe2020/europe – 2020 – in – a – nutshell/priorities/inclusive – growth/index_ en. htm.

EC. 2013. *Communication on Social Investment*, http：//ec. europa. eu/unitedkingdom/about_ us/office_ in_ northern_ ireland/2013/13_ 03_ en. htm.

EC. 2013a. *Council Recommendation on the United Kingdom's* 2013 *national reform programme*, http：//ec. europa. eu/europe2020/pdf/nd/csr2013_ uk_ en. pdf.

Ecofin. 2012. *The European Ageing Report*, EC, Brussels.

Emmenegger, P. , Häusermann, S. , Palier, B. and Seeleib-Kaiser, M. 2012. *The Age of Dualization*：*the Changing Face of Inequality in Deindustrializing Societies*, Oxford University Press, Oxford.

Esping-Andersen, G. 1990. *The Three Worlds of Welfare Capitalism*. Princeton, NJ：Princeton University Press.

Esping-Andersen, G. 1999. *Social Foundations of Postindustrial Economies*, Oxford University Press, Oxford.

Esping-Andersen, G. and three others. 2002. eds. , *Why We Need a New Welfare State*, Oxford University Press, Oxford.

ESS. 2008. *The European Social Survey*, http：//www. europeansocialsurvey. org.

EU. 2000. *Lisbon European Council*, *Presidency Conclusion* 23 March, Http：// www. Consilium. Europa. Eu/Uedocs/Cms _ Data/Docs/Pressdata/En/Ec/00100 - R1. En0. Htm accessed 30 Dec 2012.

EU. 2012. *Impact of the Economic Crisis on the Situation of Women and Men*, http：// ec. europa. eu/justice/gender - equality/files/documents/130410 _ crisis _ report _ en. pdf.

EU. 2013. *The Gender Pay Gap*, http：//epp. eurostat. ec. europa. eu/statistics_ explained/ index. php/Gender_ pay_ gap_ statistics 24.

Ferrera, M. 1996. "The 'southern model' of welfare in social Europe", *Journal of European Social Policy*, 6, 1, 17 - 37.

George, V. and Taylor-Gooby, P. 1996. eds. , *European Welfare Policy*：*Squaring the Welfare Circle*, Macmillan, London.

Glynn, A. 2006. *Capitalism Unleashed*, Oxford University Press.

Gough, I. 2004. "East Asia" in Gough, I et al, *Insecurity and Welfare Regimes in Asia*, *Africa and Latin America*, Cambridge University Press, Cambridge.

Green, F. 2013. *Skills and Skilled Work*, Princeton University Press, Princeton.

Haggard, S. and Kaufman, R. 2008. *Development*, *Democracy and Welfare States*：*Latin America*, *East Asia*, *and Eastern Europe*. Princeton, NJ：Princeton University Press.

Hall, P. and Soskice, D. 2001. *Varieties of Capitalism*：*the Institutional Foundations of Comparative Advantage*, Oxford University Press, Oxford.

Hardie, M. , Cheers, J. Pinder, C. and Qaeser, U. 2011. *Public Sector Outputs*, *Inputs and Productivity*：*Healthcare No 5*, ONS, London

Hassenteufel, P. and Palier, B. 2007. "Towards neo-Bismarckian health care states？"

Social Policy and Administration, 41, 6, 574 – 596.

Hayek, F. von. 1976. *Law, Legislation and* Liberty, vol 2, Chicago University press, Chicago.

Hinrichs, K and Lynch, J. 2010. "Old-age pensions", *Oxford Handbook of the Welfare State*, eds., Castles, F. et al., Oxford University Press, Oxford.

Holliday, I. 2000. "Productivist welfare capitalism: social policy in East Asia", *Political Studies* 48, 706 – 23.

ILO. 2013. *Global Employment Trends for Youth* 2013: *A generation at risk*, ILO, Geneva.

Jurd, A. 2011. *Public Service Labour Productivity*, ONS, London.

Latin America, East Asia, and Eastern Europe, Princeton UP, Princeton.

Le Grand, J. 2007. *The Other Invisible Hand*, Princeton University Press, Princeton.

Lewis, J. 1998. *Gender, Social Care and Welfare State Restructuring in Europe*, Ashgate, Aldershot.

Morel, N., Palier, B. and Palme, J. 2011. *Towards a Social Investment Welfare State?* Policy Press, Bristol.

Morgan, K. 2012. "promoting social investment through work-family policies" in Morel et al., *op cit.*

Myles, J. 2002. "A new social contract for the elderly" in Esping-Andersen et al., *op. cit.*

Nikolai, R. 2011. 'Mapping the Development of Social Investment Policies' in Morel, N. et al., Eds., *Towards A Social Investment Welfare State?* Policy Press, Bristol.

O'Connor, J., Orloff, A. and Shaver, S. 1999. *States, Markets, Families*, Cambridge University Press, Cambridge.

OBR. 2012. *Fiscal Sustainability Report July* 2012, OBR, London.

OECD. 2013. *Statextracts*, Http://Stats. Oecd. Org.

Offe, C. 1984. *Contradictions of the Welfare State*, MIT Press, Boston MA.

Palier, B. 2010. *A Long Goodbye to Bismarck?* Amsterdam University Press, Amsterdam.

Pavolini, E. and Guillen, A. 2013. Eds., *Public Health Care Systems between Restructuring and Retrenchment*, Palgrave, Basingstoke.

Pickard, L. et al. 2011. *Public Expenditure Costs of Carers Leaving Employment*, Http:// Blogs. Lse. Ac. Uk/Healthandsocialcare/2012/04/25/Dr – Linda – Pickard – Public – Expenditure – Costs – Of – Carers – Leaving – Employment.

Pierson, P. 2001. "Coping with permanent austerity" in Paul Pierson (Ed) *The New Politics of the Welfare State*, Oxford University Press, Oxford.

Polanyi, K. 1944. *The Great Transformation*, Beacon Press, Boston.

Potucek, M. 2008. "Metamorphoses of welfare states in Central and Eastern Europe", in Seeleib-Kaiser, M., ed., *Welfare State Transformations*, Palgrave, Basingstoke.

Taylor-Gooby, P. 2004. *New Risks, New Welfare*, Oxford University Press, Oxford.

Taylor-Gooby, P. 2009. *Reframing Social Citizenship*, Oxford University Press, Oxford.

Taylor-Gooby, P. 2012. "Root and branch restructuring to achieve major cuts: the social ambitions of the coalition", *Social Policy and Administration*, 46, 1, 61–82.

Taylor-Gooby, P. 2013a. *The Double Crisis of the Welfare State and What We Can Do about It*, Palgrave, Basingstoke. 25.

Taylor-Gooby. 2013b. *New Paradigms in Public Policy*, British Academy/ Oxford University Press.

Vandenbroucke, F. and Vleminckx, K. 2011. "Disappointing poverty trends: is the social investment state to blame?", *Journal of European Social Policy*, 21, 450.

Vandenbroucke, F., Hemerijk, A. and Palier, B. 2011. *Why the EU Needs a Social Investment Pact*, Opinion Paper No 5, OSE, Brussels. 26.

法国社会保险制度的两极化发展

Bruno Palier[*]

摘　要：本文首先回顾了"二战"后决定法国社会保障根基的各方利益妥协的情况。其次，文章一边着眼于分析逐渐改变法国社会体系的策略机制、制度体系以及政治机制，一边就法国社会改革历程的四个不同阶段进行了分析。最后，本文将就法国社会政策的新部署以及社会制度的范式的主要特征进行总结。

关键词：社会保险　集资模式　权力分配　制度二重性

一　引言

法国社会保障制度的主要内容清晰地反映了其社会保险的俾斯麦传统。自 1945 年到 20 世纪 70 年代末，社会政策作为意味着"30 年辉煌"的凯恩斯式各方利益妥协的重要内容而得以发展。同时，社会支出被视为有利于经济繁荣和促进就业的方式，社会保险转移也被当作满足从业人员社会需求的手段，而国家制度则用来支撑社会稳定。于是，社会保障制度的经济、社会以及政治功能随之引起讨论。经过长时间的危机以及抗争后，法国社会发展纲领逐渐得到调整以更好地适应新的经济与社会形势。但是由于这种适应在一种二元改革战略而非宏观战略的背景下进行，所以它是不完全的，同时它也将社会制度与法国社会分裂成两个不同的世界：其中一类人一直接受公共保险以及私人保险保障，另一类人则依赖新的非俾斯麦式的基本社会保险。

---

* Bruno Palier，法国政治大学教授，原文为法文，由吴娟娟译。

二 制度部署，"二战"后法国各方利益妥协的反映

1944 年，法国"国民联盟"政府计划实行社会保险普及化并实现全民覆盖（贝弗里奇式目标）。然而，当时对社会保障领域国家级的解决方案备感疑虑的人占据了上风，这些人包括已经具有特殊社会保险的集体，工人甚至类似法国社会保障奠基之父 Pierre Laroque 等认可某些行会主义观点的高级官员（Merrien，1990）。这种局势可以解释为何当初人们决定停留于以工作为基础的社会保险框架而并没采取由国家统一管理的普及制度。于是，法国社会保障制度便建立在贝弗里奇式目标与俾斯麦式手段之间的妥协平衡之上。

（一）权利：从业人员及其家庭的社会权利

20 世纪 40 年代中叶，由于当时共产党几乎占据全民选举中 25% 的选票，因此法国社会保障领域奠基者们把促进工人阶级经济与社会融合设为主要目标，以预防各种革命运动。在此背景下，他们为私营部门薪资阶层开发了一套社会保险制度（普通社会保障制度）。之后几年中，社会保障通过增加类似而又有所区别的计划而使社会保障制度（特殊社会保障制度）覆盖到其他职业群体。当 1978 年法国政府颁布关于全民普及社会保障的法律时，社会保障主要还是基于职业身份，而且享受社会保障离不开分摊缴纳社会保险费。当时，工薪群体（通常为男性）的家庭成员（"具备享受权利资格"的配偶或子女）也可间接地享受到社会权利。

（二）补贴：旨在维持收入的分摊性补贴

社会保障制度的主要目标在于保障工人收入稳定（"保障明日的安全"）。从此，社会福利以与之前收入成比例的现金补贴的形式被设计。在 20 世纪 80 年代的法国，70% 的社会支出用于与之前支付的社会保险分摊金有关的现金补贴（法国经济社会研究所，1983）。

然而，社会保障发放的补贴不能够超越上限（大致等同于平均工资的 133%），而且，在医疗保险领域，投保人需要支付一部分成本（称之为"医药费自理部分"）。为了改善保障，最初的一些社保制度因补充性私人养老保险（补充养老保险）以及补充医疗保险（互助保险）的引入而得以进一步完善。

20 世纪 80 年代，在私营部门实施的养老保险制度中，一名全职的

工人要是达到了所需的工龄（自1971年起为37.5年），他除了可以领到其薪资待遇最好的10年间平均收入的50%的津贴，还可以享受到来自补充养老保险制度的25%的补贴。失业保险方面，1979年，50%的投保人在一年间可以获得占失业前工资90%的补贴（Palier，2005a），其数额因此相对可观。医疗保健领域，人们主要的关注点在于补偿生病期间丧失的收入（20世纪50年代初，医疗补贴占卫生支出总额的60%），此外，政府选择了报销医疗成本而非提供公共卫生服务。此举使人们可以自由选择他们的医生，可以直接支付然后通过医疗保险基金会或者医疗互助公司报销自理的部分（在他们投保或者他们的雇主为其投保的情况下）。

（三）集资：作为"延迟发放工资"的社会保险

考虑到大多数社会补贴旨在替代人们生病、意外事故、伤残、年老以及失业情况下丧失的收入，在此方面社会支出的集资模式则基于社会保险分摊金。1982年，82.5%的社会支出由社会保险分摊金承担，占就业人员毛工资的45%。社会保险分摊金的80%左右则由雇主承担（法国经济与社会研究所，1983）。

社会补贴被当作支付了社会保险后既得的社会福利，长期以来，它也被视为"延期发放工资"，通过工作而获得的社会权利是非常合理的：人们工作并且支付他们自己的社会保险，他们将社会保险视为带有双重意义的"既得权利"。一是由于历史上工人运动而获得的权利（社会福利①），二是因个人缴纳社会保险而获得的权利。

最初，社会保障制度的设计者们曾想将其尽可能地独立于国家之外，因此它仅仅基于社会保险分摊费用。至于税收，它一直处于社会保险集资的边缘地位。因此，（20世纪50年代期间）当国家要求社会保险基金会支付不低于保险分摊金的补贴的时候，工会及资方很快便以独立性的名义指责其非法地加重了社会保险的负担②。另外，工会和资方一直希望避免

---

① 虽然"社会既得权利"这一描述在法国广为流传，但是历史学家的著作则表明，在法国，就像在其他运用俾斯麦模式的国家一样，这一观念并非是解释社会制度发展的最佳理论（参照Hatzfeld，1989）。

② 例如，1956年，政府给没有缴纳足够社会保险的老年人设立了最低收入保障金以使其也可以享受到养老金权利，但是它要求全部由社会保险分摊金方面来承担，于是资方与工会便指责其给社会保险带来了"不合理的负担"（Valat，2001）。

政府在社会保险内部征收税费，因为这意味着动摇他们作为社会保险基金会管理人的地位（Palier，2005a：第三章）。

（四）　组织与治理：分裂的行会主义体制

法国体制分为多个不同的规划（分支）：普通社会保险制度（Régime général de la Sécurité sociale），该制度覆盖了工商业私营部门的授薪雇员（占 60% 的就业人口），其包括几个部分：医疗、工伤、养老、家庭及其他保险。为了使补贴多元化，许多其他的私人集体补充保险也得以发展，比如针对私营部门的雇员补充养老保险①，该保险于 1972 年成为强制险。此外，还有互助保险公司（Mutuelles），或称之为私人补充医疗保险（非强制性，但是 1980 年，75% 的法国人口参与其中）（法国经济与社会研究所，1983）。1958 年，人们就失业保险进行协商然后在没有国家干预的情况下将其置于工会与资方的管理之下。除了普通制，为数不少的社会保险制度也为许多特定的职业人群设立。1980 年，全国医疗保险共计 19 种，基本养老保险基金会共计 600 家，此外还有 6000 多种补充养老保险，及数千家互助保险公司（法国经济与社会研究所，1983）。家庭补助金（家庭补助基金会）以及养老保险（全国工商业就业联盟 UNEDIC）将全民覆盖到一种制度内。

上述规划由国家级、大区级以及地方级的基金会（Caisses）协调管理，基金会的雇员待遇不由国家支付而且不受其管辖。直到 90 年代中叶，每个基金会由理事会领导，其成员包括雇主与员工代表，当选主席以及理事会与社会事务部共同提名的基金会经理。可以说，整个体制由予以集资者与相关人士来管理，而国家权力则受到限制，仅仅起到监督作用，人们称之为"监督者"。然而事实上，国家一直对强制医疗保险以及基本养老保险的补贴水平以及缴纳额度起着决定作用。而补充养老保险制度和失业保险方面的决定实际上取决于工会与资方。

员工代表参与社会保险管理在法国被视为"社会民主"的表现。这种参与旨在保障员工融入社会与政策之中，同时，它也有利于促进劳资双方合作与社会稳定（Merrien，1990；Castel，1995）。于是，通过他们作为社会保险体制管理人的角色而获得的物质与象征性的资源，法国工会可以弥补他们在生产领域的弱势地位（在法国，员工参与工会的比率曾一直在发达国家中排名最低）。

---

① 企业管理干部退休金管理总协会（AGIRC）和补充养老保险制度协会（ARCCO）。

社会保险制度给工会提供的最重要的资源之一在于其可以决定在社会保险基金会的工作人员。长期以来，法国法律赋予基金会理事会全权以聘请其员工。之后，参与主持基金会的工会便成为员工聘请的条件之一。此外，基金会（主要是国家级的基金会）可以给为工会工作的人员提供就业机会（Catrice-Lorey，1995；Duclos，Mériaux，1997，尤其是1990年至2000年间审计法院的多项报告）。第二种资源很大程度上是象征性的：工会渐渐地成为与所有法国人相关的"既得社会福利"的维护者。

"30年辉煌"期间，人们普遍认为社会保险制度对经济发展、就业、社会进步、社会融合、社会政策合理化以及社会稳定起了积极的推动作用。于是，所有社会保险中与经济和社会有关的积极因素都得以讨论并得到优化利用。

三 法国改革历程

和大多数运用俾斯麦模式的邻国一样，法国社会保险领域的改革历程主要有四个步骤。首先，政府试图通过增加社会保险缴纳金的计划来应对社会保险持续的亏损。同时，政府启动多个产业重组计划，其中有一部分由社会保险分摊金来集资。其次，20世纪90年代初，继欧洲国家遇到的多重阻力之后，法国也在失业、养老以及医疗保险领域进行了艰难且备受争议的降低开支的尝试。再次，对于新的经济与社会形势，法国社会保险制度与之不适应度日益明显，于是法国政府开启了长期的体制改革，设立了新的非俾斯麦式的补助，新的集资来源及管理模式。上述三波改革的累积效应直接导致了第四步，这最后一波的改革自2011年开始，标志性举措为采取就业激励政策与积极的失业政策，促进养老金资本化发展以及卫生保健领域重组等。

（一）社会保险制度救助方案

70年代，经济危机给社会保障领域带来了双重影响。一方面，危机意味着体制可获得的资源减少（经济增速减缓，工人工资增长停滞与失业人员增多导致缴纳的社会保险金减少）；另一方面，它使得开支提高，越来越多的失业人员需要保障，工人脱离就业市场带来的新的社会开支产生。当时，社会保险制度也达到了相当成熟的阶段，这意味着需要更多的社会资源的支撑①。

上述形势自动引发的主要问题在于大规模的社会保险预算亏损（在法国以"社会保险窟窿"著称）。继社会保险账户实现多年的平衡之后，其亏损成为一个不断复发的问题（70 年代中叶至 80 年代末，占其资源的 2% ~ 4%，1988 年至 1992 年为 0.9% ~ 1.8%，1993 年至1998 年达到 5% 左右②③）。人们也不再觉得这些亏损是单靠一个刺激政策可以解决的暂时性问题。在向 80 年代过渡的时候，两届法国政府都有着痛苦地脱离凯恩斯方程式模式的经历。继 1974 ~ 1976 年雅克 – 希拉克（Jacques CHIRAC）与 1981 ~ 1982 年皮埃尔·莫鲁瓦（Pierre MAUROY）的尝试失败之后，不论对"左翼"还是"右翼"政府，对社会补贴凯恩斯式的操作都完全失去了其合理性。在这两种情况下，总理们都增加了社会补贴以实现刺激个人消费及经济繁荣。然而，结果则导致了巨额的公共预算亏损、贸易逆差、通货膨胀严重以及失业率上升与税收的增加。1976 ~ 1982 年，这些经济政策转变成了对立与受限的货币主义政策（Hall，1986）。

从此，社会保险账户亏损必须转为平衡这一观点终于在这些负面经历后得到了每届政府的一致认同。然而，在两种可预见的方案中（增加社会保险财源与裁减开支④），70 年代至 80 年代期间的政府在社会保障方面都选择了增加财源。至少在 15 年期间，各届政府都避免缩减重大开支而倾向于增加社会保险分摊费以实现社保收支平衡。当时，他们并没有把矛头指向福利国家，要知道这可能引起工人与工会的愤怒，除此之外，他们承认社会保障的重要性的同时也强调当前形势的严峻，并采取了一些不旨在改革体制，而在于重振其可行性的措施。

1975 年至 1995 年间，除非大选临近，否则每次政府宣布社会保险账户赤字的时候，紧接着就会有许多措施的出台，这些措施被统一到社会保

---

① 1974 年与 1978 年颁布的一系列法律规定，人人可以享受家庭、医疗保健以及退休津贴。1971 年以来，养老金金额更为可观，而且越来越多需要承担的养老金为全额养老金；此外，法律还为孤儿（1970 年）、残疾人（1973 年）以及单亲家庭（1976 年）等未参保人员设立了新的津贴。

② SESI，社会保险账户，多年数据。

③ 法国政府积累了许多债务，但是直至 90 年代初期，社会保险体制一直未获批准可以负债。

④ 所有这些计划的内容介绍都可在 Palier，2005a 中找到。

险账户振兴计划里①。该计划通常与增加工人缴纳的社会保险金有关，同时它也涉及一些经济措施，而且主要集中在医疗领域，并通过降低医疗开支报销比例实现②。然而，对于政府而言，在同一时期，所有诸如日病假补贴、退休金以及失业保险补贴等分摊性质的补贴都得以提高，在最好的状况下，趋于稳定。当时，社会保险补贴被视为缓解危机引起的严重社会后果的有效手段。从此，社会支出持续快速增长，直至 80 年代中期之后才得以减速。1974 年，社会支出占国内生产总值的 19.4%，而 1985 年上升到 27.3%，1992 年则达到 27.75%③。

在此背景下，政府主要的反应在于增加社会保险财源。于是，社会保险缴纳金从 1978 年占法国国内生产总值不到 20% 上升到 1985 年的 23% 左右，之后便逐渐稳定下来。如果 80 年代初，工人需要缴纳占其毛工资 45% 的社会保险分摊金，那么到 1996 年，该数额对于那些收入超出最低工资 1.3 倍的就业人口则超出了 60%（Palier，2005a）。

在作为福利国家的法国，当时针对金融危机采取的初步措施带来了多重影响：一些社会保险补贴比例得到相对细微的调整（设置了一些新的补贴，1984 年后失业保险补贴趋于稳定，以及调整报销水平，尤其是医疗保健报销比例一定程度地降低），受益人数得以增加（失业人员、提前退休人员以及年满 60 岁领取养老金的老人），特别是社会保险缴纳金比例得到上调。

为了避免劳资双方之间的冲突，法国政府运用了"老秘方"。如同其他欧洲大陆国家一样，这些老方案也因支持当时采取的裁员战略而显得非常重要（Esping-Andersen，1996）。实际上，80 年代期间，各界政府调整社会支出以消除当时因产业结构调整时大量人员解聘带来的严重负面影响。在法国，人们将这种救助视之为"失业社会处理方案"。根据这些政策，政府在降低法定退休年龄（1981 年从 65 岁到 60 岁）的同时，也让年老的工人顺利地退出了就业市场，同时，政府还鼓励提前退休：1975 年，8.4 万人实现提前退休；1979 年为 15.9 万人；1981 年为 31.7 万人；1983 年则达到了 70.5 万人（Bichot，1997：132）。

---

① 1980 年，投保人支付的医疗费用中 76.5% 由基本社会保险基金会报销，1990 年为 74%，1995 年为 73.9%。
② SESI，社会保险账户，多年数据。
③ SESI，社会保险账户，多年数据。

在此社会保险制度发展的初级阶段，法国政府在实施其最重要的变革的同时，运用了现行的社会政策工具而并没有开发新的手段，也没有为他们的政策设立新的目标（Hall，1993）。在这个阶段，人们将社会补贴视为救助危机受害者的有效工具（Levy，2005）。90年代期间，这一战略在新的欧洲局势下成为人们质疑的对象。

（二）控制社会支出：缩减开支的初步尝试

90年代初，欧洲国家通过采用统一货币的决定，各国必须遵守《马斯特里赫特条约》的标准，欧洲环境发生戏剧性的变化。统一市场加剧了欧洲企业之间的竞争，其中劳动力成本发挥着主要作用。在此背景下，法国企业资方一边将辩论的焦点置于终结提高社会保险分摊金安排的必要性上，同时督促降低社会补贴金。1992～1993年，为了满足《马斯特里赫特条约》的要求，国家也必须将缩减社会支出纳入降低公共支出与公共赤字的战略里。这一新的欧洲大环境使法国不得不于1992年启动失业保险改革，随之而来的是1993年的养老保险改革以及1995年的医疗改革。

之后，历届法国政府都受欧洲大环境所迫而进行了一系列的改革。同时，这些改革之所以能推行，"全法劳工民主联盟"（CFDT）可谓功不可没。当时，该联盟采取改革立场并与资方合作形成合力，同时也为摆脱其另外两大竞争对手〔全国总工会（CGT）以及"工人力量总工会"（FO）〕。

继"全法劳工民主联盟"与"法国全国雇主协会"（CNPF，当时主要的雇主组织）签订协议之后，法国失业保险体制也开始改革。通过此次改革，"统一递减失业金（AUD）"代替了所有与失业保险有关的补贴，这是一种新的仅在特定时间发放并与曾缴纳的社保金额挂钩的新的补贴。这项补贴的金额随着时间而递减，此外，其享受期限为30个月。在此之后，失业人员就得依赖通过税收集资并受财源限制的救助金生活了。1992年后，失业补贴比例与金额均开始下降，其中救助补贴金更是较失业保险补贴下降幅度大（Daniel，Tuchszirer，1999）。

1993年，巴拉迪尔政府对基本养老制度（普通制）进行了改革，此次改革波及私营部门就业人员。意外的是，这次改革因颁布了一整套涉及政府与工会之间政策沟通的措施而并没有遇到大的阻力。当时，由于工会可从由税收集资的救助金中获得非分摊性质的补贴，而且改革也仅限于私营部门的普通制度，因此其对降低社会保险部分的补贴相对保持沉默

（Bonoli，1997）。之后，领取全额养老金的资格由 37.5 年延至 40 年，同时，与其计算相关的参考工资也从之前基于待遇最优厚的 10 年改为 25 年。这次改革是循序渐进的，其过渡为期 10 年。接下来的 5 年间，养老金的指数便不再与工资挂钩而与价格波动有关。工会也从改革中获益，政府设立了"养老团结基金会"（Fonds de solidarité vieillesse），该机构旨在就非分摊性补贴集资（这些补贴不再由社会保险分摊金承担）。此后，国家一边承担这些被称为"违反惯例的负担"的非分摊性补贴，一边让资方与工会在养老保险制度连贯性问题上放心。1995 年，新总理阿兰·朱佩（Alain Juppé）未经协商曾试图强行将此举运用于公共部门就业人员，最后在大规模游行与罢工的压力下不得不放弃该措施（Bonoli，1997）。

在医疗保健领域，法国政府于 70 年代末 80 年代初实施的许多计划均未能成功控制不断增长的医疗方面的需求。这些计划的影响仅限于增加了共同支付中患者需要缴纳的部分（医药费自理部分），这部分随后将通过互助保险公司（Mutuelles）报销（仅针对已参与投保的患者）。1990 年后，政府决定强制医务人员、医疗保险基金会以及国家拟定"医务公约"（Convention médicale），旨在通过对医疗保健支出、医务人员待遇及附加开支等方面制定目标以控制开支。然而，1990～1995 年，医生们并未签订任何公约，而且针对其他与医务有关的职业人员制定的目标也未实现。1995 年，朱佩总理在其社会保险改革纲领中强令资方与工会签订协议，并宣称若不然的话国家将进行干预。同时，朱佩总理改革期间，许多由国家领导的医疗机构得以成立，国家也因此在医疗保健制度中被赋予了更多的权力。最后，国家对医疗保险基金会的管理模式也进行了更改，从此基金会经理较主席（代表资方与工会）拥有更多的权力。与朱佩总理在养老制度方面推行的改革相反，其在医疗保健制度方面的所有措施均得以落实，然而，仅仅通过此次改革以抑制医疗开支的上涨是不够的。

1. 控制开支政策的共同之处

从基于社会保险的社会制度的特殊架构的角度来看，所有这些改革均呈现某些共同特征。首先，这些改革的目的在于降低开支，它们并非为了打破原有的社会体系，反而是对其进行维护与巩固。在当时的背景下，鉴于降低补贴是非常合理的，因此这些改革都打着受欧洲整体环境限制的旗号。同时，其又被政府宣扬为不可或缺以突出其切实可行性。其次，政府设计出的改革使资方与工会均可接受。事实上，在后者不同意的情况下，他们完全有权力阻止其实施（如同 1995 年的情况）。最后，在养老保险和失业保险方面，这些改革一边增加补贴的分摊比例，一边降低保障水平，亦即强化分摊金额与补贴水平之间的关系。此举自然是建立在这些社会保障改革规划已有的逻辑基础上的。最后，资方与工会参与到降低补贴的政策中也是在其"模棱两可"地区分由社会保险集资的补贴与由税收集资的补贴的情况下进行的。至于政府，其通过承诺支付"违反惯例的负担"，即出资非分摊性补贴（对于老年人、残疾人、长期失业人员的非强制性社会最低保障；因下岗原因在失业期间的社会保险缴纳金信贷，子女教育等），换来的是社会保险补贴金的下降（Bonoli，Palier，1996）。

虽然这些改革拥有新的手段（变更计算方法，设立税务集资等）予以支撑，但是其依旧被人们视作维护社会保险特性的工具，有时甚至还强化了其逻辑（资方与工会认为让国家支付非分摊性的补贴可回归并强化社会保险的本质）。因此，这些方案也可看作"次级变革"（Hall，1993）。然而，这些改革使得社会保险覆盖面（覆盖人口数量减少，补贴水平降低）缩小的同时，也给新型的补贴，比如强制性社会保险之外的补充社会保险（比如私营部门养老保险）以及那些失保（或从未获得保险）的人员留下了发展空间。

（三）制度改革：新的补贴，新的集资，新的权力分配

上述改革无论在经济、社会还是政治层面均带来了诸多影响。其计划原旨在于平衡社会保险预算，但是它们使得社会保险分摊金比例提高，于是许多经济问题由此产生。降低开支的措施导致补贴额下降，也使更多的人失去了保障，于是社会排斥问题滋生。事实上，所有这些改革在实施过程中都举步维艰，随之而来的是许多的游行罢工以及社会秩序的打破。90年代，专家、政治人物甚至工会领导普遍开始对国家面临的问题进行分析诊断，结论是：制度不是危机的牺牲品，而是法国社会、经济以及政治问题之源。

这些问题的原因似乎同时是制度固有的特征（分摊性补贴，由社会保险集资，由资方与工会管理）。"二战"后所有利益各方达成的妥协的根基均遭到破坏：保护工人不再有利于社会融合，而导致了失业人员的社会排斥；制度不再推动经济发展，而因集资机制成为经济发展的束缚；社会民主不再支持社会稳定，而助长了游行与重重阻力。这些全新的分析成为 90 年代各届政府政治演说与进程安排中强调改革时的有力说辞：政府行动的目的不再在于拯救社会保障，而在于对其进行变革。过去，当人们对社会保障改革进行分析时通常过多地聚焦于缩减社会开支，而今，该项改革是通过对过去被忽视的许多制度实施改革而实现的。对于这些重要性与日俱增的改革，其目标在于通常先从局部开始，然后逐步深入直至改变社会保障的整体框架（Palier，1998）。经过多年的发展，这些改革的重要性愈发明显。

1. 法国福利国家的社会危机

70 年代末以来，法国的失业率攀升，1974 年，失业人口占就业人口的 4.1%，1987 年，该数据已升至 10.5%，80 年代末略微下降后 1997 年又升至 12.5%（之后也有起伏但是大体呈下降趋势）。与此同时，长期失业人数增加。1974 年，16.9% 的失业人数失业期超过一年，2.5% 的人超过两年。这些比例自 1985 年以来分别升至 42.7% 及 21%。1974 年失业人员平均失业期为 7.6 个月，1985 年升至 15 个月，1998 年达到 16 个月（法国局势，2000）。从长期失业人员的增多可得出结论：法国面临高结构性失业率的问题。

1945 年创立的社会保险制度并未设计应对大规模失业问题的措施。以分摊缴纳性质为主导的制度无法顾及那些从未就业（年轻人）或者长期脱离就业市场的人（长期失业人员），这与他们未上缴社会保险或不再缴纳有关。此外，1992 年的失业保险改革也导致越来越多的失业人员不能再享受失业补贴。因此，80 年代间"被排斥人口"数量不断上升，以致其成为当时最严重的社会问题之一。在 80 年代，媒体与公民社会团体在揭露"左翼"政府无以应对新的社会问题的同时，将人们的注意力吸引到"新型贫困"上来。据 Wresinski[①] 于 1987 年出版的报告《赤贫与经济及社会不稳定性》显示，当时法国约有 40 万人口没有社会保障。

在此背景下，由于社会保障制度扩大了已融入就业市场并可依靠保险制度的"体制内人员"与仅能获得低级保障水平而又最亟待保障的"体制外人员"之间的鸿沟，因此其被批判强化了社会排斥机制。不过，这个问题随着应对社会排斥的"融入政策"的实施而最终被列入了政策规划中。同时，社会排斥问题逐渐被视为一个缺少支持而非缺少工作的问

---

① 大 Wresinski 是极度贫困 - 赤贫人口救助协会的奠基人。

题，其解决需要从新的社会权利而不是改革就业市场方面寻找答案
（Paugam，1993）。

2. 新型补贴

为了应对社会保险不能解决的新的社会问题，政府在参照社会政策新
的目标的同时运用了新的工具。针对不断增加的无业人员、长期失业者和
年轻人以及单亲家庭，政府设立了新的补贴并且运用了之前未受重视的补
贴方式（Palier，2005a：第6章），其中，于1988年12月设立的"最低
融入社会收入保障金"（RMI）是最主要的措施。这项新的补贴面向无收
入来源或者收入极低的人员，其主要的特征是通过发放以受惠者家庭及收
入为参照的津贴，为超过25岁以上的人口提供最低收入保障。另外，该
保障通过与"社会"之间订立合同而成为受惠人员重新融入社会的工具。
其须与社会工作者签订合同，并遵循规定承诺参与到重新融入社会的计划
中来，该计划可有多种形式：寻找工作，受惠者参与职业培训或组织的活
动以增强其自主能力。最低融入社会保障金一设立，领取新型补贴的人数
便达到30万甚至40万。自90年代末以来，每年有超过100万人领取该
项补贴（1992年110万，2008年120万）。包括受益者配偶及小孩在内，
全国3.5%的人口依赖该补贴生活[1]。

除了最低融入社会收入保障金，法国今天还拥有八种其他的社会最低
保障收入。当前，超过10%的法国人口可享受到其中的一种[2]。随着新的
社会政策与最低保障制度的发展，法国社会保障制度便在利用新的方案
（根据需求同时在考虑财力的情况下发放补贴，这些补贴通过税收集资并
由国家及地方公共部门管理）的同时，将一部分政策面向特定人群。这
些新的方案参照了一种新的逻辑（抑制社会排斥，而非保障收入与维持
身份），其应用同时也扩展到医疗保健领域。2000年，一项新的补贴的设
立使赤贫人口有了享受医疗的权利（普及医疗保障，CMU），同时对于那
些无力支付补充医疗保险的人也使其可以获得免费的补充医疗保险（补
充普及医疗保障，CMU complémentaire）。

长期以来，法国社会保障制度里这些面向贫困人口的补贴获得发展的

---

[1]　法国调查，研究，评估与统计署（DREES）多年关于最低融入社会收入保障金受惠人员
的研究统计数据。

[2]　就业，收入及社会融合理事会（CERC），2007年年度报告。

同时也引入了一种观念，这在以前的法国几乎是不存在的。历史上，在自由福利国家，这些补贴曾被指责为助长依赖文化并成为无业者的温床。90年代末的法国，越来越多的分析强调：对于那些领取（尤其是最低融入社会收入保障金等）最低社会保障金的人来说，如果接受一份工资与最低收入相当的兼职工作的话，他们将减少收入并失去一些社会福利。在这种情况下，政府决定领取最低融入社会收入保障的人一旦找到工作，他可以在一段时期（3～6个月）内同时领取该保障金以及工资（如果很低的话），这样他们在接受工作的同时收入也不会减少。之后，为了鼓励人们回归就业市场，若斯潘（Jospin）政府于 2001 年设立了一种面向低收入就业人员（贫困就业者）的称为"就业奖励"（Prime pour l'emploi）的"负赋税"（Impôt négatif）政策。同时，随着扶贫政策的实施，新的说法（无业者的温床，规劝工作）与新的社会政策工具随之产生。对此，2003 年，为了鼓励就业，拉法兰（Raffarin）政府试图将最低融入社会收入保障改为最低就业收入保障（Revenu minimum d'activité），这项保障的受益者为领取了两年最低融入社会保障金的就业人员。然而，这个新的计划未得以实施而且于 2009 年被一种新的制度"积极就业互助收入保障金"（Revenu de solidarité active）替代，该制度给予聘用领取最低融入社会收入保障金或长期失业人员的雇主免除缴纳社会保险分摊金的待遇，而对于新的就业人员，制度对其收入进行负赋税，这样的话他们至少可以获得高于最低融入社会收入保障金 200 欧元的收入。

所有这些刺激与鼓励就业和产生了新的社会救助补贴金的新政都扩展到了其他社会保险，下文将对此予以介绍。这些使制度更利于就业的尝试也是通过改变集资模式而实现的，他们的目的都在于应对制度内部主要是经济方面的困境。

3. 法国社会保障制度集资模式的变化

90 年代期间，法国社会保障制度被指责为导致了越来越多的失业，从经济的角度讲其可行性也引起了人们的质疑。在法国，直到 1996 年，社会保险 80% 的资金来自从就业者工资里扣除的社会保险分摊金。如上所述，社会保险负担在 80 年代日益加重，高额度的分摊金也开始给整个国家的经济竞争力带来负面影响，比如高失业率。80 年代末以来，资方代表以及越来越多的经济学家均对法国社会保险的高缴纳金额——尤其是在工资幅度较低的情况下——进行了批判，在他们看来，在欧洲整体环境下，企业无法支付如此高额的社会保险分摊金（90 年代中期达到了工人毛工资的 60%）（Palier，2005a：第七章）。

于是，各届政府开始考虑这一问题，90 年代期间，降低社会保险分摊金成为法国就业政策的主要内容。这些政策首先针对特别弱势的群体，即长期失业人员和青年失业者，以及小型企业，因为后者最容易受雇佣业务能力有限的员工而导致相对较高的成本的影响。1993 年，随着巴拉迪尔政府"就业五年计划"的实施，所有低于最低工资 1.3 倍的工资都将部分免除社会保险缴纳金（调查，研究与统计规划署，1996）。然而，这项新的战略却加重了社会开支的负担，过去的方案在于增加分摊金，而现在该措施也被视为阻碍经济效率提高以及就业机会创造的障碍。

为了普及降低劳动成本及缩减社会保险分摊金的并行措施，政府同时尝试逐渐用税收来代替部分分摊金。于是，1990 年 12 月便产生了一项新的税种：社会保险普及捐税（Contribution sociale généralisée）。起初，该税种以替代为非分摊性补贴出资的社会保险缴纳金为目的。与社会保险分摊金相反，此次捐税将从所有个人所得收入中征收：工资（包括低收入人员）、资产收入以及劳务收入等。与法国实施的个人所得税不同的是，这项税收以严格的比例征收，并专用于非分摊性质的社会保障计划。90 年代初，社会保险普及捐税在制度内部处于边缘化的地位，其征收额占收入的 1.1%。直至 1993 年，巴拉迪尔政府将比例调高至 2.4%。1995 年，朱佩总理执政期间这项捐税收入达到了占所有收入的 3.4%，1998 年以来，该比例已达到 7.5%（这里指的是工作带来的直接收入，间接收入则稍低）。这项捐税于是弥补了就业人员支付的大部分医疗保险金。21 世纪初，社会保险普及捐税已经可以为 20% 的社会保险金出资，并在医疗保险领域占据 35% 的比例（Palier，2005a：第七章）。

该项捐税的实施使社会保障制度集资结构向税收方向倾斜，其产生了两大影响并意味着社会保险制度逻辑的局部改变。首先，从集资来源角度看，其不再仅仅源自工作，社会保险普及捐税使工作与所享受的权利之间的链条被切断。同时，享受由其出资的补贴不再限于社会中的某个群体。集资模式的偏移从此使得享受社会权利建立在公民身份的基础上，尤其是在医疗保健方面，与此相应，集资模式的改变也促成了普及医疗保障制度（Couverture maladie universelle）的诞生。其次，在非分摊性补贴领域，此次集资模式重心偏移削弱了资方与工会参与决策及管理方面的影响力。劳资双方共同管理仅适用于通过与工作相关缴纳的分摊金集资的制度。因此，将集资模式以税收的方式实现无疑给劳资双方带来压力，因其涉及权力的转移。自 90 年代中期以来，这是政策变化过程中在体制内权力分配问题上举足轻重的转变。

4. 新的权力分配

90 年代期间，法国社会保险的组织与管理问题遭受了越来越多的非议。1945 年，为了避免官僚化和社会政策效率服从纯预算方面的考虑，社会保险管理权曾赋予资方与工会。由于 80 年代控制预算成为关键问题，将社会保险管理权委托给资方与工会便引发了讨论：一方面，专家与政治人物指责其牺牲集体利益，挪用社保资金并滥用权力，且没有承担遏制成本增长的责任（Bonoli，Palier，1996）。另一方面，如上所述，对于缩减开支的决策，反对态度最坚决的并非政党之间，而是工会及社会运动。因此，各界政府即使要落实细微的改变，他们也必须考虑工会的立场，这无疑给改革带来阻力。在政府内部，官员们渐渐意识到资方与工会对社会保险制度干预是效率低下的根源之一，而国家似乎更有能力解决遏制开支的难题（Bonoli，Palier，1996）。

鉴于此，根据法国政客及官员们的阐述，控制社会支出过程中遇到的困难是国家缺乏对制度干预的结果。因此，在牺牲资方与工会影响力的情况下，政府实施了一系列循序渐进的改革以赋予国家更大的权力。于是，新的旨在强化国家自主权的改革方案产生。这些改革主要在 1995 年公布的朱佩计划后得以实施。上面在朱佩总理关于医疗保险制度改革中我们已提到，政府设立了新的机构并强化了政府部门的权力，除此之外，当时最重要的改革应归于就宪法修正案进行选举（1996 年 2 月），此举迫使议会每年就拨付给社会保险的预算进行投票，在这之前，社会保险预算从未成为国家预算的一部分，所以此次议会参与关于该预算的决策在法国历史上实属首创。议会方面新的支持有助于政府掌握社会政策实施进程。随着议会选举的制度化，政府无需再就之前隶属劳资双方权限的对就业领域的干预进行无休止的辩护，它从此有权就相关措施进行定期规划，尤其在控制开支方面。于是，这种新的改革产生了一种新的政府干预思路。随着《社会保险集资法》的通过，社会支出方面获得了有限的专项预算。由于大多数社会补贴均建立在分摊基础上，按理说设置此项预算是不可能的，但是政府采取了这种新的思路，议会也通过了新的方案以继续实现此目标，其中包括成立针对医院及门诊医生的有限预算，设置社会支出上限以及增长率等。

5. 制度改革的政治特色

与在其他国家或其他领域推行的某些重大政治变革的方式不同，在法国，这些制度改革是在非常模棱两可的情况下由局部到整体逐渐进行的。与此有关的政治分析显示了进程中相似的地方（Palier，2005b）。首先，人们很难宣称引领所有这些改革的主角为某个唯一的特定群体。社会保障制度在法国是非常合法的，要对其进行改革几乎需要所有群体的参与。因此可以说，改革是由对社会保障制度持一致认识与共同愿景的高级官员、政府、雇主以及一些工会形成合力而得以实现的。这些工会中，"全法劳工民主联盟"（CFDT）起着重大作用。80 年代期间，其改变了政治与战略立场，摒弃其"自治管理"的同时在社会政策诸多问题上采取了"责任人"以及"合作者"的态度，自 1967 年以来该工会一直没有对社会保险基金会的管理进行干预。同时期，它开始改变其在社会与经济问题上的立场，在社会融合政策，尤其在社会保险普及捐税政策方面（以及后来的 35 小时工作制和就业激励政策），一直扮演着最积极的拥护者的角色。与之相反，"工人力量总工会"（FO）以及全国总工会（CGT）则一直坚持自己的抵抗路线，反对一切形式的改革提议。1995 年后，随着各个全国社会保险基金会的领导变化，"工人力量总工会"失去了其优势地位（尤其在全国医疗保险基金会领导层面），而让位于之前与资方代表结盟的"全法劳工民主联盟"（Palier，2005a：第八章）。

其次，所有这些变革都建立在集体承认过去政策失败的基础之上。每一项新的措施的实行均以将"新的社会问题"政治化开始。而当时的这些问题是因为之前政策的失败而产生的：社会排斥（社会保险无力应对，甚至加剧了排斥现象），资历不足人员的失业（由于社会保险分摊金的高额比例以及被动的失业补偿机制），福利国家在变革方面的无能（由于制度内部责任分配不清晰）。因此，要将各成员的力量转移到新的改革路线上，对过去方案失败的统一诊断是不可或缺的。人们对问题的感知差异状态持续得愈久，改变行动路线便愈发艰难。于是，对失败的承认促使人们反思当时的社会与经济困境。在新的对问题的认知上，社会保险制度从牺牲品转变成了问题之源。在所有成员就问题得出相似诊断结论前，这种认知的转变持续了相对长的时间。其间，通过成立许多委员会以及拟定大量报告，相关利益方逐渐形成了共同的认识。

再次，绝大多数与社会保障问题相关的人员都就新的启动结构性转变的措施（最低融入社会收入保障、普及医疗保障、社会保险普及捐税等）达成了一致意见。然而，分析显示，针对新的措施，人们也会采取不同的立场：他们同意一项措施，但是背后的出发点却不一样，有时甚至相对立。其实，法国所有这些改革都围绕着区分"职业互助"（由社会保险实现）以及"国民互助"（由救助实现）而展开。工会想通过合理化的改革维持他们在社会保险领域的影响力，然而，通过这些变革，政府及官员却在削弱劳资双方力量的同时希望它们在社会保险领域承担更多的责任。除此之外还有其他模棱两可的地方：在"左翼"人士看来，最低融入社会收入保障既提供保障又以合同的形式让受益者融入社会，而右翼人士拥护该政策是因为他们觉得给受益者提供保障换来的是其作为签约人需做出的努力。此外，"左派"支持社会保险普及捐税是由于此税相对于就业人员缴纳的社会保险金更遵循平等的原则，而右派维护该政策是因为就此可以减低雇主社会保险负担。政府官员提倡社会保险普及捐税是为了将由这项新税出资的社会支出置于国家的管控之下，而雇主以及全法劳工民主联盟推出他们的理由是认为如果非分摊性的补贴由该税出资的话，这样可以让他们更好地维护社会保险的纯洁性。各方利益各异，有时甚至对立，他们有着不同的理由，对于新政实施带来的结果也各执一词。在此背景下，整合各方利益便在引入新的措施时显得尤其重要。可以说，法国社会政策的结构性转变是基于对措施"模糊的共识"而非在拥有清晰的意识形态方针的情况下实现的（Palier，2005b）。

至于最后一个共同特征，这些制度改革首先都是从其边缘部分开始的，之后才渐渐地成为其自身的重要部分；最初引进是为了弥补制度缺陷，之后慢慢地发展为社会保险新的支柱的根基。这些措施先从局部入手可获得制度核心部分主要拥护者的认可，这或许是因为他们觉得自身与新政策无关（最低社会融入收入保障并不针对工会所维护的授薪工人），或许因为新的政策面向的是最没有反抗能力的人群（第一批享受免除缴纳与工资相连的社会保障金的是资历不足的人员，他们同样也是第一批实施积极就业政策的对象），还可能是因为他们觉得这些新政有利于他们维护社会保险的本质（非分摊性补贴由税收集资）。然而不管怎样，这些新的措施得到推行以致其让整个制度模式发生了变化，我们可以从自 21 世纪初以来法国实施的最新的结构性改革中观察到这点。

（四）法国福利国家结构性改革

有了上述变革的积累，法国近些年推行的结构性改革便成为可能。

1. 从被动应对失业的政策到主动促进就业的政策

70 年代末以来，法国政府在处理失业问题的时候一般都运用两种不同的方法。整个 80 年代以及 90 年代初期，由于失业问题被视为新的经济政策不可避免的结果，所以处理方法较为被动（主要通过实行最低收入保障补贴，提前退休制度以及针对无业人员的福利政策）。90 年代初期，为了增加就业机会并实施"积极的就业市场政策"，政府开始改变工作路线。前文已提到，90 年代初，政府开始降低低收入人群的社会保险分摊金。1998 年后，若斯潘政府实施明确的"劳有所得"方案以减少被社会排斥人员陷入无所事事困境的风险，这一措施的推行是围绕社会融合政策（见前文分析）开展的辩论与变革的结果，其中最重要的措施为实施"就业奖励"。2000 年，一些社会盟友（主要为雇主以及"全法劳工民主联盟"，其中"全国总工会"以及"工人力量总工会"持反对意见）就失业社会保险改革签订新的协议，在取消失业保险津贴递减政策的同时为每个求职人员设立了一项新的个人化的合同——使其在求职过程中也可享受补助——救助与回归就业计划（Plan d'aide et de retour à l'emploi）。于是，签订了该计划协议的资方与工会明确就以下意见达成一致：失业保险补贴不应仅仅用来补偿丧失的收入，同时还应肩负鼓励人们寻找新的岗位的责任（Clegg，2008）。2009 年，就业局与失业保险基金会的合并以及"积极就业互助收入保障金"（见前文分析）的设立等举措均响应了此积极鼓励就业的方针。

2. 变革退休金制度激励政策

在养老金领域，当前推行的方案的目的在于预防通过分摊集资的强制养老保险制度未来可能出现的危机，该方案不仅仅建立在改变养老金计算方法的基础上，同时也以设立新的激励政策为支撑，以使法国人缴纳分摊金和延长就业时间，同时也鼓励人们在依靠公共养老的同时发展私人养老计划。

90 年代末以来，法国政府实施了激励积极就业的措施以增加老年人就业率从而逆转之前法国就业政策中倡导的提前退休趋势。2000 年，法国政府设置了仅针对艰苦工作条件下的工人①的提前退休制度，当时，政府有意将这项新的制度逐渐替代所有之前对提前退休资格要求宽松的计划。接下来，2002 年政府废除了公务员提前退休制度，另外，代理工作津贴制度也于 2003 年停止实施。2001 年，企业缴纳到提前退休基金会的分摊金增加，这样不可避免地增加了雇主的成本。同时，一项新的退休改革也开始启动。

继 1995 年朱佩总理在退休改革制度问题上遭遇失败及（1997 年至 2001 年）若斯潘总理对此问题举棋不定之后，2003 年，拉法兰政府发动了针对该制度的第二次大规模改革。新的改革首先旨在统一公共部门与私营部门的局面。政府宣布，为了获得全额养老金，公共部门雇员必须像私营部门雇员一样缴纳满 40 年的养老保险。其次，为了能够领取到全额养老金，所有人均得延长缴纳社会保险金的期限。由于该制度是在 2003 年设计的，到 2008 年的时候，所有人（无论公共还是私营部门）的缴纳期限均延长至 41 年，政府计划到 2020 年的时候延长到 42 年。同时政府宣布养老金的增长将与物价指数挂钩（公共部门职员养老金按公务员待遇计算）。此外，政府还设立了一项新的激励方案以鼓励人们尽可能推迟退休：如果人们在法定退休年龄之后退休，他们将获得一项年金（加分率）；相反，那些在法定退休年龄之前退休的人以及缴纳期限不足的人将受到惩罚（减分率）。

这些措施一宣布便引发了所有工会的反对以及大规模的游行，鉴于此，政府仅仅向几个工会（主要是"全法劳工民主联盟"以及"法国天主教工人联合会"）做出了让步，确切地说，保证领取最低养老金的人可以享受到最低工资的 85% 的补贴（2003 年平均值为 74%）。政府同时宣布 60 岁前工作了超过 40 年，以及 14～16 岁便开始工作的工人可以于 58 岁退休，此外，政府设立了按点数计算的补充制度以便在公务员养老金计算时考虑到年金。2006 年后，为了对 60 岁前退休的人领取的补贴进行集资，政府决定将社会保险缴纳金提高 0.2%，而且当时政府还依靠降低失业率来缓解养老金赤字问题。2007 年，公立企业特殊养老制度也逐渐向新的统一的制度看齐。在这个过程中，工会力量显得太微不足道而不能反

---

① 连续 15 年处于生产线上的团队工作或服务，在每个团队超过 15 年且每年有 200 多个晚上执行工作，或者处于残疾状况。

对这些改革，在 2008 年开展的讨论中，工会也无法阻挠新的方针的实施。

除此之外，政府还考虑到通过免除税收以鼓励"养老金储蓄"（épargne retraite）。于是，2004 年，两种自愿储蓄制度应运而生，第一种是个人储蓄，名为"大众养老金储蓄计划"（Plan d'épargne retraite populaire），所有银行及私人保险公司均可向个人推荐该计划；第二种为集体储蓄，称之为"集体养老金储蓄计划"（Plan d'épargne retraite collective），可以由资方与工会在公司或其分部内部组织。在这两种情况下，政府都明确宣布人人必须力图用自己的储蓄账户来为未来强制缴纳的基本养老保险金的缩减买单。至 2005 年底，170 万人签订了"大众养老金储蓄计划"合同，而参与"集体养老金储蓄计划"的成员仅为 10.2 万人，不过当年加入集体计划的就业人员人数（随着 6.6 万名新成员的加入，其年增长率达到 168%）比参与个人计划（45 万名新成员，年增长率为 36%）的人数增长明显得多。此外，集体计划需缴纳的分摊金比个人计划高出 4 倍（调查，研究，评估与统计署，2007）。

3. 深化医疗制度改革

2004 年夏天，在医疗制度严重亏损（2003 年达到 106 亿欧元，2004 年预期 116 亿欧元）的背景下，议会通过了一项新的医疗保险法律（杜斯特－布拉齐改革：réforme Douste-Blazy）。与之前的医疗改革计划相似，此次改革继续增加患者支付的医药自理费用：增加医疗固定费用，每次门诊需支付不可报销的 1 欧元（2008 年该措施扩展到医药、体检以及患者运送的情况）。

为了实现国家代表对制度更直接的管理（国家控制）以及强化对患者行为的管控，杜斯特－布拉齐改革在以牺牲资方与工会影响力的情况下对医疗制度进行了深度的重组。这种结构性的改革呈现国家医疗体制在医疗保险中典型的服务者的角色，其通过前些年循序渐进的变革一步步实现，尤其是在面向全民的医疗保健（见上文普及医疗保障）方面。此外，税收较社会保险分摊金的作用越来越明显（见上文社会保险普及捐税）。

接下来的 2004 年的改革使许多医疗保险制度得以统一到"全国医疗基金会联盟"（UNCAM）的管理之下，该机构由一名政府任命的高级官员领导，其引领不同医务相关职业人员之间的对话而且有权指派地方医疗基金会经理。结果，工会的影响力下降，而且法律撤销了工会占有席位的理事会，取而代之的是咨询委员会。2009 年，新的立法获得通过，大区层面的医疗制度也开始改革，从而成立了统一的机构（大区卫生局）并将之前所有的制度与负责医疗统筹的机构置于其管理之下。

此外，制度内部对于患者流动的管理也较之前完善。2004 年以来，患者必须选择一名"主治医生"（在咨询专科医生之前必须经过主治医生）。如果人们不通过主治医生看病的话，其享受的医疗保险报销比例将低得多。

总的说来，30 年以来，非急性病及非慢性病（通常是门诊医疗）的报销水平大幅度降低。80 年代初，超出 70% 的门诊医疗费用可以申请报销，而如今该数据仅为 60%，剩下的一部分则通过非强制性的私人医疗保险报销。然而，在法国，持有补充医疗保险的人仅占 84.9%，7.4% 的人由补充普及医疗保险制度（CMUC）覆盖，因此剩下的 7.7% 的人没有任何补充医疗保险（法国卫生经济研究与文献研究所，2008）①。而且，这些制度的计算方法是建立在强制医疗保险确立的标准基础上的，然而大多数医生都让他们的患者支付更昂贵的费用，这额外的成本仅仅由缴纳费最高的医疗保险互助公司来承担。从此以后，私人医疗保险在占卫生开支超过一半费用的门诊医疗方面起着越来越重要的作用。因此可以说，法国医疗体制改革具备以下特征：国家主导的同时向私有化倾斜（Hassenteufel，Palier，2008）。

4. 改革意见不一

21 世纪初，这些改革政策在工会内部引起了强烈的争论，一部分工会（由"全国总工会""工人力量总工会"以及公共部门工会领导）组织了罢工游行，但是另一部分（由"全法劳工民主联盟"领导）却寻求协议。很明显，政府当时采用的是工会之间"分而治之"的政策以削弱其整体动员能力并从中获取支持。2001 年，"全法劳工民主联盟"与雇主们签订的公约遭到了"全国总工会"与"工人力量总工会"猛烈的批评。2003 年，当 200 万人走向街头游行以抗议政府公共部门退休制度改革的时候，政府当时几乎接受了"全法劳工民主联盟"所有的请示而忽略了"全国总工会"的请求（尽管其新领导更有意倾向于寻求妥协）。在医疗制度改革方面，90 年代末以来，由于其已经（笼统地）得到了各方认可

---

① 他们属于低收入人群。在法国，10% 的小型企业工人与员工以及全国 22% 的赤贫人员没有补充医疗保险。但是与总人口相比，其比例为 7.7%。。

而且资方与工会后来放弃了该领域，所以其改革进行地相对顺利。只是，2005 年，当"全国医疗基金会联盟"与医务人员就第一项公约开展讨论的时候，专科医生后来签字同意但是全科医生却表示反对。

四　法国社会制度的二重性

如上所述，法国社会保障制度最初曾以通过俾斯麦手段（社会保险）实现贝弗里奇全民普及制为目标。经过最近 30 年实施的改革，法国强制社会保险发展更为受限，于是便给其他不管是公共部门（国家管理）还是私营部门的社会保障机制留下了发展的空间。这些变革给法国社会保障制度内部带来了多种二重性：公共部门社会保障制度的两极化发展，在公立社会保障体系基础上添加了私人性质的补充保障制度，此外，法国民众被分为可以享受保险的"体制内人员"以及靠救济和就业激励政策生活的"体制外人员"。

改革将社会保障制度分裂为两个不同的社会层面。一个层面涉及社会保险的剩余领域，主要包括养老与失业保险。由于"职业互助"在法国处于中心位置，所以补助一直与就业挂钩，而且其与社会保险缴纳金的关系比过去更为密切。在此方面，尽管"国家的影子"越来越明显，但是资方与工会还是操纵着这些保险的发展。然而，这个社会保险层面既不能再宣称其有能力将保险覆盖到全民，也就是让所有民众能享受到保障，也无力给投保人足够的补助以维持其生活水平。社会保险的另一层面在法国称之为"国民互助"，其涵盖了医疗保险、家庭补助以及防止社会排斥现象的社会政策。在这方面，具备享受保障资格的标准基于其需求以及其公民身份，补贴有时候是普及的（医疗卫生与家庭补贴），或者根据财源情况而定（普及医疗保障、最低社会融入收入保障以及其他最低收入保障），这些保险通过国家税收集资（尤其是社会保险普及捐税），国家对其发挥中心作用。

在法国，为了控制社会保险领域开支，政府在享受保障资格方面采取了更为严格的标准，这就导致了社会保险覆盖人数减少，而且被覆盖的人受益程度下降。于是，社会保险紧缩政策留下发展空间的同时也促使许多公共社会保险制度产生，亦即在利用最低收入保障政策覆盖赤贫人口的同时，许多私人非强制性的补充制度（私人养老金基金会以及私人医疗保险）也得以发展。这就使法国社会保障体系形成了一种新的架构，在其内部社会保险一直处于中心但非支配的地位。

这种新的架构让社会二重性呈现新的形式，从此，法国人在此方面看似分为两类：一类可以依靠受益度较高的保险并（因其雇主或者其自身资源）可享受私人补充保险；另一类处于体制外且依靠最低补贴为生。对于后者，我们可能还得加上那些受政府就业激励政策影响不得不接受一份非典型的合同以获得一份工作并享受非主流社会保障的人（Clegg，2008；Palier，Thelen 2008）。而且，如果将最低社会保障受益者（占总人口 10%）以及占就业人口 25% 的签订上述非典型就业合同（固定期限合同、兼职合同、较正常工资低的合同、在"积极就业互助收入保障金"框架下签订的合同以及其他补贴工作性质的合同）的人考虑在内，那么约 1/3 的法国人并未融入传统意义上的就业市场且未能享受"正常的"社会保障。因此，法国社会保障制度改革加剧了不平等现象并将社会分裂为"体制内人员"及"体制外人员"（Palier，Thelen，2008）。

而雇主与工会不知不觉地伴随这种趋势的发展却没有采取强烈抗议的态度。如上所述，大多数关于缩减社会补贴的协商都是基于"保险"（通过社会分摊集资，一直由雇主与工会管理）与"互助"（通过税收集资，由国家管理）之间的差别进行的。最初，当制度欲通过俾斯麦手段实现贝弗里奇普及制目标的时候，社会保险两个层面之间相互协作，而今，改革导致其分裂。

法国社会保障制度经历了制度层面的重大变革的同时，社会政策的目标也同样随之发生深度变化。以前，社会保障主要是在人们暂时或者永久性无法工作的情况下作为保障其收入的一种方案，因此，补贴曾作为因多年缴纳社保而获得的一种权利而被设计。随着时间的推移，社会政策不是靠支持家庭消费，而是通过鼓励公民尽可能地工作以及发展私人社会保险的手段，越来越成为（尤其在就业方面）旨在改变个人行为以及促进经济发展的工具。原则上，这些措施有利于在养老金基金、保险业、医疗研究以及服务行业开展新的经济活动。于是，渐渐的，不论是对企业（降低雇主社会保险分摊费，发展私人社会保险）、国家（降低强制险征收比例，限制公共社会开支增长）还是个人（就业激励政策），法国社会保障制度均被视为服务于竞争力的工具。

在法国，社会保障曾经是促进全民就业并且在此基础上设立的整体经济政策的一部分，其当时主要是一种集中于需求而设立的凯恩斯式的政策。经过三十年的变革，可以说，法国社会保障制度成为围绕供应以适应新的占主导地位的宏观经济模式（Hall，1986；1989）。在此过程中，许多措施推动了这种模式的变革：社会保障领域实施就业激励政策以使失业人员回归就业市场，降低社会保险分摊费以促使私营企业提供更多就业机会，促进社会保险领域市场发展等。然而，我们也可以质疑这场变革是否适应 2008 年金融危机成为全球性经济危机后所带来的新的经济与社会形势。

参考文献

Bichot, Jacques，1997，《20 世纪法国社会政策》，巴黎，Armand Colin 出版社。

Bonoli, Giuliano ，1997，《法国养老金政策：近期两项改革中合作与冲突方式》，《西欧政策》第 20 卷，第 4 期，第 160～181 页。

Bonoli, Giuliano, Palier, Bruno, 1996，《争取社会福利，法国社会保障改革政策》，《南欧社会与政策》第 1 卷，第三期，第 240～259 页。

Bonoli, Giuliano, Palier, Bruno, 1998，《变革社会规划政策，英法福利政策改革中的创新性变革》，《欧洲社会政策期刊》第 8 卷，第 4 期，第 317～330 页。

Castel, Robert, 1995，《社会问题变形》，巴黎，Fayard 出版社。

Catrice-Lorey, Antoinette, 1995，《社会保障与社会民主：困境还是重建?》，*Prévenir* 期刊第 29 期，下半年刊，第 61～79 页。

Clegc, Daniel, 2008，《大陆漂移：俾斯麦福利国家失业政策的演变》，入书 Bruno Palier、Claude Martin，《俾斯麦福利体制改革》，Blackwells 出版社，第 597～617 页。

Daniel, Christine ，Tuchszirer, Carole, 1999，《1884 年至今国家针对失业人员与失业补贴政策》，巴黎，Flammarion 出版社。

调查，研究与统计规划署（DARES），1996，《四十年就业政策》，法国文献。

调查，研究，评估与统计署（DREES），2007，《2005 年养老金储蓄》，《研究及结果》期刊，第 585 期 7 月。

Meriaux, Olivier, Duclos, Laurent, 1997，《对等制经济》，《法国经济与社会研究所（*IRES*）》第 24 期，春夏刊，第 43～60 页。

Esping-Andersen, G. , 1996，《缺少工作的福利国家：劳动力流失的困境与欧洲大陆社会政策中的家族主义》，入书 G. Esping-Andersen，《过渡期的福利国家，全球经济下的国家调整》，伦敦，Sage 出版社。

Hall, Peter, A. , 1986，《治理经济：英法国家干预政策》，纽约，牛津大学出版社。

Hall, Peter, A. , 1993，《政策范式，社会学习理论与国家，英国经济政策实例》，《比较政策》4 月刊，第 275～296 页。

Hatafeld, Henri, 1989,《从贫困到社会保障，社会保障起源随笔》，Nancy 大学出版社（第二版）。

Palier, Bruno, Hassenteufel, Patrick, 2008,《俾斯麦式国家医疗保险改革比较：通往新俾斯麦式医疗体制国家?》，入书 Bruno Palier、Claude Martin,《俾斯麦福利体制改革》，Blackwells 出版社，第 574～596 页。

法国卫生经济研究与文献研究所（IRDES），2008,《2006 年医疗社会保障研究》，《卫生经济问题》月刊第 131 期。

法国经济与社会研究所（IRES），1983,《社会保障》，巴黎,《经济与社会研究所资料》第一期，十一月。

Levy, Jonah, 2005, 《国家部署：法国自由化与社会政策》，入书 Kathy Thelen、Wolfgang Streeck,《超越连贯性，先进政治经济体的制度变革》，牛津，牛津大学出版社，第 103～126 页。

《法国局势》，2000，巴黎，La Découverte 出版社。

Merrien, Francois-Xavier, 1990,《国家与社会政策：试论新制度学理论》,《劳动社会学》季刊，第三期。

Palier, Bruno, 2005a,《社会保障治理》，巴黎，PUF 出版社。

Palier, Bruno, 2005b,《模糊的协议，渐进式变革：20 世纪 90 年代法国社会政策》，入书 Kathy Thelen、Wolfgang Streeck,《超越连贯性，先进政治经济体的制度变革》，牛津，牛津大学出版社，第 127～144 页。

Palier, Bruno, Thelen, K., Dualising CMEs, 2008,《协调有序的市场经济中的灵活性与变化》，贫困，社会福利与社会政策研究委员会（RC19）年会介绍文章，斯德哥尔摩，9 月。

Paugam Serge, 1993,《法国社会及其贫困人口》，巴黎，PUF 出版社。

Valat Bruno, 2001,《社会保障历史（1945～1967）》，巴黎，Economica 出版社。

老员工：过去，现在与未来[*]

Philip Taylor[**]

摘　要： 在传统的自由劳动力市场中，老员工受到歧视，多种原因促成了他们的提前退休。但是在老龄化的背景下，这不仅使老员工自身处于更糟糕的处境，也给福利国家的政府和企业带来多重压力。因此新近的政策开始鼓励老员工尽可能地延迟退休，促进他们获得技能并提高其就业能力。"积极的"就业政策是欧洲未来愿景的核心。然而，不能忽视的问题是，老员工持续处于弱势地位，尽管他们发现自身具有"积极老龄化"的潜力，但是他们仍然处于劳动力市场的边缘地位。

关键词： 老员工（Old Workers）　劳动参与率　年龄歧视　积极老龄化

从提前退休到延长工作生涯：老员工是否已经步入就业选择的"黄金时代"？

20世纪最后的25年中，劳动力提前退休的现象逐渐增多。大多数工业化国家，特别是一些欧洲国家的老员工劳动参与率显著下降。这种趋势一直持续到当下，直到最近出现一些缓和的迹象。老员工劳动参与率下降很大程度上归结于大规模的产业调整，这是许多发达经济体的共同特征，比如在制造业和金融业整合时期，没有就业能力和不希冀改变者成为首先被淘汰的对象，这些人通常都是老员工。而对于另一些人来说，他们的就

---

* "老员工"在原文中是 Old Workers，指介于40岁至60岁之间，在劳动力市场中年龄相对偏老的就业者。—译者注

** Philip Taylor，澳大利亚蒙纳什大学教授，本文由贾晶译，王晶校。

业机会也会随着整个产业结构的调整而逐渐消失。较为优厚的退休金或冗员安置费经常被用作解雇工人的手段。在一些国家，优厚的政府补贴进一步催生了提前退休的现象。"冗余的"老员工一般在 50 岁时就可以选择退休，因为政府已经保证他们在未达退休年龄之前即可享受养老金待遇，这导致他们甚至没有动力寻找新的工作机会。这个结果破坏了生命历程的三个阶段：接受教育、工作和退休。硬性的"社会安排"导致一些人老年时期经济上毫无作为，进而导致其晚年阶段出现众多的"不可预见性和不确定性"（Guillemard and Argoud，2004：168）。

哪些因素造成了老员工所面临的问题？

首先，社会对年轻人的偏好。我们通常把年轻人看作我们的未来，而认为老年人无法做出新贡献。大量证据表明，老员工在劳动力市场上备受歧视。他们经常被视为裁员的头号目标，同时在劳动力市场上亦面临年龄障碍。其次，最近许多欧洲国家政府采取默许的方式，更有甚者，有些国家公开支持一些雇主裁撤老员工，这是老年就业的一个重要问题。对于某些人来说，提前退休的方式可以减轻不切实际地寻找工作的痛苦，这一点在年老员工近代史研究中得到了广泛的讨论（Kohli，Rein，Guillemard and van Gunsteren，1991；Casey，1998）。我们没有必要掩盖这些传统的问题，但应当注意在当下的背景下，各国的政策研究都在试图解释"提前退休"的起源、适用范围和可能面临的挑战。这特别适用于那些提前退休气氛浓厚的国家，如法国。正如 Guillemard 和 Argoud（2004：177）指出的那样，尽管提前退休在法国很流行，但产生了很多问题，老员工的价值普遍过早贬值。公司、工会和雇员联合起来建立了一个永久的体系，即 55 岁成为"决定人们必须离开劳动力市场的年龄"。这种局面对上司和主管对待员工的态度产生深刻的负面影响，与此同时，四十多岁的劳动力现已被视为"近于老年的劳动力"，他们发现自己的职业前景十分黯淡（Guillemard and Argoud，2004：178）。

最后，证据表明，老员工自身有时也助长了年龄歧视问题。一方面，一些年龄比较大的人错误地认为通过这种方式他们正在为年轻员工让路，还有一些年龄比较大的人认为再培训是没有必要的，或者说他们潜意识里认为自己太老了而无法接受培训，他们相信以他们的年龄，没有雇主会再聘用他们；从另一方面看，老年人认为障碍在于年龄，而实际上却不是。"年龄歧视"通常被老员工内化了，给年轻劳动力让出职位成为他们提前退休的内在原因（Taylor and Walker，1996）。

个人风险：无望的前景

Alan Walker（2005）指出，"私营部门未来的竞争力和公共部门的效率将越来越依靠老年劳动力的生产效率和绩效"。对于一些不重视老员工的灵活组织来说，这需要一个循序渐进的过程。目前大家对老员工的作用尚未达成共识，老员工面临着持续的压力，正如 Sennett（2006）所描述的"无用的幽灵"，全球化破坏了老员工在劳动力市场中的地位，他们能做的工作在向边缘领域转移，雇主通常不愿意投资于会让他们在劳动力市场上立足的技能培训。Sennett 认为"技能社会"正在摧毁职业工人的生命历程规划。他认为人们在职业上的"随机流动"很普遍，因此大多数人会在工作生涯中培养多项技能而非单一技能，这种连续的项目转换侵蚀了人们"矢志不渝"的信念。Sennett 的呼声是当前一种少见的警示之音。

迎接老龄化社会的挑战：迈向积极老龄化

现在核心的问题在于我们退休的年龄越来越早，而我们的社会却已经老龄化。全球老龄化是一个不争的事实，而发达国家的老龄化程度最严峻。据预测，欧洲将是受人口老龄化影响最大的地区，很多国家都将快速老龄化带来的影响提上议事日程。在老龄化最严重的欧洲和日本，他们已经越来越把它视为一个特殊的战略问题。已有研究认为我们的经济前景取决于如何迎接老龄化社会的挑战。经合组织在其出版的著作《在老龄化社会中保持繁荣》（OECD，1998）中总结了很多当前争论中的论题，该书还预测未来将出现人口缩减和劳动力短缺问题，这一点只能通过移民来部分抵消。

目前越来越少的年轻人支撑着不断增长的老年群体，这意味着养老成本将不断提升，因此关于就业市场年龄歧视和工作年限延长问题成为一些政府和企业发展的首要议题。有学者提出，企业盲目追求日益紧缩的年轻熟练劳动力可能面临两方面的风险，一是在劳动力市场竞争中将面临越来越高的工资给付风险，二是企业内部劳动力结构失衡，企业有可能会在无意中忽视许多年老客户群体的需求，而这些老年群体需要不同类型的服务和产品。因此，无论是对政府还是对企业，人口老龄化都存在潜在的挑战。

过去几年欧洲国家出现大规模的"提前退休"潮，随着近几年的人口老化，欧洲国家越发意识到老龄化带来的风险和挑战，因此部分欧洲国家的社会政策制定者希望重新界定"退休"的概念。"积极的"就业政策是欧洲未来愿景的核心。2000 年，里斯本委员会设定了战略目标，在未来十年欧洲将会成为"世界上最有竞争力和活力的知识型国家，保持持续的经济增长，有更多更好的就业岗位和更强的社会凝聚力"。老员工已经构成这个愿景中的重要组成部分，并且已经被具体化到政策制定的细节部分。

考虑到经济竞争力和人口老龄化所导致的社会福利负担，提前退休的价值在 20 世纪 90 年代中期就受到政策制定者的质疑。目前学术界关于提前退休的益处的讨论已经消退，取而代之的是，延迟工作年限成为政策研究的首要目标，许多国家的老年政策都集中在鼓励老员工推迟退休，促进其获得技能和提高就业能力上。

员工推迟退休对经济增长的好处显而易见，大量数据表明，雇用老员工可以促进其对更加健康、更加富裕、更加快乐的晚年生活的预期，为他们提供连续的社会参与的机会，促使其获得晚年生活的目标和意义。对老年人来讲，驾驭自己的晚年生活比获取工资更为重要。虽然老员工的就业率近期有所增加，但一些观察家认为，他们的工作风险也越来越大，由于恶劣的工作环境，不完备的培训计划以及抵御风险和保护自身知识的不足，使得老员工面临严峻的健康风险和工伤风险（Quinlan et al.，2001；McGovern et al.，2004）。同时很多企业为节省成本精简了生产流程，缓冲性和连接性的工作逐渐消失，老员工的工作强度逐渐加大，这使他们的工作安全受到威胁（Tros，2004）。已有研究还指出，由于工作满意度下降，导致老员工出现提前退休的倾向（Green，2002）。与年轻人相比，老员工就业一般采用临时雇佣合同，这也促使他们面临更高的失业风险（European Commission，2002）。

因此，"积极老龄化"还是存在一些问题。尽管延长工作寿命可能会更好，但是这不能涵盖所有工作，如果不考虑就业所带来的经济收益，从什么意义上讲，就业会比提前退休对老年人更有意义呢？

　　然而近段时间，在一些组织和国家的政策术语中，"积极的老龄化"在很大程度上取代了"提前退休"（Prager and Schoof，2006），诸如世界卫生组织（2002）和欧洲联盟委员会（1999）一直都提倡这个概念。世界卫生组织已经建立了积极老龄化的政策框架。这一概念被定义为："积极老龄化是为老年人提供健康、参与和安全的最优机会，是提高老年人晚年的生活质量的过程。"（WHO，2002：12）。

　　积极性是指如下几个方面："持续参与社会的、经济的、文化的、精神的和作为公民的事务，不仅仅在于身体的参与或者以劳动力形式参与。积极老龄化的目标在于为所有老年人延长预期寿命、提高生活质量，特别包含那些体弱、残疾和需要照护的老年人。"

　　这种"积极"的老龄取向展现了与过去截然不同的老员工的生活景象。Walker（2002：137）认为："积极老龄化是一项具有合理经济价值的战略，它回应了老龄化的经济挑战，扩大了就业，同时改善了生活质量。"最近一项报告得出结论："针对人口老龄化最有效可行的社会和政策性回应就是提高 50 岁以上人口的就业率。"（Working Group on the Implications of Demographic Change，2002）提前退休的风潮似乎是对积极老龄化政策的背离，因此 Naegele（1999）建议为防止积极老龄化政策被破坏，还应该谨慎检查和衡量老年劳动力的社会保障功能。

总结评论

　　近年来，随着人口老龄化的加剧，很多学者提出通过延长工作年限来缓和劳动力市场的挑战。目前社会上对"停止提前退休"的迫切性已经达成共识，一系列旨在控制老员工退出劳动力市场的政策已经在酝酿当中。然而，我们不能忽视的问题是，老员工持续地处于弱势地位，尽管他们发现自身具有"积极老龄化"的潜力，但是他们仍然处于劳动力市场的边缘地位。

参考文献

Casey，Bernard. 1998. 《利与弊：提前退休与延迟退休》，*Working Paper Awp3. 3*，*Paris*：

OECD.

European Commission. 1999. 《积极老龄化，一个涉及各代人的欧洲社会》，Brussels.

European Commission. 2002. 《欧洲的就业：近期趋势和就业前景》，Luxembourg：Office for Official Publications of the European Communities.

Green, Francis. 2002. "Work Intensification, Discretion and the Decline in Well-being at Work", Paper prepared for the 关于工作强度的会议，Paris, 20 – 21 November.

Guillemard, Anne-Marie and Dominique Argoud. 2004. "France：A country with a deep early exit culture", In Maltby, Tony, Bert de Vroom, Maria-Luisa Mirabile and Einer Øverbye, eds., 《老龄化和退休过渡期：关于欧洲福利国家的比较分析》，Aldershot：Ashgate, pp. 165 – 185.

Kohli, Martin. Martin Rein, Anne-Marie Guillemard and Herman van Gunsteren, eds. 1991. 《退休的时间——关于从劳动力市场提前退休的比较性研究》，Cambridge：Cambridge University Press.

McGovern, P., Smeaton, D. and Hill, S. 2004 "Bad jobs in Britain"，《工作与职业》，31 (2)，225 –249.

Naegele, Gerhard. 1999. 《老龄化劳动力市场的积极策略》，Luxembourg：Official Publications of the European Communities.

OECD. 1998b. 《在老龄化社会中保持繁荣》。

Prager, Jens U. and Ulrich Schoof. 2006. "Active Aging in Economy and Society – A Policy Framework", In Bertelsmann Foundation. eds., Active Aging in Economy and Society, Gütersloh, Germany, pp. 26 –37.

Quinlan, M., C. Mayhew and P. Bohle. 2001. "The global expansion of precarious employment, work disorganisation and occupational health：A review of recent research"，《健康服务的国际通览》，31 (2)，335 –414.

Sennett, Richard. 2006. 《新资本主义的文化》，London：Yale University Press.

Taylor, Philip and Alan Walker. 1996. 《英国：在工作招聘和培训中的年龄障碍的斗争》，working paper no. wp/96/44/EN, Dublin：European Foundation for the Improvement of Living and Working Conditions.

Tros, F. 2004. "Towards 'flexicurity' in policies for the older workers in EU-countries?", Paper prepared for the IREC Conference 2004, Utrecht, August.

Walker, A. 2002. "A strategy for active ageing"，《国际社会保障的回顾》，55，121 – 139.

Walker, A. 2005. "The emergence of age management in Europe"，《组织行为学的国际通览》，10 (1)，685 –697.

Working Group on the Implications of Demographic Change. 2002. 《生命延长的挑战：经济负担还是社会机遇?》，London：The Catalyst Forum.

World Health Organization. 2002. 《积极老龄化：一个政策框架》，Geneva.

个体化背景下社会建设的可能性问题研究

王春光[*]

摘　要：过去三十多年，中国在从传统的农业社会迈向现代的工业社会过程中出现了巨大的社会关系变迁，其中个体化是最明显的一种变迁。社会关系的"个体化"表现在生产领域和再生产领域，在很大程度上已经损害了中国社会秩序的社会基础。但是中国社会的个体化与德国社会学家贝克所谓的"个体化"有一些明显的不同：首先，中国当前的社会还处在传统、现代和后现代等因素兼具的状态，而贝克探讨的是以德国为代表的后工业社会的社会关系变迁；其次，中国还没有形成福利国家制度，而贝克探讨的个体化恰恰是福利国家制度后出现的社会变迁和社会风险问题。目前，个体化成了当前中国社会建设所要化解的重要社会风险，而这两点差异在很大程度上影响了中国在应对社会关系个体化时所采用的路径的可能：进一步进行福利国家制度建构；发挥既有的传统资源（如家庭功能、社区合作），提升社会自主能力。

关键词：个体化　社会建设　福利国家制度

什么是社会建设？学术界有不同的界定，按陆学艺教授的概括，至少有三类界定：一类是指创建一个既能监督政府又能驾驭市场的社会；另一类认为社会建设就是社会现代化过程，或者建设一个现代化社会，主要指社会结构的合理化和现代化过程；还有一类认为社会建设就是发

---

* 王春光，中国社会科学院社会学所社会政策研究室主任，研究员。

展社会事业和民生事业（陆学艺，2012）。在我们看来，这三类界定的一个共同点就是认为社会建设与社会关系的变化有关系，第一类界定涉及国家、市场与社会三者的关系；而第二类界定是社会各个组成部分之间的关系变化；第三类界定把社会事业和民生事业作为社会建设的重点，其背后也是指在这些事业发展中各种关系的变化，如什么人享受这些发展成果等。基于这样的认识，我们认为，社会建设就是社会关系的再塑或再建构过程。2004 年社会建设作为中央的一项重大决策提出来，是不是基于对过去几十年改革开放中的社会关系变化而做出的呢？或者说，过去几十年社会关系的变化对当前中国的社会建设产生了什么样的影响？我们还能用原来的眼光去观察、理解过去几十年社会关系的变化及其带来的社会影响吗？正如贝克在分析"二战"后 20 年间德国社会发生的变化时指出的，"不能以现有的概念加以理解。相应的，它将被看做一种新的社会化模式"（贝克，2004：155）。同样，对中国改革开放以来三十多年社会关系也应有一个重新的理解，才能为当下的社会建设提供充分的理论和实证依据。

一 中国现代化与社会关系变迁

中国社会学一直在努力地去研究改革开放以来中国社会关系的变化，并给出了各种各样的解读，如多样化、异质化、疏离化、陌生化、断裂、原子化、个体化，等等。社会关系是多维度、多层面的。在我们看来，社会关系是指社会各个部分之间形成的相对稳定的连接形式，表现为不同形态，比如血缘关系、地缘关系、组织关系、家族关系、上下级关系、族群关系、职业关系、感情关系等。在涂尔干看来，现代社会以有机联系（团结）区别于传统社会的机械联系（团结）。滕尼斯则认为，传统社会限于社区联系，注重于地域性的情感和认同，而现代社会则表现为松散的、超地域、非情感性、理性化的社会联系。政治学家戴维·米勒认为，当今社会有三种社会联系：第一种是团结的社群，存在于"人们共享民族认同之时。……首先是人们之间产生相互理解和相互信任的面对面的关系，扩展到更大的圈子，这一圈子中的人们既是由亲戚关系或相互熟识，也是由共同的信仰或文化联系在一起的"（戴维·米勒，2008：32）。第二种是工具性的联合，以功利的方式联系在一起，经济关系就是典范。第三种是公民身份的联合体，即大家在国家层面都是公民，享受平等的公民权利和责任，"公民身份可以被视作抵制市场经济所产生并使其合法化的不平等的一种地位"（戴维·米勒，2008：37）。这些学者讨论的社会关系变迁发生在西方社会从传统向现代转变的情境中。而贝克讨论的是"后"现代的社会问题，包括社会关系问题："本书的主题是不引人注意的前缀词'后'。它是我们时代的关键词。一切都'后'了。"（贝克，2004：1）中国社会情境的独特性在于兼具传统、现代和"后"现代三者，还有一个维度是从计划向市场转变的进程，并伴随着从总体社会向市场社会和行政社会的转变。在这样的复杂情境中，中国在最近三十多年的时间内社会关系发生的变化，其复杂程度可能超过了现有相关理论的解释，包括贝克的后现代理论的解释。

中国社会关系原来是什么样？现在又发生什么样的变化呢？普遍的看法是，中国传统时代的社会关系是以家－国为轴线，沿着这个轴线由家的关系扩展为国的关系，家国是同构的。费孝通用差序格局来解释中国的社会关系；梁漱溟则认为，中国社会是以人伦关系为主，而不是以阶层或阶级关系为主。但是，如杜赞奇所言，进入 20 世纪初，国家权力伸向乡村和基层，引发农村社会关系的变化，其中一个最明显的变化就是国家与农民之间的代理关系。进入 20 世纪 50 年代后期，国家全面塑造中国的社会关系：费孝通所刻画的差序格局从显处退出，进入隐处，或者处于潜伏状态，而国家与民众的关系则走向前台和显处，每个人不论在家、在单位还是在外面，首要的身份是政治地位，即在国家的政治关系中所处的位置。在农村，个人的最基本身份不是父亲、母亲、儿子或女儿等传统角色，而是队员、队长等；在城市，个人的最基本身份是单位人和单位关系，如果一个人没有单位，就会被赋予一种边缘身份，处于边缘的社会关系之中。按李强的看法，那是一个以政治身份分层的时代，而不是一个以经济分层的时代，他称这套社会分层体系为"身份制"："以先赋因素来确认人的身份地位，这样一种体制的最大特点就是讲究等级、秩序。当这种身份得到了法律、法规的认可以后，各身份群体也就难以越轨，没有了跨越身份界限的非分之想。每一个人都被定位在一定的等级上，整个体制井然有序。"（李强，2005）显然，这是国家对中国社会关系的强力建构的结果，因为国家在当时的中国社会中具有绝对的支配作用，所以孙立平称之为总体性社会。在这种社会关系背后，传统的社会关系还是发挥着或明或暗的间接影响和作用。总体性社会的社会关系状况是这样：政治原则主导，以国家或集体为导向的社会关系，具有僵化稳固、垄断专断以及等级分明的特点。

改革开放后，市场化、城市化、工业化、计划生育、社会福利建设以及功利主义观念盛行等变化，对中国社会关系的冲击和影响，犹如之前国家的强势建构一样，是非常巨大和明显的，也是相当复杂和多样的。国家实施改革开放的一个重要做法就是让渡权力，放弃过去那种无处不在的卷入和干预，使社会的自主空间扩大，因此使那些经历上千年而没有变化但曾被隐藏起来的传统社会关系又回归到正常生活之中，走向社会的前台和显处。其中最明显的是家庭关系、家族关系等，不再像以前那样只得屈从于政治身份和地位（个人与国家的关系），相反，它们却支撑起中国并不健全的市场和商品经济以及制造业的发展，如家庭企业等民营经济和集市贸易，甚至影响到集体乡镇企业。

在改革开放大潮中，城市化对中国社会关系的影响和塑造是史无前例的。美国著名经济学家斯蒂格勒茨认为，21 世纪有两件大事对人类影响最大，那就是中国的城市化和美国的信息技术进步。中国的城市化不仅是人口规模之大乃世界之冠，而且更主要的是人口在城乡之间和城城之间不停地流动，如滔滔长江之水不停地涌动，社会越来越陌生化，相邻而居者往往并不熟悉，在流动中虽然可以结交一些朋友，但是，大部分情况下没有像在熟人社会那样建立全方位的、长期稳定的人际关系。另一个影响社会关系的因素就是市场化。计划体制的一个特点是用行政的手段将人们捆绑在一起，使他们有了一种集体意识和单位意识，相反市场化则在很大程度上削弱了这样的意识，没有了单位或集体归属，同时，市场化也使人们摆脱了对家庭、家族的依赖，而增大了对劳动力市场的依赖，这一点在很大程度上抵消了改革开放后传统社会关系的回归和复兴。工业化和市场化将标准化和制度化带入人们的生活，出现一个所谓 "孤立的大众隐士的标准化集体" （贝克，2004）。这个集体成员淹没在标准化海洋之中，彼此没有关系或者只有弱关系，因此反过来则显得很孤立。与其他国家的现代化不同的是，中国在最近三十年多采取严厉的计划生育政策，增大了中国社会关系的脆弱性，许多旧有的社会关系（如弟弟妹妹关系，舅舅、姨妈等关系）正在消失之中，出现一些新的社会关系以应对挑战。比如在一些地方，独生子女结婚，女的不叫出嫁，男的不叫上门，他们与自己父母轮流居住，叫做"两边住"。但是，与此相反的另一个变迁是隐私这一观念在中国的传播，对中国的社会关系又是另一大冲击，它使得子女不愿与父母住在一起、夫妻在力图保护自己的隐私，在一定程度上降低了亲密人际关系的信任。

德国社会学家贝克用"个体化"来概括和解释现代化进程中的社会关系变迁。在他看来，现代化进程使得人们从原来的社会关系规定中脱离或解放，同时会失去一种传统的安全感，需要用新的社会义务去重新塑造社会关系，这就是他所说的"个体化"。"现代化不仅仅导致中央化的国家力量、资本的集中、更紧密的劳动分工和市场关系网络，以及流动性和大众消费的发展。它同样导致（我们在这里得到了一种普遍的模式）一种三重的'个体化'：脱离，即从历史地规定的、在统治和支持的传统语境意义上的社会形式与义务脱离（解放的维度）；与实践知识、信仰和指导规则相关的传统安全感的丧失（去魅的维度）；以及重新植入——在这里它的意义完全走向相反的东西——亦即一种新形式的社会义务（控制或重新整合的维度）。"（贝克，2004：156）中国在过去三十多年中发生的社会关系变迁，既存在"个体化"问题，又存在比"个体化"更复杂的问题。在我们看来，中国社会关系的变迁确实存在如贝克所说的"脱离"和"去魅"现象，但是，没有出现"重新植入"的控制或重新整合。在贝克看来，"重新植入"是为了解决"个体化"带来的社会问题的一个重要环节，如果没有这样的环节，个体化是一种社会风险。他认为，个体化的一个后果是"在文化生活中不再有什么集体良知或社会参照单位作为补偿"，个体"成为以市场为中介的生计以及生涯规划和组织的行动者"，不是家庭而是个体自身"成为再生产单位"了（贝克，2004：159）。另外，"重新植入"指高度的标准化和市场依赖；最后则是指向"个体境况的依赖制度的控制结构"，包括教育、消费、福利国家的管理支持、交通规划、消费供应及医学、心理学和教育学咨询与照料等，这是一个技术性的制度控制结构。贝克的"重新植入"思想对我们理解和分析当前中国社会关系变迁出现的问题有着重要的启示。

二 中国社会关系"个体化"的多向度

从当前中国社会关系变迁以及出现的问题来看，社会建设显然是有助于解决这些问题的行动策略，但是，是否能做到，还取决于许多因素，比如政府、社会以及每个成员是否重视，是否有相应的制度和政策支持等，其中还取决于我们对当前中国社会关系问题本质的认识。从上面对中国社会关系变迁的简要分析中可以看出，当前中国社会关系问题的本质也是"个体化"进程中的内在矛盾性问题，其中最关键的是没有解决好"重新植入"问题。

虽然当前的中国与贝克 20 世纪 90 年代研究的德国在社会经济上有很大的不同，表现在很多方面。比如：德国已经完成了现代化，进入了后现代化时代，而中国目前还在现代化进程之中，而贝克的个体化理论讨论的是完成了现代化之后的后现代化德国社会；中国内部存在的区域差异远远大于德国社会；等等。但是，中国社会处于由多重时空压缩而成的状态，传统、现代和后现代等各种因素同时并存，甚至出现交错混合的现象，所以，即使中国社会关系出现贝克所谓的个体化变迁，但是其路径和背后的逻辑也与以德国为代表的发达国家社会有所不同。因此，这是本文在借用贝克的个体化理论的同时要进行探讨的内容之一。

为什么中国还没有完成现代化却出现"个体化"变迁呢？中国的个体化变迁在多大程度上以及在什么层面上又不同于贝克所谓的个体化呢？这里按照贝克分再生产领域和生产领域进行考察的方法讨论中国的社会关系个体化问题。

1. 再生产领域的个体化问题

在当前中国，传统因素、现代因素和后现代因素并存，不可避免地影响到再生产领域的社会关系，其中后现代化因素无疑会诱致社会关系的个体化变迁，但是传统因素和现代因素又使得中国的社会关系比贝克想象的更为复杂。

在再生产领域，随着计划生育政策的实施、人口流动以及家庭观念变化等，家庭抵御社会风险的能力出现明显的弱化，比如家庭养老能力、家庭凝聚力或者团结力（尤其是夫妻关系的稳定性）、家庭教育功能等都出现不同程度的弱化。在许多情景下"不是家庭而是个体自身成为再生产单位"（贝克，2004）。空巢老人、留守儿童、夫妻离婚数量显著增长。有研究者依据 2010 年的中国人口普查数据推断，中国有 6200万空巢老人，占全国老人数的 1/3；丧偶老人 4748 万人（张兴文，2012）。另外有调查表明，城市 49.7% 的老人为空巢老人，农村孤独居住老人接近四成（蒋亮，2010）。国家老龄办 2013 年 2 月 27 日颁布的《中国老龄蓝皮书》认为，到 2013 年，中国空巢老人已经超过 1 个亿，比 2010 年普查数据所做的推断大很多，最近几年无子女老人和失独老人明显增长，失能老年人口从 2012 年的 3600 万人增长到 2013 年的 3750 万人，老年抚养比从 2012 年的 20.66% 上升到 2013 年的 21.58%。与此相对应的是，农村留守儿童数量庞大，全国妇联委托中国人民大学人口与发展研究中心承担的课题 2013 年发表了《我国农村留守儿童、城乡流动儿童状况研究报告》认为，目前我国农村留守儿童已经达到 6102.55 万，占农村儿童的 37.7%，其中有独居留守儿童 205.7 万，还有 3581 万的城乡流动儿童（见表 1）。

表 1 中国农村留守儿童和城乡流动儿童情况

留守儿童	流动儿童
农村留守儿童达 6102.55 万,占农村儿童的 37.7%	城乡流动儿童达 3581 万,五年增长 41.37%
独居留守儿童达 205.7 万,占留守儿童的 3.37%	流动儿童最多的省份是广东,达 434 万
近一半农村留守儿童的父母外出	上海四成儿童为流动儿童,京浙三成儿童为流动儿童
隔代照顾留守儿童的祖父母,平均年龄为 59.2 岁,绝大部分小学文化程度	流动儿童平均流动时间 3.74 年
留守儿童最大的心愿就是与父母团聚,使自己不成为留守儿童	面临学前教育与后义务教育困难

中国的传统是，离婚是不光彩、见不得人的事，人们不会轻易离婚，即使婚姻质量很糟糕。但是改革开放以后，越来越多的人在追求婚姻质量的同时却过度地宣扬个人的权利，甚至随着个人的性子处理婚姻，因此离婚成为少数人的家常便饭，甚至有的人将离婚视为一种时尚，倡导男人不离婚就等于人生失败的观念。显然，离婚率的高低在很大程度上可以体现社会关系个体化的一种态势。表 2 显示，2009 年的离婚率是 2001 年的 183%，也就是净增了 83 个百分点，接近翻番了；但是 2009 年的结婚率却只有 2001 年的 144%，即净增了 44 个百分点。从 2001 年到 2009 年的 9 年时间内，除了 2002 年，其他年份的离婚率都在增长之中，其速度还是相当快的：2003 年比 2002 年增长 16.6%，2004 年比 2003 年增长 21.9%，2005

年比 2004 年增长 7%，2006 年比 2005 年增长 6.6%，2007 年比 2006 年增长 8.9%，2008 年比 2007 年 7.5%，2009 年比 2008 年增长 5.9%。由此看来，离婚率的增速快赶上中国的 GDP 增速了。表 3 是长沙市芙蓉区 1988 年到 2006 年的结婚离婚统计情况，可以看出该区的离婚增长率那就更高了：2006 年的离婚数是 1988 年的 7.5 倍，而结婚数却只增加了近 3 倍，离婚率与结婚率比从 1988 年的 7.88 增加到 2006 年的 20.32。由此可见，在这 18 年中，长沙市芙蓉区的家庭婚姻越来越不稳定。我们在中西部一些农村调查发现，以往少有的离婚现在变得很平常："孟溪法庭去年（2010 年）共受理案件约 40 起，其中婚姻案件最多，占 60% 以上，近年来呈上升趋势。婚姻问题主要有一方外出后分居造成的感情矛盾，以及第三者问题。女方提离婚的较多，女方统一补偿男方的较多，女方补偿的数额也比男方大。从原因上看，一是妇女的权利意识提高了，二是感情基础不牢，闪婚闪离，最短的一对结婚 4 天就离了，他们之前认识不过半个月就结婚了，女方是外地人，来到贵州后接受不了男方的经济条件就离婚了。离婚的夫妇都是年轻人，基本都在 35 岁以下，其中一个女的，25 岁，已经是第三次离婚了，离婚后不要孩子，承担了 2.6 万元的抚养费。现在的道德约束力越来越低了，女的都不以嫁多少次为廉耻。农村的道德水平下降很快，特别是'80 后''90 后'，男女都谈与多少异性玩过为荣，道德沦丧冲击太大了。"（2011 年我们在贵州对一个镇的法庭庭长的访谈）

表 2　2001 年到 2009 年全国结婚率和离婚率一览表

单位：‰

年份	2001	2002	2003	2004	2005	2006	2007	2008	2009
结婚率	6.3	6.1	6.3	6.65	6.3	7.19	7.5	8.27	9.1
离婚率	0.98	0.9	1.05	1.28	1.37	1.46	1.59	1.71	1.8

资料来源：http://wenku.baidu.com/view/41a17f8302d276a200292e91.html。

表 3　长沙市芙蓉区结婚离婚统计表

年份	结婚（对）	离婚（对）	离婚率/结婚率
1988	1928	152	7.88
1991	1853	211	11.38
1995	2032	314	15.45
2000	2548	501	19.66
2001	2512	565	22.49

年份	结婚(对)	离婚(对)	离婚率/结婚率
2002	2353	570	24.22
2003	3203	720	22.47
2004	3984	976	24.49
2005	3090	1048	33.91
2006	5620	1142	20.32

资料来源：罗荣娇，2007。

　　当然，家庭依然还是中国社会结构的细胞，中国人重视家庭的传统还是存在，但是与过去相比，家庭的观念和功能确实出现弱化的现象，家庭不再像过去那样一直是中国人的行动单位了。因此，当前中国在社会关系领域面临着"解脱"与传统的张力或者可以说是个体化内在的矛盾性问题：一方面有一些力量在驱使着中国人的个体化，另一方面又离不开家庭这样的传统结构。最典型的例子就是农村空巢老人，许多还承担着照顾孙子孙女或外孙外孙女的重任，因为一方面空巢老人还需要子女外出打工寄钱给他们养老，另一方面他们的子女也确实需要他们这样做，否则孩子的照顾就成了问题。相比而言，发达国家的空巢老人就少了中国老人那样的责任。

　　在再生产领域个体化的另一个表现就是作为身份的阶级不再那么明晰了："我们关注的是从基于身份的阶级的脱离。从一个人的'阶级'地位出发，我们不再能够确定其观点、关系、家庭地位、社会和政治理念与认同。"（贝克，2004：158，160~161）在个体化理论看来，阶级不再是重要的社会结构成分了。但是，中国的社会结构是否就如贝克所认为的那样不以阶级为身份了呢？对此，中国的研究者曾有过争论：一种观点认为，中国的社会结构呈阶层化，将中国社会划分为十大阶层（陆学艺，2001）；另一种观点则认为中国不存在阶层，中国社会出现碎片化现象。（李强，2004）；还有一种观点认为，中国上层阶级化，而下层碎片化（孙立平，2006）。这种争论在一定程度上说明了中国社会关系的复杂性：一方面中国社会在职业、收入上出现阶层化、阶级化，另一方面在消费、观念上出现去阶层化和阶级化的现象，大众消费领域的个体化比阶层化显得明显一些。但是，需要看到的是，中国还是处于工业社会时代，并没有步入后工业社会。一般来说，工业社会的一个结构特点是阶层分化，而与几十年前的工业时代不同的是，当前中国处于信息技术高度发达的工业时代，信息技术使得社会观念的传播变得扁平化，不同阶层的人可以同时接受一些相同的信息和观念，在一定程度上从观念上抹平了阶层之间的差异，出现如贝克所说的不能从一个人的阶级地位出发确定其观点的现象。相对而言，阶层领域的个体化没有家庭领域那么明显。目前中国的社会阶层呈现一种分割固化的态势：一方面，强势阶层在不断地寻找区别于其他阶层的身份标志和象征（如豪宅、豪车、外国护照、豪华婚礼等），有人称之为断裂（孙立平，2006）；另一方面，观念传播的扁平化以及社会对富人和权贵阶层的舆论鞭笞，也使得人们试图在一些方面力图进行阶层"脱嵌"或者"解放"，形成一种个体化的位势。

当然，在中国，仅仅从身份角度看待阶层或阶级，是不全面的。中国有身份定位的传统，如婚姻上中国人主张门当户对，改革前有政治身份，现在一些权贵者也试图构建新的身份。但是，由于中国的改革开放在很大程度上是去身份化过程，比如破除以户籍决定就业的规定，国有企业改革试图破除就业终身制的身份等，因此，在现实生活中，过分强调自己的身份，会招来其他人的抨击和蔑视，尽管事实上人们还是重视身份。从这个意义上看，在中国，阶层的身份意义就比较复杂，它确实影响着人们的行为，但是又不能上升到公开的言语。与此同时，当前中国的许多阶层都是在改革开放中诞生和形成的，现在的阶层结构与改革前大不相同，形成机制也有了很大变化，因此，不能仅仅被视为再生产领域，事实上与作为职业、工资劳动的生产领域有紧密的关系，需要在生产领域中加以进一步考察和讨论。

2. 生产领域的社会关系变迁

"在工业时代，工资劳动和职业已经成为生活的轴线。这条轴线与家庭一起，形成了这个时代中生活所处的两极坐标。"（贝克，2004：169）在贝克认识的世界中，工业时代是一个标准化的充分就业系统，而在后工业时代，劳动出现去（或解）标准化，越来越多的人进入了灵活多元的不充分就业状态。如果按工业时代与后工业时代划分来讨论生产领域的社会关系个体化，那么这在当前中国似乎是不适合的，但是，如果从劳动去标准化来看，中国的情况实际上是相当普遍的，尤其是在农村流动人口那里表现得更为突出，对这些人群来说，工资劳动和职业与家庭之间还有一条轴线，那就是流动或者说就业与家居的空间分离。

改革开放以来，中国就业的灵活多元化有三条变迁线索：第一条是农村劳动力外出务工，与原来的稳定而不充分的农业就业脱嵌，进入工业领域的灵活多元的不稳定的就业；第二条是国有企业职工的下岗分流、再就业的多元灵活变迁；第三条则是高等教育毕业生和部队转业就业的市场化变迁。

对广大农村流动人口来说，他们根本没有想到在非农领域获得"终身的全职工作"，他们的工作都是临时性的，缺乏标准的契约。国家于2008 年修改了《劳动合同法》，旨在推进就业的标准化，虽然有一些效果，但是并不理想。调查表明（见表4）：农业户口的异地就业者（农村流动人口）中有 52.9% 的人没有签订劳动合同，只有 35.7% 的人签订了固定期限的劳动合同，其他签订的是无固定期限和试用期劳动合同。如果按劳动合同判断，那么只有 35.7% 的农村流动人口获得"终身的全职工作"，其他农村流动人口都从事临时性的工作，相当不稳定。有一些农村流动人口并不想签订合同，因为他们外出打工的目的就是多赚钱，签订合同，会限制选择获得高一点收入的择业自由。为什么他们更重视收入的多少而不是就业稳定呢？原因在于，在现有的城乡二元和区域分割的户籍体制下，就业稳定相对来说带来的福利不是很理想，因此，他们宁可牺牲就业稳定而追求收入的增加。所以，农村流动人口的灵活就业与贝克所看到的德国有很大的不同。但是，灵活就业的不稳定性对社会关系的影响却是相同的——在一定程度上导致个体化变迁。由于就业的不稳定，直接受影响的就是家庭关系，比如夫妻分居、父母与子女分居、老人赡养困难；由于大量农村人口外出，农村社区出现"空壳化""空心化"；在外流动中，越来越多的人结成各种临时的关系，比如临时同居等。所有这些变化都表现出脱离原来规定以及不稳定、不确定的个体化特点。

相对于农业流动人口的就业，非农业居民户口的人的就业就相对稳定一些，比如他们中签订固定劳动合同的比例高达 50% 左右（见表4），他们就业和家庭生活在同城。与此同时，也应该看到，城市居民中也有20% 左右的人没有签劳动合同。城市居民就业临时化的变迁，是城市劳动市场化的产物。城市居民就业变得灵活多元和解标准化，源于两方面的劳动就业制度改革：一是国有单位（特别是国有企业）改革，二是大学毕业生就业制度改革。这两项改革采取的都是市场化取向。从 20 世纪 90 年代中期开始，国有企业进行了下岗分流改革，打破了原来的就业终身制，从 1995 年到 2003 年，国有企业有 4380 万职工失去了工作（黄玲文、姚洋，2007）。这么多下岗工人，其中有一部分下岗即退休，还有相当部分的下岗工人通过各种方式再就业，他们大多在私营企业、外资企业或者一些国有单位找到工作，不管是回到国有单位就业，还是在其他部门就业，他们与之前的稳定就业状况大不一样了。他们基本上都是临时工，随时有被解雇的可能。这一点预示着国有企业改革对社会关系产生的个体化影响：第一，国有企业员工不再像以前那样有长期稳定的就业，缺少稳定感，在一定程度上影响到企业与员工的关系，使员工感觉到随时有被解雇的可能或者风险，不会与现在的就业单位建立像以前那样的关系和联系。第二，就业不稳定或者失业，对家庭关系构成一定的威胁甚至损害，最明显的是国有企业分流下岗曾一度引发离婚潮。

表 4　农村流动人口的劳动合同签订情况

		您目前是否与工作单位或雇主签订了书面劳动合同							
		签订了固定期限劳动合同	签订了无固定期限劳动合同	签订了试用期劳动合同	签订了其他合同（请注明）	没有签订劳动合同	不需要签劳动合同（如公务员或国家机关、事业单位编内人员）	不清楚	总计
农业户口	频数	110	23	4	0	163	6	2	308
	占比（%）	35.7	7.5	1.3	0.0	52.9	1.9	0.6	100.0
非农业户口	频数	166	46	5	1	69	52	0	339
	占比（%）	49.0	13.6	1.5	0.3	20.4	15.3	0.0	100.0
居民户口（之前是非农业户口）	频数	8	5	0	0	2	1	0	16
	占比（%）	50.0	31.2	0.0	0.0	12.5	6.2	0.0	100.0
居民户口（之前是农业户口）	频数	9	6	0	0	10	1	0	26
	占比（%）	34.6	23.1	0.0	0.0	38.5	3.8	0.0	100.0
其他	频数	1	1	0	0	0	0	0	2
	占比（%）	50.0	50.0	0.0	0.0	0.0	0.0	0.0	100.0
总计	频数	294	81	9	1	244	60	2	691
	占比（%）	42.5	11.7	1.3	0.1	35.3	8.7	0.3	100.0

资料来源：2011 年中国社会科学院社会学所社会综合状况调查。

大学毕业生就业制度改革开始于 20 世纪 90 年代中期，从原来的国家包分配转变为市场就业，在激活了大学毕业生自主择业的积极性的同时，也使他们产生强烈的不确定感、不稳定感。特别是最近几年，大学毕业生就业比以前更为困难。社会上流行"大学毕业生赚得不如民工多"的说法，从一个侧面反映了这一点。当前大学毕业生除了考上公务员、事业编制和国有企业编制，其他就业都并不稳定，即使在一些国有单位，如果没有进入编制，就是临时就业状态，特别是国有企业大量使用劳务派遣工，其中大部分就是大学毕业生（含硕士毕业生等）。大学毕业生就业的不稳定、不确定，彻底地改变了大学生过去那种天之骄子的印象和感受，使他们产生强烈的危机感和不安全感，削弱了他们与就业单位、同事等的关系，强化了其个体化的意识。

由此可见，生产领域的脱嵌和不确定性，已经改变了许多中国人与家庭、社区、同事以及朋友的关系，一方面人们有了更多的选择机会，不再像以前那样困守在一个地方、一个单位以及做一项事情；另一方面许多在以前看来是稳定的、熟悉的、理所当然的社会关系不再那么稳定，人们更多地生活在变动不居的社会关系中，显得自由的同时也变得比以前孤立、孤独了。这就是个体化进程。

三　社会关系"个体化"的社会风险和
社会建设的抗风险机制

中国社会关系个体化变迁的前提条件不同于贝克所说的发达工业社会。贝克所说的个体化前提条件和表现是"福利国家所保护的劳动市场社会的普遍化，消解了阶级社会和核心家庭的社会基础"。（贝克，2004）。在贝克看来，个体化直接与福利国家的保护有关，由于受福利国家保护，人们在就业上不刻意追求稳定和充分，更会转向按自己的兴趣去就业，一些年轻人更多地选择不充分和灵活的就业，这就是所谓的"受福利国家保护的劳动市场社会"，其风险就是削弱了原有社会结构（阶级和核心家庭）的社会基础。虽然中国当前还不曾具备受福利国家保护的劳动市场社会，但是，我们却切身地感受到由于这样的个体化而带来的社会风险，其中许多风险一点不逊色于发达工业社会，甚至还很有中国特色。这里要从前提条件和风险表现这样两个方面来讨论中国社会关系个体化的社会风险问题。

中国离福利国家还有很长的路要走，但是为什么中国却出现了个体化变迁呢？贝克观察到，由于福利国家能为人们提供社会安全，因此，人们不太注重就业的稳定性，也可以从事不充分的灵活就业。"工作与非工作的界限成为流动的。灵活而多元的不充分就业形式正在流行开来。"① （贝克，2004） 科技发展、产业结构的变化也助推了劳动去标准化、就业灵活和多元化。中国的情况显然与此有很大的不同。导致中国社会关系个体化的虽然也是制度原因，但不是福利国家制度，而是城乡二元体制、单位制、市场体制以及建立在三者之上的社会福利制度（包括计划生育制度）。在这里，社会福利制度的不健全反而成了社会关系个体化的重要根源之一。

社会关系个体化带来的社会风险虽然并不一定马上被人们感知，但是，其影响却是不可忽视的。事实上，在现实中我们越来越多地看到显性化的社会风险，如"以社会道德环境、家庭婚姻和男女角色来应付焦虑和不安全感的传统方式不断遭到失败。在同样的程度上，需要个体自身来应付焦虑和不安全感。或迟或早，对教育、咨询、医疗和政治的社会制度的新需求会从相联系的社会和文化的冲击与颠覆中产生出来" （贝克，2004：188）。全国那么多人长年在流动中生活，脱离了原来的熟人社会关系，对社会道德环境构成了严重的冲击，异地的社会道德环境不一定能对流动者构成强有力的约束；人户分家、青壮年外出、个人追求隐私等，在一定程度上瓦解了传统的家庭养老模式，空巢老人、孤独老人、留守老人的养老问题越来越成为社会问题；原有的一些社区共同体在个体化进程中出现衰退，社会合作比以前更为困难；就业的不充分和灵活性，在很大程度上削弱了人们生活的稳定基础，对相关的社会关系（家庭关系、同事关系等）构成了挑战。

面对家庭分离、社区共同体弱化、社会合作减少、人际关系淡化、社会道德和诚信衰退、个人不稳定和焦虑感增强等个体化带来的社会风险，社会建设是否能有效对此加以化解呢？在最近几年，社会建设受到学界和政界的重视，说明当前中国社会风险已经到了不能不重视的地步。但是，在实践中由于受制于中国的社会、政治结构和文化因素，社会建设并没有取得立竿见影的效果。一方面，可能受制于社会建设的属性，社会建设不同于经济建设，

---

① 黄玲文、姚洋：《国有企业改制对就业的影响》，《经济学研究》2007 年第 3 期，第 173 页。

其运行规则并不像经济建设那么简单易行。经济建设按市场理性原则进行，可操作性强，见效快，而社会领域更复杂，不同领域由不同的运行规则（如社会公正规则、合作规则、亲缘规则、地缘规则等）在起作用，不同规则之间并不一定协调，因此如何有效地调动和协调不同运行规则，实现相互配合、促进，并不是如经济建设按投入产出原则进行那么简单。另一方面，当前中国的社会建设更多的是一种行政做法，称之为行政社会实践。其优势是可以动用强大的财政和行政资源（如果政府愿意的话，事实上还没有真正动员强大的财政资源），但有一个明显的不足是用行政规则取代社会规则、行政需求取代社会需求，从而使得社会建设不一定满足社会的需求、不一定能有效地化解社会风险，从而达成社会建设之目的和效果。

就中国的具体情境而言，目前只有社会建设是唯一规避和化解个体化社会风险的机制和行动策略，而问题在于如何搞社会建设？基于对中国现实的认识和研究，我们认为，中国的社会建设按以下路径，有可能解决个体化中"重新植入"的问题，并由此可以化解或者缓解个体化社会风险。在中国，"重新植入"要解决的是三个层面的问题：一是制度保障问题（包括法治保障、财政保障、社会保障等）；二是社会自主参与和合作问题（社会组织和社区共同体发展问题）；三是社会自我约束问题（主要是社会道德问题）。

第一，社会体制改革和建设。社会体制由五个方面组成：法治保障、社会保障体制、劳动分配体制、社会组织体制、社会管理体制。目前，中国社会体制表面上有着很强的社会整合性，事实上却很脆弱，尤其在促进社会团结方面显得很不够，反而在某些方面激发了社会关系个体化，存在巨大的社会风险。比如以户籍制度为基础的社会管理体制并不利于流动人口的家庭团聚，最近几年涉法上访相当明显，一些社会组织（如红会）暴露了严重的问题。从社会建设角度来看，社会体制改革的目标有五个：确立公正独立的法治体系，建立全国统一的社会安全体系，促进劳动收入关系稳定化和合理化，激发社会组织发展，提升社会自我管理水平。这五个目标在一定程度上可以增强社会公正感、家庭凝聚力、社会安全感、劳动关系确定化以及社会共同体意识。

第二，社会参与和合作。社会建设的关键还是培育社会组织，促进社会组织参与社会，加强社会合作，增加社会归属感。中国的社会组织并不发达，一方面受制于社会组织体制，另一方面也缺乏实践经验。社会组织发展取决于社会组织体制改革以及政府的资源和政治支持。最近一些地方政府已经放宽了对社会组织发展的限制，并且向一些社会工作组织购买公共服务，这是一种好的态势。但是，目前社会组织还是发展得不够理想，成立社会组织的门槛和制约还相当多，社会组织获得资源的渠道少，社会组织参与社会建设的能力弱。

第三，社会自我约束机制。社会自我约束机制来自社区共同体。当前中国社会自我约束机制弱化，原因在于面对巨大的社会变迁，社会共同体建设滞后。一方面原有的社会共同体经验不足以应对和处理巨大的社会变迁，另一方面是一些社会共同体经验没有受到普遍的重视和充分的利用。前者的最典型例子就是农民工在城市化和工业化进程中仅仅依靠地缘经验（老乡关系）不足以解决面临的劳资纠纷等问题，后者表现为当前的社区建设并不重视当地的传统文化资源，嵌入性不够。社区建设倚重于行政手段，完成的是行政任务和目标，往往会偏离居民的需求，因此，在实践中普遍存在政府做得欢、居民看着欢的现象，不能有效地调动居民参与的积极性。事实上，中国社会在变迁和转型进程中，并没有完全丢失和放弃原有的一些社会合作和自我约束，在一些农村地区，我们看到社会有着很强的自我整合和修补机制，可以应对一些社会风险。但是，这种情况往往不受政府主导的社区建设重视，更没有被作为社区建设的基础来拓展。因此，真正的社区建设应该充分挖掘有效的传统经验和做法，嵌入当地业已存在的社会组织和关系中去，以此调动居民的参与，激发他们相互合作的积极性，增强他们的自我约束和团结，以应对个体化及其带来的社会风险。比如，西部某村，大量青壮年劳动力外出务工，村里的老人自发组建养老互助组织，较好地应对了留守养老问题，但是，如果政府在社区建设上关注它，给予其一定的财政和技术支持，就可以增强这样的养老组织的自我服务能力。这样的养老组织不但可以增强自我养老，而且还能对外出务工子女有很强的约束功能，至少可以强化子女从经济上增加对父母的支持。由此可见，中国社会有着很丰富的自我解决问题的传统资源，如果在社会建设中，政府能够充分地尊重和重视这些资源，并给予相应的财政、技术和政治支持，那么，社会共同体和社会组织建设是可以期待的，社会的自我约束机制是可以得到有效的建构的。

从体制到社会组织和社区共同体，它们之间有着内在的相互关系，体制不改革，社会组织难以发展，而社会组织难以发展，社区共同体营造就没有了载体。社会建设就是推动三者良性互动的过程，由此可以实现社会关系的重建，化解个体化带来的风险。

参考文献

戴维·米勒，2008，《社会正义原则》，江苏人民出版社。

杜赞奇，2004，《文化、权力与国家：1900～1942 年的华北农村》，江苏人民出版社。

斐迪南·滕尼斯，1999，《共同体与社会》，商务印书馆。

费孝通，2000，《乡土中国》，人民出版社。

黄玲文、姚洋，2007，《国有企业改制对就业的影响》，《经济学研究》第 3 期。

蒋亮，2010，《调查数据显示中国城市空巢老人已接近五成》，http://news.163.com/10/0913/18/6GG0D2ES00014AEE.html。

李强，2004，《中国社会分层结构的新变化》，收入李培林、李强、孙立平著《中国社会分层》，社会科学文献出版社。

梁漱溟，2011，《乡村建设理论》，世纪出版集团 上海人民出版社。

陆学艺，2001，《当代中国社会阶层研究报告》，社会科学文献出版社。

陆学艺，2012，《社会建设论》，社会科学文献出版社。

罗荣娇，2007，《浅析离婚率上升原因》，http://sws.mca.gov.cn/article/hydj/llyj/200711/20071110003492.shtml。

孙立平，2006，《警惕上层寡头化、下层民粹化》。《中国与世界观察》第 3 期。

涂尔干，2000，《社会分工论》，生活·读书·新知三联书店。

武川正吾，2011，《福利国家的社会学》，商务印书馆。

乌尔里希·贝克，2004，《风险社会》，译林出版社。

应奇、刘训练，2007，《公民身份与社会阶级》，江苏人民出版社。

张兴文，2012，《数据解读老龄中国（三）：全国空巢老年人约 6200 万》，http://pension.hexun.com/2012-08-30/145307558.html。

Adalbert Evers and Anne-marie Guillemard. 2013. *Social Policy and Citizenship*, Oxford University Press.

John Baldock, Lavinia Mitton, Nick Manning, Sarah Vickerstaff. 2012. *Social Policy*, Oxford University Press.

征稿启事

　　社会政策究竟向何处去？这恐怕是任何一个人都难以给出满意答案的问题。当前，不仅中国处于社会政策体系构建的十字路口，欧美发达国家亦面临所谓新旧社会风险并存的困境。我们处于一个正在经历大变革的"大时代"，因为剧变而带来困惑，因为困惑而引发思考，正如春秋战国和文艺复兴时期，这将是一个产生深刻思想的百家争鸣的舞台。再具体到社会政策，它不仅仅是一种资源再分配的手段，其背后更隐含着人们对理想社会的理解。因此在全球化和信息化渗透到社会的各个角落的时候，我们需要对社会政策进行根本性反思。

　　我们关心养老金改革、新医改、教育公平性这些具体的社会政策话题，我们也关注对公平、平等、团结的理论探讨；在新形势下，我们特别感兴趣社会政策的核心概念正在经历怎样的发展与变迁，同样，我们也有兴趣了解传统的社会福利服务该如何持续；我们想知道在一个具体的环境中，社会政策和经济政策、政治政策是如何互动的，我们也想知道，对一项具体的社会政策该如何评估；从学科建设的角度，我们也希望看到关于学科规范和方法论的讨论；我们要记录正在发生的剧变，我们更要在剧变中创新。

　　《社会政策评论》致力于打造一个中外社会政策研究者的交流平台。我们每年都会出版两期，每期都会选择一个主题做焦点讨论，同时也会收录一些非主题文章。如果你关注社会政策，同时对上述问题有独到见解，欢迎给我们投稿，也欢迎给我们提出建设性意见。我们注重思想的火花，所有8000到20000字的相关学术论文、调查报告、书评、研究综述都在被考虑之列。但是投稿时也请遵守学术规范和学术道德，我们不接受已经发表的文章，也不欢迎过多重复他人观点的文章。

　　电子版稿件请发至 socialpolicy@ cass. org. cn。

图书在版编目（CIP）数据

社会政策评论. 总第 4 辑，社区发展与社区福利：2013 年夏季号/王春光主编. —北京：社会科学文献出版社，2013.12

ISBN 978 - 7 - 5097 - 5498 - 6

Ⅰ.①社⋯　Ⅱ.①王⋯　Ⅲ.①社会政策 - 研究 - 文集　Ⅳ.①C916 - 53

中国版本图书馆 CIP 数据核字（2013）第 311224 号

社会政策评论　2013 年夏季号（总第四辑）
——社区发展与社区福利

主　　编／王春光

出 版 人／谢寿光
出 版 者／社会科学文献出版社
地　　址／北京市西城区北三环中路甲 29 号院 3 号楼华龙大厦
邮政编码／100029

责任部门／社会政法分社（010）59367156　　责任编辑／史雪莲　秦静花
电子信箱／shekebu@ ssap. cn　　　　　　　责任校对／岳爱华
项目统筹／童根兴　　　　　　　　　　　　责任印制／岳　阳
经　　销／社会科学文献出版社市场营销中心（010）59367081　59367089
读者服务／读者服务中心（010）59367028

印　　装／北京季蜂印刷有限公司
开　　本／787mm×1092mm　1/16　　　印　　张／12.5
版　　次／2013 年 12 月第 1 版　　　　　字　　数／209 千字
印　　次／2013 年 12 月第 1 次印刷
书　　号／ISBN 978 - 7 - 5097 - 5498 - 6
定　　价／45.00 元